Realschule

Original-Prüfungsaufgaben mit Lösungen

Bayern

Ernährung und Gesundheit

STARK

24. Auflage
www.stark-verlag.de

Inhalt

Autorinnen

Hinweise zur praktischen und zur schriftlichen Prüfung: Adelheid Müller
Lösungen zu den Abschlussprüfungen 2013 – 2015: Angela Nellen, Ulrike Niemetz
Lösungen zu den Abschlussprüfungen ab 2016: Regina Harmon, Ulrike Niemetz

Vorwort

Liebe Schülerinnen, liebe Schüler,

dieses Buch hilft Ihnen bei der Vorbereitung auf die Abschlussprüfung im Fach Ernährung und Gesundheit.

Der erste Teil besteht aus **Hinweisen zur praktischen Prüfung**. Hier sind die Inhalte des schriftlichen Arbeitsplans und das Vorgehen bei der praktischen Prüfung anhand eines konkreten Beispiels erläutert.

Prüfungsrelevante Themenkreise geben Ihnen einen Überblick über wichtige Stoffgebiete der 9. und 10. Klasse, die Sie zur Vorbereitung auf die Prüfung wiederholen sollten.

Das **Glossar** bietet kurze Erklärungen zu küchentechnischen Fachausdrücken und zu Begriffen aus der Ernährungslehre.

Der zweite Teil des Buches enthält eine Sammlung mit vom Bayerischen Kultusministerium zentral gestellten schriftlichen **Prüfungsaufgaben** zum Fach „Ernährung und Gesundheit", das bis zum Schuljahr 2019/2020 noch als „Haushalt und Ernährung" bezeichnet wurde.
Anhand ausführlicher **Lösungsvorschläge** wird Ihnen exemplarisch gezeigt, wie ein Prüfungsthema bearbeitet werden kann.

Zusätzlich finden Sie vor den Musterlösungen **Hinweise und Tipps**, die für das Lösen der Aufgaben hilfreich sein können. Sie sind durch das ✎-Symbol am linken Textrand und Kursivdruck gekennzeichnet.

Die Abschlussprüfung im Fach Ernährung und Gesundheit besteht aus zwei Aufgabengruppen, A und B, von denen eine von der zuständigen Lehrkraft für die Prüfung ausgewählt wird.

Hier noch ein paar Tipps für Ihre Prüfungsvorbereitung:

- Zur Übung sollten Sie jeweils eine Aufgabengruppe unter Prüfungsbedingungen (90 Minuten) selbstständig schriftlich bearbeiten. Sie können dann Ihre Lösungen mit den Lösungsvorschlägen vergleichen und die Richtigkeit kontrollieren.
- Das bloße Auswendiglernen von Fakten allein reicht nicht aus, weil Prüfungsfragen immer wieder aus einem anderen Blickwinkel gestellt werden und prinzipiell ein breit gefächertes Wissen aus allen Jahrgangsstufen notwendig ist. Deshalb sollten Sie ergänzend aktuelle Berichte und Tipps zu den Themen Gesundheit und Ernährung aus Zeitungen und Zeitschriften sammeln und in Ihre Vorbereitung mit einbeziehen. Die Auseinandersetzung mit den Prüfungsthemen auch außerhalb der Schule wird Ihren Lernerfolg verbessern!

Für die kommende Prüfung wünschen wir Ihnen viel Erfolg!

Die Autorinnen

Hinweise und Tipps

Hinweise zur praktischen und zur schriftlichen Prüfung

1 Leitfaden für den praktischen Teil der Prüfung

1.1 Schriftlicher Teil der praktischen Prüfung

Die praktische Prüfung findet im letzten Drittel des Schuljahres statt (§ 70 RSO). Viele Schulen wählen einen Termin Anfang Mai.

Der Zeitrahmen für die praktische Prüfung umfasst 240 Minuten:
- 30 Minuten schriftliche Arbeitsplanung (Die Schüler*innen erhalten die Rezepte als Vorlage.)
- 210 Minuten praktische Tätigkeit

Falls es bei der Bearbeitungszeit zu kurzfristigen Anpassungen kommt, werden diese von der Schule mitgeteilt.

Grundlagen für die praktische Prüfung sind 2–3 Rezeptbausteine (je nach Schwierigkeitsgrad) sowie die Einplanung von Elementen der Tischkultur, der Hygiene und des Ämterplans. Zu Beginn der Prüfung werden die Aufgaben durch das Los entschieden, das alle erforderlichen Angaben (Thema, Arbeitsplatz, Servierzeit, Amt) enthält. Höchstens zwei Schüler*innen arbeiten in einer Koje. Die Aufgaben der beiden Prüflinge ergänzen sich möglichst zu einer Speisenfolge.

Beispiel

Aufgabe Nr. 1	Aufgabe Nr. 2
Gemüsecremesuppe Risotto Apfelschlupfkuchen Arbeitsplatz: Koje 1 Amt: Herdamt Geschirramt Servierzeit: siehe Tafel	Champignonschnitzel Salatteller Orangencreme Arbeitsplatz: Koje 1 Amt: Spülamt Ordnungsamt Servierzeit: siehe Tafel

In der schriftlichen Arbeitsplanung sollten folgende Komponenten koordiniert werden:
- Vorbereitungsarbeiten
- Zubereitungsphase
- Tisch decken, Präsentation, Service
- End- und Reinigungsarbeiten
- Zeitleiste

Beispiel

Rezeptangabe: Gemüsecremesuppe von Staudensellerie

Menge	Zutaten	Zubereitung
300 g	Staudensellerie	putzen, waschen, Stiele in 2 cm lange Stücke schneiden, zarte Blätter ebenfalls verwenden, einige davon zum Anrichten aufheben
2 El	Pflanzenöl	erhitzen, Gemüse darin andünsten
ca. 3/4 ℓ	Flüssigkeit/Wasser	aufgießen
	Salz, Pfeffer	würzen, Suppe ca. 20 Minuten zugedeckt garen, pürieren
1 El	Mehl	nach Belieben binden, noch 5 Min kochen lassen
etwas	Rahm	Suppe verfeinern, mit gehackten Sellerieblättchen in vorgewärmten Tellern oder Suppentassen servieren

Rezeptangabe: Apfelschlupfkuchen

Menge	Zutaten	Zubereitung
		Für den Teig
125 g 125 g 3	Butter Zucker Eier	schaumig rühren
etwas 1 Prise	Zitronenschale, gerieben Salz	zugeben
200 g 2 Tl	Mehl Backpulver	mischen, sieben, abwechselnd mit
1–4 El	Milch	unter die Schaummasse rühren, den Teig in eine gefettete Springform füllen
500–750 g	Äpfel	Für den Belag schälen, vierteln, Kernhaus entfernen, mehrmals an der äußeren Rundung einschneiden, kranzförmig auf den Teig legen
	Mandelblätter	nach Belieben darüberstreuen
		Backzeit: 60 Min bei 170–200 °C Den erkalteten Kuchen mit Puderzucker besieben.

Der Organisationsplan wird von den Prüflingen auf ein eigenes Blatt geschrieben.
Es gibt verschiedene Möglichkeiten, ihn zu gestalten. So könnte er aussehen:

Beispiel

Organisationsplan (geplanter Zeitbedarf 210 Min)

Zeit	Gemüsecremesuppe	Risotto	Apfelschlupfkuchen
30 Min			Zutaten und Arbeitsgeräte bereitstellen, Backform fetten, Äpfel vorbereiten, Backrohr vorheizen, Teig rühren, in die Backform füllen und mit Äpfeln belegen. Backzeit: 60 Min = Wartezeit
10 Min			Arbeitsplatz aufräumen, abspülen
30 Min	Arbeitsplatz herrichten, Gemüse vorbereiten, Suppe zusetzen, Garzeit: 20 Min = Wartezeit		
20 Min	Arbeitsplatz aufräumen		
5 Min			Kuchen aus dem Rohr nehmen, auskühlen lassen
15 Min		Arbeitsplatz herrichten, Reis vorbereiten, zusetzen, quellen lassen: 35 Min = Wartezeit	
15 Min		Arbeitsplatz aufräumen, Geschirr abtrocknen	
20 Min	Suppe pürieren, anrichten und servieren, Herd ausschalten		
10 Min		Reis zugedeckt warm halten, anrichten, servieren	
25 Min			Kaffeetisch decken, Kuchen anrichten
30 Min	Arbeitsplatz, Backrohr und Herd reinigen		

Im Organisationsplan braucht die Zubereitung nicht erwähnt zu werden. Die günstigste Reihenfolge soll geplant werden. Begonnen wird mit dem Gericht,
- das eine lange Garzeit hat,
- das auskühlen soll,
- das durchziehen, ruhen, quellen, gefrieren oder gelieren muss.

Nicht alle Gerichte können zur gleichen Zeit fertiggestellt sein. Nochmals kurz erhitzen ist besser als lange warm halten. Schulinterne Gegebenheiten werden bei der praktischen Prüfung berücksichtigt.

Wer genau Bescheid weiß, fühlt sich sicher und kann flott kochen. Für Kreativität bleibt dann mehr Zeit. Anweisungen in Rezepten und Begriffe aus der Kochpraxis sollen selbstverständliches, souverän umsetzbares Wissen sein.
Je nach verwendetem Lebensmittel und angestrebtem Gericht kann ein Arbeitsgang auch unterschiedliche Ausführung verlangen.

1.2 Praktischer Teil der praktischen Prüfung

Für die Bewertung der praktischen Arbeit sind **Arbeitsplanung, Arbeitstechnik und Arbeitsergebnis** besonders zu beachten. Die genauen Anforderungen an den schriftlichen Arbeitsplan sind je nach Schule unterschiedlich. Näheres dazu sowie zu eventuellen Sonderregeln (z. B. für die Küchennutzung) teilt die Schule mit.

1. Arbeitsplanung

a) Schriftlicher Arbeitsplan, z. B.:
   - Nötige Arbeitsgänge erkennen.
   - Alle Arbeitsgänge zeitlich richtig einordnen.
   - Wartezeiten einplanen und nützen.

b) Praktische Umsetzung, z. B.:
   - Am Arbeitsplatz Zutaten, Geräte, Geschirr, Abfallbehälter herrichten, dann mit der Arbeit beginnen.
   - Geschirreinsatz sparsam planen.
   - Anrichtegeschirr und Zutaten zum Garnieren rechtzeitig vorbereiten.
   - Möglichkeiten des Warmhaltens der Speisen überlegen.

c) Amt, z. B.:
   - Ämter vorbereiten.
   - Während der Arbeit bereits anfallende Ämter erledigen.
   - Endkontrolle durchführen.

2. Arbeitstechnik

a) Nahrungszubereitung/Geräteeinsatz, z. B.:
   - Entsprechende Garmethoden anwenden.
   - Lebensmittel so verarbeiten, dass Vitamin- und Mineralstoffverluste gering bleiben.
   - Vorbereitungsarbeiten und bestimmte Techniken wie Schneiden, Schälen, Hacken mit dem geeigneten Werkzeug in der richtigen Arbeitshaltung ausführen.
   - Elektrische Groß- und Kleingeräte rationell einsetzen.
   - Die zum Kochgeschirr passende Herdplatte wählen.
   - Heiße Speisen nicht im Kühlschrank erkalten lassen.

b) Hygiene, z. B.:
- Alle Regeln der persönlichen Hygiene, der Geräte- und Arbeitsplatz-, der Lebensmittel- und Raumhygiene beachten.
- Mit gewaschenen Händen, kurzen Fingernägeln ohne Nagellack arbeiten.
- Haare zurückbinden, Schmuck ablegen.
- Saubere Schürze tragen.
- Ordnungstopf und Abfallteller benützen.
- Probierlöffel verwenden.
- Abfälle gleich entfernen und Arbeitsplatz stets sauber halten.
- Verschüttetes sofort aufwischen.
- Spültücher und Geschirrtücher auseinanderhalten.
- Gefährdete Lebensmittel abdecken oder kühlen.

c) Herdbedienung, z. B.:
- Restwärme nützen.
- Richtiges Geschirr zu Mikrowelle oder Herdplatte wählen.
- Rechtzeitig Hitzezufuhr regulieren.
- Deckel sinnvoll einsetzen.
- Übergelaufenes sofort entfernen.
- Passende Einstellung des Backrohrs wählen.
- Vorsicht bei der Verwendung von Zucker am Glaskeramikkochfeld!

d) Tempo, z. B.:
- Flott beginnen.
- Wartezeiten nützen.
- Ämter zwischendurch nicht vergessen.
- Servierzeit im Auge behalten.

e) Tisch decken, z. B.:
- Saubere Tischdecke korrekt auflegen, Serviette richtig platzieren.
- Passenden Tischschmuck wählen.
- Teller (Platz-, Ess- oder Kuchenteller) sind Mittelpunkt eines jeden Gedecks.
- Bestecke in der Reihenfolge auflegen, wie sie benötigt werden.
- Trinkgläser stehen rechts, oberhalb von Messer und Löffel.
- Geschirr für Salat wird links oberhalb der Gabel gedeckt.

f) Servieren, z. B.:
- Von der rechten Seite des Gastes werden Getränke eingeschenkt und gefüllte Teller eingestellt.
- Auch das Abservieren erfolgt von rechts.
- Von links werden dem Gast Schüsseln und Platten angeboten.
- Abserviert wird, wenn alle mit dem Essen fertig sind.

3. Arbeitsergebnis

a) Aussehen/Präsentation, z. B.:
Das Aussehen soll dem Gericht entsprechen, d. h.
- Suppen dünnflüssig,
- Soßen sämig und ohne Klumpen,
- Cremes locker und nicht abgesetzt,
- Kuchen gleichmäßig durchgebacken und glasiert,
- Salate frisch und knackig,
- Gemüse und Kartoffeln nicht zerkocht,
- Fleisch nicht ausgetrocknet und hart.

- Im vorgewärmten Geschirr servieren.
- Vorlegebesteck nicht vergessen.
- Geschmackvoll garnieren.
- Kurz vor dem Servieren mit frischen Zutaten anrichten.
- Appetitlich und äußerst sauber anrichten.

b) Geschmack, z. B.:
- Kochen ist kreativ, trotzdem Gerichte nicht übertrieben würzen, sondern den Eigengeschmack erhalten und unterstreichen.
- Speisen nicht verkochen.
- Heiß oder gekühlt servieren.

Tipps für gutes Gelingen der praktischen Prüfung
- Üben Sie zu Hause in der Küche, sooft Sie Gelegenheit dazu haben.
- Bemühen Sie sich, unbekannte Rezepte zu lesen und nachzuarbeiten.
- Versuchen Sie ein Gericht oder eine Speisenfolge in der geplanten Zeit fertigzustellen.
- Übernehmen Sie Anregungen aus den Medien zum Stichwort „Gesunde Küche".
- Prägen Sie sich wichtige Verhaltensregeln zur Hygiene ein und beherzigen Sie diese.

2 Prüfungsrelevante Themenkreise

Geprüft wird nach dem Lehrplan, nicht nach dem Schulbuch, unter besonderer Berücksichtigung der Themen der 9. und 10. Jahrgangsstufe. Die Inhalte der 7. und 8. Klasse werden als Grundwissen vorausgesetzt. Es folgt ein Auszug aus dem Lehrplan.

2.1 Lehrplan für die 9. Klasse

1. Ernährung – Gesundheit – Lebensführung

- Inhaltsstoffe der Nahrung: Eiweiß, Fett, Kohlenhydrate, Vitamine, Mineralstoffe, Wasser, Ballaststoffe, sekundäre Pflanzenstoffe (z. B. Farb- und Aromastoffe), Zusatzstoffe (z. B. Konservierungsstoffe, Geschmacksverstärker)
- Energiewert, Sättigungswert, Verdaulichkeit
- ernährungsphysiologische Bedeutung der Lebensmittelgruppen: Kohlenhydratträger (Getreide und Getreideprodukte, Reis, Kartoffeln, Zucker und alternative Süßungsmittel), Fette und fettreiche Nahrungsmittel, eiweißhaltige Nahrungsmittel (Milch und Milchprodukte, Hühnerei, Fleisch und Fleischprodukte, Fisch, Hülsenfrüchte), Träger von Ballaststoffen, Vitaminen, sekundären Pflanzenstoffen und Mineralstoffen (Obst und Gemüse)
- Kriterien für qualitätsbewussten Einkauf, Beurteilung von Marktangeboten: Genusswert, Gesundheitswert, ökonomische und ökologische Nachhaltigkeit, nährstoffschonende Lagerung von Nahrungsmitteln, Richtlinien für die Vor- und Zubereitung von Speisen

2. Umwelt- und Verbraucherbewusstsein

- Eigenschaften, Verwendung und Kriterien für den Einkauf von Glas und Keramikwaren: Hitze- und Farbbeständigkeit, Toxizität bei Tonglasuren, umwelt- und materialgerechte Reinigungs- und Pflegemaßnahmen
- Verpackungsarten: Verkaufsverpackung, Umverpackung, Transportverpackung; spezifische Eigenschaften, umweltgerechte Entsorgung und Anwendungsbeispiele von Verpackungsmaterialien: Papier, Kunststoffe, Aluminium, Metalle, Glas, Verbundstoffe
- Vorratshaltung: Lagermöglichkeiten, Lagerbedingungen, Essgewohnheiten
- verschiedene Konservierungsverfahren (chemische und physikalische Verfahren) Tiefgefrieren (Beurteilung, Nahrungsmittelauswahl, Vorbereiten der Lebensmittel z. B. Blanchieren, Gefrierregeln, Schockfrosten, Kriterien für den Einkauf von Tiefkühlkost)

3. Arbeitsprozesse – Arbeitstechniken

- Grundregeln bei der Auswahl und Kombination von Speisen und Getränken, Speisenplan laut Thema
- Arbeitsplan
- nährstoffschonende Vor- und Zubereitung der Lebensmittel
- sachgerechter Einsatz von Geräten für verschiedene Garverfahren, z. B. Grill, Raclette, Fondue
- Resteverwertung bei Lebensmitteln
- Convenience-Produkte
- Platz- und Speisekarten, Variationen eines Gedecks bei mehrgängigen Menüfolgen
- kreative Formen des Anrichtens und Garnierens von Speisen, Grundregeln beim Servieren von Speisen und Getränken

2.2 Lehrplan für die 10. Klasse

1. Ernährung – Gesundheit – Lebensführung

- Aufgaben des Stoffwechsels, Bedeutung von Enzymen, Hormonen und Vitaminen für den Stoffwechsel
- Verdauung von Eiweiß, Fett und Kohlenhydraten
- Energiebedarf (Gesamtbedarf, Grund- und Leistungsumsatz) und Energiestoffwechsel
- bedarfsgerechte Ernährung von Kindern, Jugendlichen, Erwachsenen und älteren Menschen
- Merkmale von Food Design (Lightprodukte, Functional Food), Convenience-Produkte
- Kostformen: Vollwertige Ernährung, Vollwertkost, Vegetarismus sowie krankheitsbedingte Kostformen: leichte Vollkost, Diäten bei Gicht, Diabetes, erhöhtem Cholesterinspiegel, Reduktionskost
- Essstörungen (Magersucht, Bulimie, Adipositas): Ursachen, Folgen und Therapieansätze
- toxische Mikroorganismen in Lebensmitteln: Schimmelpilze, Salmonellen, Botulinustoxin, Eiter- und Fäulniserreger
- Schadstoffe, die bei der Zubereitung entstehen: Acrolein, Acrylamid, Benz(a)pyren, Nitrit, Nitrosamine

- Gifte, die natürlicherweise vorhanden sind: Solanin, Oxalsäure, Blausäure, Phasin
- Schadstoffe aus der Lebensmittelerzeugung und -verarbeitung: Schwermetalle, Pestizide, Düngemittel, Tierarzneimittel, radioaktive Elemente
- Schadstoffe aus der Umwelt: Schwermetalle (Cadmium, Blei, Quecksilber), radioaktive Stoffe
- gentechnisch veränderte Lebensmittel: Lebensmittel aus gentechnisch veränderten Organismen (z. B. Sojabohnen), Lebensmittel, die gentechnisch veränderte Organismen enthalten (z. B. Joghurt), Lebensmittel, die gentechnisch veränderte Stoffe enthalten (z. B. Enzyme)

2. Umwelt- und Verbraucherbewusstsein

- Einrichtungsgrundsätze: rationelle Anordnung der Arbeitsbereiche in der Küche, Begriff und Grundsätze der Ergonomie
- Küchenformen
- wirtschaftliche und soziale Bedürfnisstruktur (Maslowsche Bedürfnispyramide, Grundbedürfnisse, Kulturbedürfnisse, Luxusbedürfnisse, Sachgüter, Dienstleistungen)
- Ökonomisches Prinzip: Minimal- und Maximalprinzip, Optimumprinzip
- Aspekte für die Wahl einer Wohnung: Ausstattung, Lage, Infrastruktur, Finanzierung, Wohnwert (z. B. Kommunikations- und Individualbereich sowie haustechnischer Bereich)

3. Arbeitsprozesse – Arbeitstechniken

- Menüpläne für einfache und festliche Menüfolgen
- komplexe Organisationspläne
- individuelle und kreative Menüpräsentation
- Dampfdrucktopf, Wok, Dampfgarer, Induktionsherd, Mikrowellengerät, Multifunktionsgeräte, Küchenmaschine
- regionale, nationale und internationale Gerichte
- Regeln und Variationen gehobener Tischkultur, sachgerechtes und gekonntes Servieren

Glossar

Glossar

Abbrennen Teigmasse von Brandteig unter ständigem Rühren im Topf solange erhitzen, bis sie sich als Kloß vom Topfboden löst

Ablöschen Einbrenne (Mehlschwitze), Soßenfond oder Karamell unter Rühren mit Flüssigkeit auffüllen

Abschmecken Speisen mit (Küchen)kräutern, Gewürzen oder Salz würzen

Abschrecken heiße, gegarte Lebensmittel mit kaltem Wasser rasch übergießen

Adipositas krankhaftes, behandlungsbedürftiges Übergewicht

Aflatoxine die bekanntesten Giftstoffe von Schimmelpilzen

Albumine einfache Eiweißstoffe

Aleuronschicht Bestandteil des Getreidekorns neben Fruchtschale, Samenschale, Keimling und Mehlkörper

Alkopop süßes Mixgetränk, das neben Limonade oder Fruchtsaft einen alkoholischen Anteil aus Spirituosen (z. B. Wodka), Bier oder Wein enthält

Allergie Überempfindlichkeitsreaktion des Körpers auf bestimmte Stoffe (Allergene), durch die Antikörper im Blut gebildet werden

Allergen Substanz, die über Vermittlung des Immunsystems Überempfindlichkeitsreaktionen (allergische Reaktionen) auslösen kann

Alternative Ernährungsform Bezeichnung für verschiedene Ernährungskonzepte, die von der üblichen Ernährungsweise (Mischkost) abweichen; kann auf Dauer praktiziert werden (also keine Diäten), z. B. Vegetarismus, Bircher-Benner-Kost, Makrobiotik, Vollwertkost

Aminosäuren Grundbausteine zum Aufbau der Eiweißstoffe

Amylase Enzym, das Kohlenhydrate (Stärke) spaltet

Anabolika natürliche Sexualhormone, die einen besseren Fleischzuwachs bei Tieren bewirken

Anbraten Lebensmittel, besonders Fleisch, bei guter Hitze in heißem Fett von allen Seiten bräunen; es entsteht eine Kruste, die die Poren verschließt und das Austreten des Saftes verhindert; es bilden sich auch neue Geschmacksstoffe

Andünsten Lebensmittel in heißem Fett mäßig erhitzen, nicht bräunen; dann mit wenig Flüssigkeit aufgießen

Anorexie Magersucht, Essstörung

Antibiotika Arzneistoffe zur Behandlung von Infektionskrankheiten, z. B. Penicillin

Antioxydantien	Stoffe, die gegen so genannte Freie Radikale schützend wirken („Radikalfänger"). Neben den Vitaminen A, C und E fungieren vor allem Pflanzenstoffe wie die Karotinoide als Antioxidantien.
Aperitif	meist ein bitter-aromatisches Getränk, das auf das Essen einstimmen und den Appetit anregen soll
Arteriosklerose	eine Verengung der Arterien, die ein hohes Risiko für Herz-/Kreislauferkrankungen darstellt
Aufziehen	Garen von stärkehaltigen Nahrungsmitteln in Flüssigkeit in der Röhre; = Auflauf
Ausbacken	Garen in heißem Fett in der Pfanne oder im Fett schwimmend
Backen	Garen unter Bräunung in trockener, heißer Luft mit unterschiedlichen Temperaturen (überwiegend Kuchen, pikant und süß)
Ballaststoffe	unverdauliche Bestandteile aus pflanzlicher Nahrung; wichtig für Verdauung und Stoffwechsel
Beizen	Einlegen von Fleisch in eine Essig- oder Weinmischung mit Kräutern und Gewürzen
Benzpyren	krebserregend; bildet sich beim Grillen, wenn tropfendes Fett verbrennt
Binden	Flüssigkeiten durch Zugabe von Bindemitteln (Mehl, Stärkemehl, Soßenbinder oder Geliermitteln) sämig machen
Biologische Wertigkeit	gibt an, wie viel Gramm Körperprotein aus 100 g Nahrungsprotein aufgebaut werden kann. Als Referenzwert dient Vollei mit einer biologischen Wertigkeit von 100.
Biologischer Ergänzungswert	Nahrungseiweißstoffe können sich bei gleichzeitiger Aufnahme gegenseitig ergänzen und damit die Biologische Wertigkeit einer Mahlzeit erhöhen
Bioverfügbarkeit	Fähigkeit eines Stoffes, durch die Verdauung im Darm aufgenommen zu werden, sodass dieser dann im Blut und in den Geweben nachgewiesen werden kann
Blanchieren	kurzes Vorgaren von Lebensmitteln in kochendem Wasser und rasches Abkühlen in Eiswasser
Botulismus	Lebensmittelvergiftung, hervorgerufen durch einen Erreger, der Sporen bildet, die z. B. in Einmachgläsern und Konservendosen ohne Luft wachsen können
Brät	gut verarbeitetes, feines Hackfleisch, vom Metzger hergestellt
Braten	Garen und Bräunen roher Lebensmittel im Backrohr oder auf der Kochstelle in der Pfanne; mit oder ohne Fettzugabe
Bulimie	Ess-Brechsucht
Cholesterin	fettähnlicher Stoff; Baustein der Zellmembranen, der Gehirn- und Nervenzellen
Convenience-food	vorgefertigte Lebensmittel, z. B. Tiefkühlprodukte, die so bearbeitet sind, dass zeitraubende Arbeiten wegfallen

Croûtons	knusprig geröstete, kleine Weißbrotwürfel
Dämpfen	Garen von Lebensmitteln in Wasserdampf
denaturierte Kohlenhydratträger	dazu gehört: Gebäck, gekochtes Obst und Gemüse in Dosen, die bereits bei der Zubereitung Vitamine und Mineralstoffe verlieren
DGE	**D**eutsche **G**esellschaft für **E**rnährung. Sie empfiehlt die vollwertige Ernährung als geeignete Form zur Erhaltung der Gesundheit.
Digestif	z. B. ein Weinbrand oder Cointreau, der nach der Mahlzeit gereicht wird und verdauungsfördernd wirken soll
Disaccharide/ Doppelzucker	aufgebaut aus zwei Monosaccharid-Molekülen (Einfachzucker), die unter Abspaltung eines Wassermoleküls zusammengeschlossen sind
Dressing	fertige, würzige Salat- oder Grillsoße
Druckgaren	Garen von Lebensmitteln in hermetisch verschließbaren Dampfdrucktöpfen
Dünsten	Garen in wenig eigener oder zugegebener Flüssigkeit mit oder ohne Zugabe von Fett (z. B. Gemüse)
Einbrenne oder Mehlschwitze	Mehl in zerlassenem Fett lichtgelb bis kräftig braun rösten, mit Flüssigkeit unter Rühren nach und nach aufgießen, glatt rühren und bei mäßiger Hitze garen (ca. 5–10 Minuten)
Eischwer	das Gewicht eines Eies mit Schale; gilt als Maß für Butter, Zucker und Mehl bei der Herstellung von Eischwerteigen
Emulgator	Stoff, der es ermöglicht, nicht mischbare Flüssigkeiten (z. B. Wasser und Öl) zu vermengen und dieses Gemisch für einen längeren Zeitraum zu stabilisieren
Emulsion	Öl-Wassergemisch, d. h. feine Verteilung einer wasserlöslichen Flüssigkeit in einer fettlöslichen
Energy-Drinks	Getränke mit hohem Koffein- und Zuckergehalt, die sich anregend auf den Organismus auswirken sollen
E-Nummer	Das Lebensmittelgesetz schreibt die Kenntlichmachung verwendeter Zusatzstoffe vor, z. B. Farbstoff E 132 (= Indigokarmin, blauer Lebensmittelfarbstoff)
Enzyme	Proteine, die eine Vielzahl an chemischen Prozessen beschleunigen (z. B. die Spaltung von Stärke zu Zucker), ohne dabei selbst umgesetzt zu werden
Ergonomie	Wissenschaft von der Anpassung der Arbeitsbedingungen an den Menschen, mit dem Ziel, gesundheitlichen Beeinträchtigungen vorzubeugen
essenziell	wesentlich, lebensnotwendig
FAO	Food and Agricultural Organization – Welternährungsorganisation der Vereinten Nationen
Farce	feine Fleischfülle für Geflügel, Gemüse, Pastetchen

Fast-Food	Form der Nahrungszubereitung und -darreichung, bei der schnelle Zubereitung und rascher Verzehr, oft im Stehen oder Gehen, im Vordergrund stehen. Weitere Kennzeichen: standardisiertes Angebot, ähnliche Preise.
Filetieren	Ablösen, z. B. des Fischfilets von den Rückengräten nach vorherigem Häuten
Flambieren	Speisen mit einer kleinen Menge meist erwärmter, hochprozentig alkoholhaltiger Flüssigkeit übergießen und anschließend anzünden
Fond	Bratenrückstand, der nach dem Zubereiten von Fleisch oder Fisch in der Pfanne verbleibt und durch Aufgießen mit wenig Flüssigkeit für die Soße verwendet wird
Food Design	(= Lebensmittelgestaltung). Fertigprodukte werden mit Hilfe von künstlichen Zusatzstoffen wie Aromaten, Farbstoffen, Geschmacksverstärkern, Emulgatoren und/oder chemischen Verfahren entwickelt und verändert, um eine möglichst hohe Akzeptanz beim Kunden zu erreichen.
Fotosynthese	Vorgang der Kohlenhydratbildung in Grünpflanzen
Freie Radikale	unerwünschte sauerstoffhaltige Nebenprodukte z. B. aus Atmungsprozessen; ca. 5–10 % des Luftsauerstoffs werden im Körper zu schädlichen Sauerstoffradikalen umgewandelt. Zigarettenrauchen, UV-Bestrahlung, Umweltgifte, Stress u. v. m. begünstigen erhöhte Konzentrationen von Freien Radikalen im Körper.
Frittieren	Garen unter Bräunung, in heißem Fett schwimmend
Fructose	Fruchtzucker (Einfachzucker/Monosaccharid)
Functional Food	mit Zusätzen angereicherte Lebensmittel, die über ihren eigentlichen Nährwert hinaus gesundheitlichen Zusatz versprechen
Garen in Alufolie	Garen von Lebensmitteln im eigenen Saft ohne oder mit nur wenig Fettzugabe
Gar ziehen	Lebensmittel in wenig oder viel heißer Flüssigkeit unter dem Siedepunkt gar ziehen lassen
Gehen lassen	Hefeteig wird abgedeckt an einen warmen Ort gestellt, damit die enthaltene Hefe durch Gärung das Teigvolumen vergrößert und ihn lockert
Gelieren	Festigen von Flüssigkeiten durch Gelatine oder pflanzliche Geliermittel wie Agar-Agar
Genom	Die gesamte Erbinformation eines Lebewesens. Jede Zelle eines Organismus verfügt über die komplette Erbinformation.
Gentechnik	Anwendung biologischer, molekularbiologischer, chemischer und physikalischer Methoden zur Analyse und Neukombination von Nukleinsäuren
Gewürzdosis	bestehend aus drei Pimentkörnern, drei Pfefferkörnern, ein bis zwei Nelken, ein bis zwei Lorbeerblättern
Globuline	einfache Eiweißstoffe
Glucose	Traubenzucker (Einfachzucker/Monosaccharid)

Glykogen	Vielfachzucker/Polysaccharid, der als Speicherkohlenhydrat in der Leber und der Muskulatur vorkommt
Gratinieren	Speisenoberfläche durch starke Oberhitze bräunen; = überbacken
Grillen	Garen durch Strahlungs- oder Kontakthitze
GVO	**G**entechnisch **v**eränderte **O**rganismen
Herbizid	Chemisches Pflanzenschutzmittel, das zur Bekämpfung von Unkraut eingesetzt wird
Homogenisieren (Milch)	Milchfett und Milcheiweiß werden mit hohem Druck durch feine Düsen gepresst und so in gleich große, feinste Tröpfchen zerteilt; verhindert das Absetzen von Rahm an der Oberfläche
Hygiene	Maßnahmen zur Sauberkeit und Körperpflege
Insektizid	Bekämpfungsmittel gegen Schadinsekten
Instant-Produkte	(„*instant*" = sofort) halbfertige Lebensmittel, meist in Pulver- oder Granulatform, die vor dem Verzehr lediglich in Flüssigkeit aufgelöst und erhitzt werden müssen, z. B. Instantsuppen
Insulin	Hormon der Bauchspeicheldrüse, das den Blutzuckerspiegel reguliert. Das erste Hormon, das als Medikament gentechnisch hergestellt wurde.
Isolierte Kohlenhydrate	herausgelöst aus Pflanzen, stehen sie in konzentrierter Form zur Verfügung; dazu gehören: Haushaltszucker, Stärke und Traubenzucker
Joule	Maßeinheit für den Energiegehalt der Grundnährstoffe 1000 J = 1 kJ (Kilojoule)
Julienne	in feine Streifen geschnittene Gelbe Rüben, Sellerie und Lauch
Karamell	durch Hitze verflüssigter und gebräunter Zucker
Karotinoide	Pflanzeninhaltsstoffe, denen eine stark antioxidative Wirkung zugesprochen wird; dazu gehören z. B. das Beta-Karotin in Gelben Rüben und der rote Farbstoff in Tomaten
Kasserolle	flacher Topf mit großer Bodenfläche, Stiel oder Henkeln und Deckel; zum Braten und Schmoren
Klon	Kolonie genetisch identischer Zellen oder Organismen, entstanden durch Teilung einer einzigen Zelle
Kochen	Garen in viel Flüssigkeit bei einer Temperatur von ca. 100 °C
Kohlenhydrate	Nährstoffe, bestehend aus den Elementen C, O und H
komplexe Kohlenhydratträger	dazu gehören: Obst, Gemüse, Getreidekörner; neben Kohlenhydraten enthalten sie Vitamine und Mineralstoffe in optimaler Form
Konservieren	haltbar machen
Lactose	Milchzucker (Doppelzucker/Disaccharid)
Lacto-Vegetarier	Menschen, die auf Fleisch, Fisch und Eier verzichten, jedoch Milch und Milcherzeugnisse zu sich nehmen

Lebensmittel-intoleranz	Unfähigkeit des Körpers, bestimmte Nahrungsmittel zu verarbeiten oder insgesamt aufzunehmen; begleitet von Beschwerden wie Durchfall, Erbrechen, Bauchschmerzen, jedoch keine Reaktion des Immunsystems
Legieren	Binden und Verbessern von nicht mehr kochenden Suppen und Soßen mit Eigelb
Lipase	Enzym, das die Fettverdauung bewirkt
Lipide	Fette
LFGB	**L**ebensmittel- und **F**uttermittel**g**esetz**b**uch, dient dem Verbraucherschutz. Es regelt alle Produktions- und Verarbeitungsstufen von Lebensmitteln, Kosmetika, Futtermitteln und sonstigen Bedarfsgegenständen.
Maltose	Malzzucker (Doppelzucker/Disaccharid)
Marinade	würzende Flüssigkeit aus Essig oder Zitronensaft, Gewürzen, Kräutern und Öl oder Rahm bzw. Joghurt, in die Fleisch oder Fisch vor der Zubereitung eingelegt wird
Markergen	Gen, das benutzt wird, um durchgeführte genetische Veränderungen in Organismen zu kennzeichnen und zu identifizieren
Massentier-haltung	hoch spezialisierte Haltung einer möglichst großen Zahl von Tieren einer Art auf möglichst kleiner Produktionsfläche, oft in bodenunabhängigen (d. h. ohne eigenen Pflanzenbau) Großbetrieben
Mehlschwitze	siehe Einbrenne
Mikroorganis-men	Kleinstlebewesen, mit bloßem Auge nicht erkennbar (z. B. Bakterien, Hefen, Schimmelpilze)
Mineralstoffe	lebenswichtige anorganische Stoffe, die der Körper nicht selbst herstellen kann und daher mit der Nahrung zugeführt werden müssen; sie werden, je nachdem, wie viel Milligramm je kg Körpergewicht für eine ausreichende Versorgung nötig sind, in Mengen- oder Spurenelemente eingeteilt
Monosaccharide	Einfachzucker (Kohlenhydrat)
Mousse	Speisen von schaumiger Konsistenz, die durch Aufschlagen und Kühlen entsteht, vor allem Süßspeisen (z. B. „Mousse au Chocolat“)
Mykotoxin	giftiger Stoff einiger Schimmelpilzarten
Nitrat	Pökelstoff, um bei Fleischarten die Haltbarkeit zu verlängern und ein schöneres Aussehen zu erzielen; manche Gemüsesorten reichern Nitrat an: Kopfsalat, Spinat, Radieschen usw.
Nitrosamine	Reaktionsprodukte von Eiweißen, die beim Erhitzen gepökelter Lebensmittel (Salami) entstehen; stark krebserregend
ökologisch	umweltverträglich
ökologischer Fußabdruck	biologisch produktive Fläche auf der Erde, die notwendig ist, um den Lebensstil und Lebensstandard eines Menschen dauerhaft zu ermöglichen; Indikator für Nachhaltigkeit.

ökologischer Landbau auch biologischer, alternativer Landbau; Form der Landwirtschaft, die die Erhaltung des natürlichen Gleichgewichts und der Nährstoffkreisläufe anstrebt

ökonomisch wirtschaftlich

Ovo-Lacto-Vegetarier Menschen, die auf Fleisch und Fisch verzichten, neben Milch und Milcherzeugnissen aber auch Eier verzehren

Oxalsäure organische Säure, die als Stoffwechselgift wirkt; Vorkommen ihrer ungiftigen Salze z. B. in Spinat, Rhabarber, Tomaten

Panieren nacheinander Wenden in Mehl, verschlagenem Ei und Paniermehl (alternativ: gehackten Nüssen, Mandeln, Kokosflocken usw.) und anschließendem Ausbraten oder -backen

Passieren rohe weiche oder gegarte Lebensmittel durch ein Sieb pressen oder streichen

Pasta in Italien Allgemeinbegriff für Nudeln

Pasteurisieren kurzzeitiges Erhitzen auf Temperaturen unter 100 °C

Pochieren aufgeschlagene Eier in kochendes Essig-Salzwasser gleiten und leise kochen lassen („Verlorene Eier")

Polysaccharide/ Vielfachzucker Entstehung aus vielen Molekülen Einfachzucker unter Wasserabspaltung; wichtigste Vielfachzucker sind Stärke, Glykogen und Zellulose

Prise Menge, die auf eine Messerspitze geht oder die man zwischen zwei Fingerspitzen halten kann

Protein Eiweiß

Pürieren weiche Lebensmittel zu einer Masse fein zerstampfen oder zerdrücken (meist kraftsparend mit einem elektrischen Pürierstab)

Quellen Aufnahme von Flüssigkeit unter Zunahme des Volumens (Reis, Nudeln, Gelatine)

radioaktive Bestrahlung dient zur Haltbarmachung von Lebensmitteln; bestrahlte Lebensmittel selbst werden nicht radioaktiv.

Räuchern Konservierungsverfahren, bei dem man Lebensmittel (meist Fleisch oder Fisch, aber auch Käse oder Tofu können geräuchert werden) über längere Zeit dem Rauch eines Holzfeuers aussetzt. Sie werden dadurch ausgetrocknet und erhalten einen charakteristischen Geschmack.

Rösten Bräunen von Lebensmitteln in heißem Fett oder trockenes Bräunen von z. B. Nüssen

Saccharose Rohr- und Rübenzucker (Doppelzucker/Disaccharid)

Sautieren kleingeschnittenes Gargut (Fleisch, Fisch, Gemüse) wird in einer Pfanne mit hochgezogenem Rand unter ständigem Schwenken angebraten

Schmoren Bräunen in heißem Fett mit anschließendem Garen in wenig Flüssigkeit bei geschlossenem Topf (z. B. Gulasch)

Schwenken Durchschütteln gekochter, noch heißer Lebensmittel in heißem Fett

Sekundäre Pflanzenstoffe chemische Verbindungen, die in Pflanzen synthetisiert werden, z. B. Duft- und Farbstoffe; folgende gesundheitsfördernde Wirkungen für den Menschen werden beschrieben: antikanzerogen, antimikrobiell, antioxidativ, verdauungsfördernd, blutdruckbeeinflussend, cholesterinsenkend usw.

Silikone siliciumhaltige Kunststoffe von großer Wärme- und Wasserbeständigkeit

Soufflee Eierauflauf

Staphylokokken Bakterien, die die Eiterbildung bewirken

Starterkulturen Kulturen lebender Mirkoorganismen, die zum Ansetzen von Betriebskulturen (z. B. Sauermilchkulturen) dienen

Stoffwechsel Umwandlung von Stoffen, die im Körper stattfindet

Sud gewürzte Kochbrühe von Fleisch, Fisch oder Gemüse

Toasten Weiß- oder Schwarzbrotscheiben ohne Fett von beiden Seiten lichtgelb rösten

Toxin Gift

Tranchieren sachgerechtes Zerlegen von gegartem Fleisch aller Art in Scheiben oder Teile

Tranquilizer Arzneimittel mit beruhigender Wirkung

Transgene Organismen Organismen (Mikroorganismen, Tiere, Pflanzen), denen mithilfe der Gentechnik ein oder mehrere fremde Gene eingeführt worden sind

Ultrahocherhitzen Verfahren, um Lebensmittel zu konservieren; wird vor allem bei Milch angewandt. Diese wird für wenige Sekunden auf 135 °C bis 150 °C erhitzt und anschließend sofort abgekühlt; sie ist danach keimfrei und ca. sechs Monate haltbar.

Unterziehen vorsichtiges Mischen von Zutaten durch rollende Bewegungen mit einem Kochlöffel oder Schneebesen, z. B. von Eischnee unter eine Masse

Veganer Menschen, die auf sämtliche tierische Produkte verzichten, d. h. neben Fleisch und Fisch auch keine Milch, Eier und keinen Honig zu sich nehmen; meist auch Verzicht auf Leder und Wolle

Warenkorb Zusammenstellung verschiedener Güter eines durchschnittlichen Haushalts; dient zur statistischen Ermittlung der Preisentwicklung

Wasserbad Gefäß mit kochendem Wasser zum Garen empfindlicher Speisen, Soßen oder Cremes

WHO World-Health-Organization – Weltgesundheitsorganisation

Ziehen lassen Garen in Flüssigkeit unter Siedetemperatur (75–95 °C)

Zöliakie Stoffwechselkrankheit, die durch das Klebereiweiß von Weizen, Roggen, Gerste und Hafer verursacht wird

Prüfungsaufgaben

Abschlussprüfung 2013 an den Realschulen in Bayern
Haushalt und Ernährung: Aufgabengruppe A I/II

I. Diabetes mellitus – Ernährungsbedürfnisse – Alkohol

> **„Diabetes-Alarm in Europa**
> PARIS (HL). Die Organisation für Entwicklung und Zusammenarbeit (OECD) hat ein kosteneffektives Management der Prävention und Behandlung von Diabetikern angemahnt. Allein in Europa erreichen die Ausgaben zur Therapie von Diabetes und daraus resultierender Komplikationen 90 Milliarden Euro jährlich."

(Quelle: Helmut Laschet, in: Ärzte Zeitung Nr. 81, Seite 1 vom 04.05.2012)

1.1 Treffen Sie Aussagen zur nachfolgenden Statistik.

Entwicklung der Diabetes-Erkrankung in Deutschland

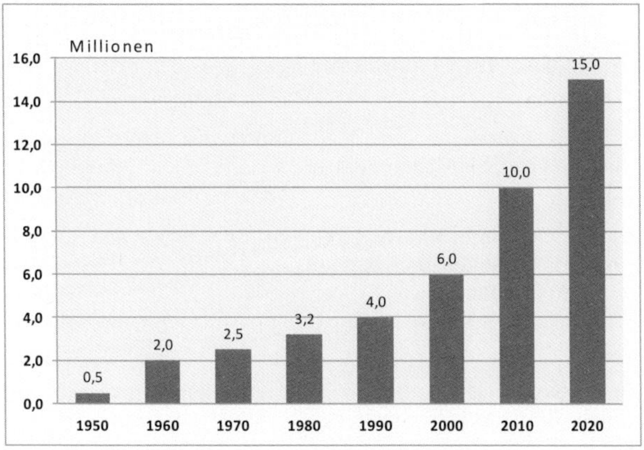

1.2 Mediziner unterscheiden zwei Arten von Diabetes. Beschreiben Sie die beiden Diabetestypen.

2. Erstellen Sie einen Maßnahmenkatalog mit fünf Regeln, die für eine Diabetes-Ernährung zu beachten sind, und erläutern Sie diese kurz.

3. Im Laufe unseres Lebens ändert sich unsere Ernährung. Stellen Sie die Ernährungsbedürfnisse von Kindern / Jugendlichen und älteren Menschen dar und begründen Sie diese.

4. Alkohol ist in unserer Kultur allgegenwärtig. Vor allem bei Jugendlichen steigt der Alkoholkonsum in erschreckendem Maße. Zeigen Sie Ursachen und Folgen von Alkoholmissbrauch auf.

II. Hygiene – Mikroorganismen – Verpackung

„Brechdurchfall in Ostdeutschland“ – „China-Erdbeeren machen Kinder krank“ – „Experte kritisiert Schulessen-System“

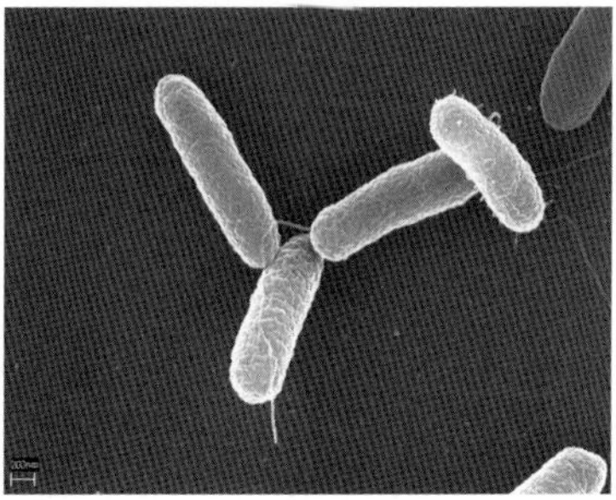

"Salmonella typhimurium" by Photo: Volker Brinkmann, Max Planck Institute for Infection Biology, Berlin - A Novel Data-Mining Approach Systematically Links Genes to Traits. PLoS Biology Vol. 3/5/2005, e166 doi:10.1371/journal.pbio.0030166. Lizensiert unter CC-BY-SA 2.5

1. Durch mangelnde Hygiene kann es zur Verbreitung von gesundheitsgefährdenden Mikroorganismen kommen.

1.1 Nennen Sie mögliche Auswirkungen von Eiter- bzw. Fäulniserregern auf den menschlichen Körper.

1.2 Zeigen Sie jeweils anhand von drei Maßnahmen, wie man Eiter- und Fäulniserreger vermeiden kann. Nennen Sie dabei auch je zwei Beispiele besonders gefährdeter Lebensmittel.

2. Regelmäßig sorgen Salmonellenvergiftungen für Schlagzeilen. Die Medien berichten jedes Jahr von Erkrankungen in Altenheimen, Kantinen und Krankenhäusern, die durch eine Infektion mit Salmonellen ausgelöst wurden.
   Stellen Sie dar, wie man sich mit Salmonellen infizieren kann, und schildern Sie kurz die Krankheitssymptome.

3. Aus hygienischen Gründen werden viele Lebensmittel verpackt. Nennen Sie vier weitere Gründe für den Einsatz von Verpackung.

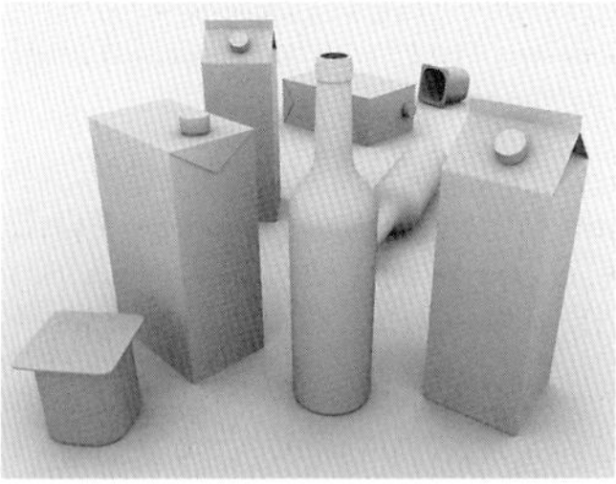

© Alfonso de Tomas/shutterstock

© GaToR-GFX – Fotolia.com

Lösungsvorschlag

I. Diabetes mellitus – Ernährungsbedürfnisse – Alkohol

1.1 *Im Einführungstext „Diabetes-Alarm in Europa“ wird auf die Erkrankungsentwicklung in Europa hingewiesen. Die nachfolgende Statistik bezieht sich jedoch ausschließlich auf die Situation in Deutschland. Darauf sollte mit drei bis vier guten Aussagen genauer eingegangen werden.*

- Die Diabetes-Erkrankungen sind in Deutschland von 1950 bis 2010 rapide angestiegen, in 60 Jahren um das 20-fache (von 0,5 auf 10 Millionen Patienten).
- Das Schaubild zeigt ab 1990 einen enormen Anstieg der Erkrankung um ca. 150 % in 20 Jahren.
- Es kann aus der Statistik nicht ersehen werden, welchen Anteil die Erkrankten mit Diabetes Typ I und Typ II haben.
- Dem Diagramm kann eine Prognose bis zum Jahr 2020 entnommen werden. Bis dahin könnte die Erkrankung um weitere 5 Millionen Patienten zunehmen.

1.2 *Es geht hier um die beiden Formen der Diabetes, die am häufigsten verbreitet sind, nämlich Diabetes mellitus Typ 1 und Typ 2. Andere Diabtesformen (z. B. Schwangerschaftsdiabetes) müssen nicht beschrieben werden. Die Unterschiede bei beiden Typen werden am besten herausgearbeitet, wenn man sie jeweils nach einem bestimmten Kriterium miteinander vergleicht.*

Diabetes mellitus Typ 2	Diabetes mellitus Typ 1
Der Typ-2-Diabetes ist die **häufigste Form** der Zuckerkrankheit. Er liegt bei **rund 90 Prozent** der Betroffenen vor.	Mit einigem Abstand zum Typ-2-Diabetes folgt der Typ-1-Diabetes, zu dem **etwa fünf Prozent** der Diabetiker zählen (es gibt noch Typ 3 und 4).
Die Betroffenen sind meist **übergewichtig** (BMI höher als 25).	Das Gewicht des Patienten ist meist **normal**.
Die Erkrankung betraf **früher** vor allem ältere Menschen und wurde daher oft „**Altersdiabetes**“ genannt. Allerdings erkranken inzwischen auch **immer mehr Kinder und Jugendliche**, die übergewichtig sind und sich zu wenig bewegen, an Typ-2-Diabetes.	Meist fällt die Erkrankung bereits sehr früh auf (**bei Kindern und Jugendlichen**). Gründe dafür können **Vererbung (Gendefekt)**, ein Infekt oder ein Autoimmunprozess sein.
Die Erkrankten produzieren **zu wenig Insulin**, um den Blutzuckerspiegel im Körper wieder abzubauen.	Die Betroffenen produzieren **kein Insulin** und haben nach der Nahrungsaufnahme einen **ständig überhöhten Blutzuckerspiegel**.
Dies kann zu schwerwiegenden **organischen Schäden** wie z. B. Nierenschäden, Netzhautschäden und Nervenschädigungen an den Füßen (bis hin zum Absterben) führen.	**Bleibende Schäden**, wie z. B. Sehstörungen oder Leistungsminderung, sind möglich.
Eine Behandlung ist deshalb dringend notwendig. Sie geht mit einer **Ernährungs- und Bewegungsumstellung** einher. Oft muss **künstlich Insulin** zugeführt werden.	Um Schädigungen vorzubeugen, müssen sich die Patienten **Insulin künstlich zuführen** (z. B. durch Spritzen oder mithilfe einer Dauerkanüle).

2. *Fünf bedeutende Eckpfeiler bei der Ernährung, die zur Verbesserung der Blutzuckerwerte bei Diabetikern beitragen, müssen hier aufgezeigt werden. Auf jede Maßnahme sollte genauer eingegangen werden.*

- **Eine Gewichtsreduzierung auf das Normalgewicht anstreben!**
  Oft können bei Normalgewicht die Insulinwerte des Körpers wesentlich verbessert und es kann auf eine Insulingabe verzichtet werden. Dazu muss der Energiebedarf an die körperliche Tätigkeit angepasst und sollten energiearme Lebensmittel bevorzugt werden. (Bei gleichzeitiger ausreichender Bewegung werden mehr Kalorien verbrannt, sodass der Blutzucker besser verwertet werden kann.)
- **Die Kohlenhydratzufuhr genau im Auge behalten!**
  Lebensmittel, die kohlenhydratreich sind, werden in Broteinheiten berechnet (1 BE entspricht 10 – 12 g Kohlenhydraten). Diabetiker sollten täglich nur eine bestimmte Menge an BE zu sich nehmen, sie errechnet sich am Normalgewicht des Patienten.
  Die Insulinmenge, die zugeführt (gespritzt) werden muss, richtet sich nach der Aufnahme der BE in einer Mahlzeit.
  Kohlenhydratreiche Lebensmittel sollten sehr sorgfältig ausgewählt werden und der Schwerpunkt auf Vollkornprodukten, Kartoffeln, Gemüse und Hülsenfrüchten liegen.
- **Die Fette achtsam auswählen!**
  Auf fettarme Produkte achten. Hohe Blutfettwerte sind ein Begleitproblem bei Diabetes. Ungesättigte, pflanzliche Fette unbedingt bevorzugen, gehärtete Fette begrenzen.
- **Zuckerfreie Süßungsmittel bevorzugen!**
  Getränke und Speisen können mit Süßstoffen oder pflanzlich mit Stevia gesüßt werden. Allerdings sollte generell das Süßen eingeschränkt werden.
- **Den Alkoholkonsum stark einschränken!**
  Alkoholische Getränke sollten nur in Maßen mit kohlenhydratreichen Mahlzeiten eingenommen werden, um die Blutzuckerwerte konstant zu halten.

3. *Der Körper verändert sich im Laufe der Zeit und somit seine Anforderungen an eine gesunde Ernährung. Besondere Ansprüche gibt es hier vor allem bei Kindern und Jugendlichen (Wachstum) und bei älteren Menschen (körperlicher Abbau). Die genannten Punkte zu den speziellen Ernährungsanforderungen sollten auch begründet werden.*

Ernährungsbedürfnisse von Kindern / Jugendlichen	**Ernährungsbedürfnisse von älteren Menschen**
– Diese Bevölkerungsgruppe hat einen **hohen Eiweißbedarf**. Er gründet sich auf das Wachstum und den Aufbau von Knochen und Körperzellen. Pro Kilo Körpergewicht werden 1,5 – 2 g Eiweiß benötigt. – Gerade bei Kindern und Jugendlichen, die sich kaum bewegen, muss die Fettzufuhr kontrolliert werden, um Übergewicht vorzubeugen. **Pflanzliche Öle sind sehr wichtig**, versteckte Fette sollten dagegen vermieden werden. – **Kohlenhydrate** sind wichtig für eine ausreichende Energiezufuhr. Allerdings darf	– Pflanzliche Eiweißträger wie Nüsse und Hülsenfrüchte sowie fettarme Fleisch- und Milchprodukte sollten bevorzugt werden. Der Bedarf **an hochwertigem Eiweiß ist stark erhöht**, da die Nährstoffe im Alter schlechter verwertet werden. – Vorsicht bei der Fettzufuhr: Fette sollten vor allem durch **pflanzliche Öle** aufgenommen werden. Ältere Menschen sollten besonders auf versteckte Fette in Süßigkeiten, Wurstprodukten und Backwaren achten. Sie lagern Fett schnell als Depotfett an.

die Deckung des Kohlenhydratbedarfes nicht ausschließlich aus leeren Energiebringern wie Süßigkeiten, gezuckerten Getränken und Weißmehlprodukten erfolgen. – Das **Trinken** von ungesüßten Tees und Wasser sollte bei sehr kleinen Kindern schon angeregt werden. – Fast Food, Süßigkeiten und „Kinderlebensmittel", die oft mit vielen künstlichen Stoffen angereichert sind, sollten nicht regelmäßig verzehrt, aber auch **nicht vollständig verboten** werden. – So oft es geht, sollte frisches Obst und Gemüse auf den Tisch kommen, um den **Vitamin- und Mineralstoffbedarf** zu decken. Für die Pause sollten die Kinder mitbestimmen dürfen, was sie essen wollen. – **Kleinere Mahlzeiten** über den Tag verteilt sind für Kinder und Jugendliche oft viel bekömmlicher. Allerdings sollte dann auch **das Reinigen der Zähne** zwischendurch – auch bereits beim Milchgebiss – angeregt werden.	– **Kohlenhydrate** sind gerade bei älteren Menschen sehr wichtig. Sie müssen **vollwertig und ballaststoffreich** sein, damit sich ein gutes Sättigungsgefühl einstellt und die Darmtätigkeit angeregt wird. – Ältere Menschen müssen verstärkt auf **cholesterinarme Lebensmittel** achten. Cholesterin steckt auch in „gesunden" Lebensmitteln, wie z. B. in Meerestieren. – Eine **Flasche Wasser** (mind. 1,5 l) oder eine Getränkekanne sollte schon als Tagesration bereitgestellt werden, damit nicht vergessen wird zu trinken. Das Bedürfnis „Durst" lässt im Alter nach. – Auf die **Salzzufuhr** im Alter achten. Salz erhöht den Blutdruck ungünstig. Lieber frische Kräuter verwenden oder mit TK-Kräutern würzen. – Die **Gesamtenergiemenge reduzieren**. Im Alter verlangsamen sich die Stoffwechselvorgänge im Körper. Der Energiebedarf nimmt ab. – Ein gutes Sättigungsgefühl erzeugen Obst und Gemüse. Darin stecken auch viele **Vitamine**, Mineral- und **Ballaststoffe**, die im Alter sehr wichtig für die Stärkung des Immunsystems sind.

4. *Jugendliche tasten sich an Alkohol oft nicht vernünftig genug heran. Warum manche Jugendliche der „Alltagsdroge" Alkohol verfallen, soll in dieser Aufgabe dargestellt werden (Ursachen). Außerdem müssen die Folgen aufgezeigt werden, die dieses Fehlverhalten haben kann (je ca. sechs bis sieben Punkte nennen).*

Ursachen von Alkoholmissbrauch bei Jugendlichen

Verbotenes wird ausgereizt:
In manchen Familien ist Alkohol ein großes Tabu. Sowohl Jungen als auch Mädchen werden davor „zurückgehalten". Oft weckt das Verbot jedoch gerade erst die Neugierde und das Interesse. Heimliches Ausprobieren ist oft die Folge.

Umgang mit Alkohol in der Gesellschaft:
Bei vielen gesellschaftlichen Anlässen wird getrunken: Sekt und Wein zum Geburtstag, Bier zum Grillen oder Fußballschauen oder auf dem Oktoberfest. Alkohol gehört oft schon in ganz jungen Jahren dazu, und ein Vollrausch wird häufig als völlig normal und zugehörig dargestellt.

Alkohol als Messinstrument der Männlichkeit:
Bei vielen Jugendlichen gilt man noch immer als „toll" und „stark", wenn man viel Alkohol verträgt. Trinken wird oft als Machtkampf und zum Vergleich der männlichen Stärke eingesetzt.

Veranlagung und Gene:
Verschiedene Studien haben mittlerweile bewiesen, dass es eine genetische Veranlagung für das Ausbrechen einer Suchterkrankung gibt. Alkoholiker haben häufig einen Elternteil, der selber alkoholkrank ist oder war. Jede(r) Jugendliche hat es aber natürlich selbst in der Hand, ob er oder sie dem nachgeben will.

Vorbildverhalten der Eltern und älteren Geschwister:
Wenn starker Alkoholkonsum zum Familien- und Erziehungsalltag gehört, besteht die Gefahr, dass die Kinder und Jugendlichen dieses vorgelebte Verhalten verinnerlichen und selbst unkritisch übernehmen.

Clique als Vorbild:
Gruppenzwang spielt gerade bei Suchterkrankungen im jugendlichen Alter eine sehr große Rolle. Eine Gruppe aus Gleichaltrigen beeinflusst einen Jugendlichen oft noch stärker als die Eltern. Der Umgang mit Alkohol und das Anregen zum „Mittrinken" sind in solchen Cliquen entscheidend.

Medien beeinflussen die Jugendlichen:
In der Werbung (Fernsehen und Internet) wird den Jugendlichen häufig vermittelt, dass ein Schnaps oder ein Bier zum Alltag gehört und dass beim Trinken viele Menschen zusammen sind, z. B. in einer Kneipe oder auf einer Party. Die Stimmung ist immer gut und ausgelassen.

Folgen von Alkoholmissbrauch bei Jugendlichen

Magenentzündungen:
Die Magenschleimhaut wird durch übermäßigen Alkoholkonsum gereizt. Es können Magengeschwüre entstehen.

Konzentrationsprobleme:
Nach einem Rausch muss der Körper sich wieder regenerieren. Kopfschmerzen und mangelnde Konzentration sind oft die Folgen. Außerdem kann es auch zu ganzen Ausfällen des Erinnerungsvermögens kommen („Filmriss").

Schrumpfung der Gehirnmasse:
Bei regelmäßigem Missbrauch von Alkohol werden Gehirnzellen abgetötet. Sie können nicht wieder hergestellt werden.

Nervenschädigung:
Zittern bei einem alkoholkranken Jugendlichen die Hände, sind dies massive Entzugserscheinungen. Nervenenden werden bei jedem Rausch geschädigt oder gar zerstört.

Leberschäden:
Alkohol wird in der Leber zu Fett umgebaut. Bei Alkoholmissbrauch über einen längeren Zeitraum kann es zur Leberzersetzung kommen.

Gefährdung des Straßenverkehrs:
Betrunken Rad oder Mofa zu fahren ist kein Kavaliersdelikt, denn es können schwere Verkehrsunfälle die Folge sein. Aber auch die polizeilichen Folgen, wenn man als Verkehrsteilnehmer betrunken erwischt wird, können sehr unangenehm sein (z. B. Führerscheinentzug).

Veränderungen im Sozialverhalten:
Bei einem Missbrauch von Alkohol verändert der Jugendliche oft sein Wesen. Manche werden aggressiver, andere depressiver. Häufig distanzieren sich auch Freunde von dem jugendlichen „Alkoholiker", der oft nicht mehr zugänglich ist.

Kostenfaktor Alkohol:
Jedes Suchtmittel hat seinen Preis. Schnäpse können sich Jugendliche nur illegal beschaffen (stehlen, ältere „Freunde" besorgen lassen). Da Alkohol relativ teuer ist, kann dies auch zu finanziellen Problemen führen.

II. Hygiene – Mikroorganismen – Verpackung

1.1 *Eiter- und Fäulniserreger werden häufig durch mangelnde Hygiene bei der Nahrungszubereitung übertragen. Mögliche Auswirkungen für den menschlichen Körper bei einer Aufnahme dieser beiden Erregerarten sollen hier kurz dargestellt werden (es genügt eine zusammenfassende Aufzählung in Stichpunkten).*

Auswirkungen:

- Die Übertragungszeit auf den menschlichen Körper kann sehr kurz sein. Schon nach 20 Minuten können sich die Erreger vermehren.
- Nach zwei bis sieben Stunden ist der Körper bereits stark befallen.
- Eine Infektion wird an Magenschmerzen und Übelkeit erkannt.
- Bauchkrämpfe, Durchfall und plötzliches Erbrechen können sie begleiten.
- Es tritt meistens kein Fieber auf.
- Die Krankheit dauert oft einige Tage an.
- Bei schweren Infektionen muss die Erkrankung im Krankenhaus behandelt werden.
- Der Körper kann zum Dauerausscheider werden.

1.2 *Manche Lebensmittel bergen ein höheres Risiko, mit Eiter- und Fäulniserregern verunreinigt zu sein, als dies bei anderen Speisen der Fall ist. Zwei besonders gefährdete Lebensmittel müssen hier genannt werden, ebenso drei Maßnahmen, wie Vergiftungen durch diese Erreger vermieden werden können. In einer Tabelle lässt sich dies, nach Erregerarten getrennt, übersichtlich darstellen.*

	Maßnahmen zur Vermeidung	**Häufig betroffene Lebensmittel**
Eitererreger	Um Staphylokokken-Vergiftungen und Eitererreger zu vermeiden, ist es wichtig, folgende Punkte zu beachten: – <u>Sachgerechte Lagerung der Speisen</u>: Gefährdete Lebensmittel gekühlt aufbewahren. Speisereste nach dem Kochen gut abkühlen lassen und im Kühlschrank aufbewahren. – <u>Erhitzen der Speisen</u>: Bei einer Wiederverwendung müssen die Lebensmittel schnell und ausreichend (75 – 80° C) erhitzt werden. Speisen nicht zu lange warm stellen. Den Verzehr von Rohmilchprodukten, rohen Eiern und rohem Fleisch vermeiden. – <u>Persönliche Hygiene</u>: Keine Nahrung zubereiten mit eiternden Wunden an den Händen. Hände immer gründlich mit Seife waschen. Nicht auf Speisen niesen oder husten.	• Kartoffel-, Eier- und **Fleischsalat mit Mayonnaise** • **Gekochter Schinken**, Fleisch- und Wurstwaren, Fisch

	Maßnahmen zur Vermeidung	Häufig betroffene Lebensmittel
Fäulniserreger	Um Botulinum-Bakterien und Fäulniserreger zu vermeiden, ist es wichtig, folgende Punkte zu beachten: – Auswahl der Lebensmittel: Beim Einkauf unbeschädigte Ware wählen. Unter Folie verpackte Fisch- oder Fleischwaren meiden. – Lagerung der Lebensmittel: Sachgerechte Kühlung und Lagerung. Gemüse vor dem Lagern im Kühlschrank gut waschen und von Erde befreien. – Verzehr von Lebensmitteln: Befallene Lebensmittel (Selbsteingemachtes, Lagerobst und Gemüse) komplett entsorgen. Nicht ausschneiden. Speisen nicht zu lange im Kühlschrank aufbewahren. Vor dem Verzehr gut erhitzen.	• Rohes und unzureichend erhitztes **Obst und Gemüse** • Eiweißhaltige Lebensmittel wie **Fisch, Fleisch, Eier**

2. *Keime und Mikroorganismen in Lebensmitteln können auch eine schwere Infektion auslösen; besonders bekannt ist die Ansteckung mit Salmonellen (Salmonellose). Vor allem in Gemeinschaftseinrichtungen wie Altenheime und Kantinen ist eine Salmonelleninfektion dramatisch, weil hier besonders viele Menschen zusammenkommen und dann gleichzeitig betroffen sind. Hier sollen verschiedene Möglichkeiten aufgezeigt werden, auf welchen Wegen man sich mit Salmonellen infizieren kann und welche Krankheitssymptome dies zur Folge hat.*

Infektionswege

Infizierte Lebensmittel:
Sehr gefährdet sind Geflügel, Hackfleisch, Fisch, Mayonnaise und Eiscreme.

Unsachgemäßes Arbeiten bei der Zubereitung von Speisen:
Verunreinigte Spültücher, gleichzeitige Verwendung von Schneidewerkzeugen für rohes Fleisch und Salat, unhygienische Lagerung und unsachgemäßes Auftauen von Hackfleisch sind oftmals verantwortlich für die Ausbreitung von Salmonellen.

Unsachgemäßes Garen:
Hackfleisch muss gut zerstoßen werden, damit es auch innen durch ist. Geflügel, gerade am Knochen, muss ganz durchgegart sein, die Kerntemperatur von 80°C muss für mindestens 10 Minuten erreicht werden.

Dauerausscheider:
Personen können infektiöse Darmkeime ausscheiden, ohne es zu bemerken. Dabei kann man sich – gerade in einer Gemeinschaftseinrichtung – auf den Toiletten leicht anstecken.

Übertragung durch Tiere:
Fliegen, Milben und Haustiere können ebenfalls Salmonellen übertragen. Lebensmittel daher immer abdecken. Nach dem Kontakt mit Haustieren unbedingt Hände gut waschen.

Krankheitsverlauf

Nach **sechs bis zwölf Stunden** treten normalerweise erste Beschwerden auf. Die Betroffenen leiden an **Durchfall, Erbrechen, Bauchweh, und/oder Übelkeit**. Meist kommt es zu **Fieber**, Kopf- und Gliederschmerzen. Die Erkrankungsdauer kann von **einem Tag bis zu acht Tagen** variieren. Im Extremfall muss die Infektion im Krankenhaus behandelt werden. Für Kleinkinder, alte Menschen und geschwächte Personen **kann** diese Erkrankung durch den hohen Flüssigkeitsverlust **tödlich** sein.

3. *Vier Argumente für die Verpackung von Lebensmitteln müssen aufgezeigt werden. Der hygienische Aspekt wurde bereits in der Aufgabenstellung genannt.*

- **Schutz vor Druck und Stoß**
  Verpackung ist wichtig, um Lebensmittel vor dem Zerbrechen zu schützen, z. B. Pralinen, Chips (mit zusätzlicher Luftpolsterung). Verpackung kann auch vor Verderb schützen, z. B. Mozzarella in Salzlake.

- **Informationsträger**
  Auf der Verpackung befinden sich viele wichtige Informationen für den Kunden (Lebensmittelkennzeichnung, gesetzlich vorgeschrieben). Der sogenannte „Beipackzettel" für den Verbraucher informiert über die Zutatenliste, das Mindesthaltbarkeitsdatum, die enthaltene Menge etc. und enthält oft zusätzliche Informationen wie z. B. Lagerungshinweise.

- **Werbeträger und Leitsystem für den Kundeneinkauf**
  Auf der Verpackung kann Werbung für weitere Produkte, Gewinnspiele oder Rezeptvorschläge angebracht werden. Viele Produkte haben ihre spezielle Farbe und ein einheitliches Werbedesign. Sie unterscheiden sich damit von anderen Produkten und sind im Regal schnell zu finden.

- **Warenportionierung und Zeitersparnis**
  Die Verpackung grenzt die Größe einer Wareneinheit ein. Tomaten, Paprika oder Erdbeeren können lose oder verpackt gekauft werden. Bei einem verpackten Lebensmittel ist die Menge immer vorgegeben. Für den oft berufstätigen Kunden soll der Einkauf (abwiegen, verpacken) immer komfortabler und zeitsparender gestaltet werden.

Abschlussprüfung 2013 an den Realschulen in Bayern
Haushalt und Ernährung: Aufgabengruppe B I/II

I. Nachhaltige Ernährung – gesund Essen für die Zukunft!

1. Ein Zitat von Albert Einstein lautet: „Nichts wird die Chance auf ein Überleben auf der Erde so steigern wie der Schritt zur vegetarischen Ernährung!“ Erklären Sie anhand von fünf Beispielen, weshalb unser hoher Fleisch- und Fischkonsum ein Überleben auf der Erde gefährdet.

© Tom Deutschle

© picture alliance / WILDLIFE

2. Ein zu hoher Fleischkonsum kann unter anderem mitverantwortlich für das häufige Auftreten der Wohlstandskrankheit „Gicht“ sein. Erläutern Sie in diesem Zusammenhang die Begriffe Gicht, Purine und Harnsäure.

3. Beschreiben Sie die fünf Ernährungsregeln, die bei einer Gichterkrankung zu berücksichtigen sind.

4. Erstellen Sie einen vollwertigen Tageskostplan ohne Fleisch- und Fischprodukte, um einen „leidenschaftlichen Fleischesser“ dafür zu begeistern. Belegen Sie die Vollwertigkeit.

© picture alliance / dpa

© Eskemar / istockphoto.com

II. Sinnvolle Vorratshaltung oder Lebensmittel für die Tonne?

1. Trotz vielseitiger Einkaufsmöglichkeiten und langer Ladenöffnungszeiten spielt im modernen Haushalt die Vorratshaltung noch immer eine bedeutende Rolle. Nennen und erläutern Sie fünf Gründe, die für eine sinnvolle Vorratshaltung sprechen.

© Miroslav Pesek / Shutterstock.com

2. Laut einer aktuellen Studie der Universität Stuttgart wirft jeder von uns durchschnittlich 82 Kilogramm Lebensmittel pro Jahr weg. Geben Sie jeweils fünf Tipps, wie dies durch einen überlegten Einkauf sowie eine entsprechende Lagerung vermieden werden kann.

© SpeedKingz / Shutterstock.com

3. Ein konsumbewusster Kunde liest die Aufschriften auf Lebensmittelverpackungen genau. Zeigen Sie auf, welche Informationen der Verbraucher anhand der Verpackung von Lebensmitteln erhält, und erklären Sie diese.

4. Bei der Kontrolle der Vorratsregale entdecken Sie eine Konservendose mit gewölbtem Deckel. Stellen Sie hierfür die Ursachen und mögliche Gefahren dar.

Lösungsvorschlag

I. Nachhaltige Ernährung – gesund Essen für die Zukunft!

1. *Der hohe Fleisch- und Fischkonsum der Industrie- und Schwellenländer soll hier vor allem aus ökologischer und ökonomischer Sicht kritisch betrachtet werden. Fünf Beispiele sollen verdeutlichen, welche Folgeschäden die enorme globale Nachfrage nach Fleisch und Fisch hervorruft.*

Die weltweit benötigten Fleisch- und Fischmengen sind inzwischen so groß, dass sie nur noch durch industrialisierte Massentierhaltung erzeugt werden können.

- Massentierhaltung belastet die Umwelt durch die Überdüngung der Grün- und Anbauflächen mit der anfallenden Gülle und gefährdet damit das Grundwasser.
- Zudem werden riesige Mengen an pflanzlichen Futtermitteln benötigt. Diese werden häufig in Entwicklungsländern – vor allem in Südamerika – angebaut, was dazu führt, dass die benötigten Flächen der einheimischen Bevölkerung zur Erzeugung eigener Nahrungsmittel fehlen (→ Verschärfung des Welthungerproblems).
- Gravierende negative Auswirkungen hat der Futtermittelanbau auch auf die dortige Landwirtschaft und die Artenvielfalt (Monokulturen, Abholzen der tropischen Urwälder etc.).
- Viele (Meeres-)Fischarten stehen kurz vor ihrer Ausrottung, da die Meere inzwischen fast leergefischt sind.
- Bei der Aufzucht von Tieren in Massentierhaltung werden häufig Antibiotika eingesetzt, die mit dem Verzehr des Fleisches beim Menschen Resistenzen verursachen können. Krankheiten, die eigentlich gut behandelbar wären, können dadurch sogar tödlich verlaufen.

Weitere Lösungsvorschläge:

- Viele Fischarten, aber auch Muscheln und Garnelen werden in riesigen Becken gezüchtet (in sogenannten „Aquakulturen“). Für den Bau dieser Becken werden in Küstennähe wertvolle Mangrovenwälder abgeholzt.
- Intensive Rinderhaltung und lange Transportwege von Futtermitteln und Fleisch tragen erheblich zum globalen Treibhauseffekt bei. Der CO_2-Ausstoß, der im Zusammenhang mit der Massentierhaltung freigesetzt wird, ist höher als der des weltweiten Autoverkehrs.

2. *Gicht ist häufig eine Folge von Überernährung und gilt daher als Wohlstandskrankheit. Purine und Harnsäure sind Begriffe, die bei der Entstehung dieser Stoffwechselkrankheit eine wichtige Rolle spielen. Es empfiehlt sich, die drei Begriffe jeweils zu definieren und ihre Merkmale bzw. Eigenschaften kurz zu beschreiben.*

Gicht

- <u>Definition</u>: Gicht (Hyperurikämie) ist eine Stoffwechselerkrankung, die durch einen erhöhten Harnsäurespiegel im Blut ausgelöst werden kann.
- Plötzliche starke Schmerzen und Entzündungen in den Gelenken, später auch Ablagerungen von Harnsäurekristallen sind charakteristische Symptome dieser Krankheit.
- Gicht kann eine angeborene Stoffwechselstörung sein (primäre Gicht), bei der die Harnsäure nur unzureichend über die Niere ausgeschieden wird; die sekundäre Form von Gicht entsteht durch eine Nieren- oder Blutkrankheit.

Purine

- Definition: Purine sind organische Verbindungen (Eiweißverbindungen) und Bestandteil der Zellen. Sie können vom Körper selbst hergestellt werden und sind deshalb nicht essenziell.
- Purine kommen in vielen Nahrungsmitteln vor, vor allem in Innereien, Heringen, Forellen, Meeresfrüchten, im Geflügel, aber auch in Linsen, Soja und Kohl.
- Beim Stoffwechsel im menschlichen Körper entsteht beim Abbau von Purinen Harnsäure, die mit dem Urin ausgeschieden wird.

Harnsäure

- Definition: Harnsäure ist ein Abfallprodukt, das beim Purinstoffwechsel entsteht.
- Die Harnsäure wird normalerweise im Blut gelöst und über die Niere mit dem Urin ausgeschieden.
- Bei einer krankhaft erhöhten Harnsäurekonzentration im Blut bilden sich scharfkantige Harnsäurekristalle, die sich in den Gelenken oder auch in der Niere ablagern.

3. *Schmerzhafte Entzündungen oder Gichtanfälle werden durch den Einsatz von Medikamenten gelindert, die die Harnsäureausscheidung über die Nieren fördern. Daneben kann der Verlauf einer Gichterkrankung auch durch die Umstellung der Ernährung wesentlich verbessert werden. Fünf Beispiele („Ernährungsregeln") dafür sollen genannt werden.*

- Vorhandenes Übergewicht abbauen ohne zu fasten; viel Bewegung an der frischen Luft ist dabei hilfreich. Der Stoffwechsel wird dadurch angeregt und Purine werden abgebaut.
- Der Speiseplan sollte vielseitig und ausgewogen sein.
- Täglich purinarmes Obst (z. B. Äpfel, Melonen, Beeren etc.) und Gemüse (Tomaten, Karotten, Paprika etc.) essen. Es enthält sekundäre Pflanzenstoffe und ist ballaststoffreich. Purinhaltige Gemüsesorten wie Kohl und Hülsenfrüchte nur maßvoll verzehren.
- Auf Innereien, Meeresfrüchte und andere tierische Nahrungsmittel mit einem hohen Puringehalt verzichten.
- Auf eine ausreichende Flüssigkeitszufuhr von mindestens 1,5 – 2 Liter täglich achten. Erlaubt sind Mineralwasser, Saftschorlen, Tee, aber auch Kaffee und Kakao.
- Alkohol vermeiden, da dieser die Harnsäureaussscheidung über die Nieren hemmt.

4. *Ziel dieses vegetarischen Tageskostplanes ist es, nicht nur bedarfsdeckend und ausgewogen (= vollwertig), sondern auch ansprechend und interessant zu sein. Die Auswahl der Lebensmittel und Speisen muss anschließend begründet werden.*

Frühstück	Vollkornmüsli mit Milch oder Joghurt, Nüssen und frischen Früchten, Kaffee oder Tee und frisch gepresster Orangensaft, Vollkorntoast mit Käse
Zwischenmahlzeit	Vollkornbrötchen belegt mit Salatblatt, Gemüsebratling, Tomaten- und Gurkenscheibe, dazu kohlensäurearmes Mineralwasser oder Fruchtsaftschorle
Mittagessen	Quinoa-Risotto mit Steinpilzen, Spargel und Blattspinat, Blattsalatvariation mit Joghurtdressing, Obstsalat, dazu Mineralwasser oder Fruchtsaftschorle

Zwischenmahlzeit	Milchshake mit frischen Früchten (z. B. Himbeeren oder Erdbeeren), ein Stück Obstkuchen und Kaffee, Mineralwasser
Abendessen	Couscous-Salat mit Gurke, Paprika, Tomaten und Oliven, dazu Vollkorn-Roggenbrot mit pikantem Frischkäse, Fruchtsaftschorle oder Mineralwasser

Bewertung des Tageskostplans:

- Fette aus Milch und Milchprodukten sind leicht verdaulich, Nüsse und Salatmarinade enthalten **hochwertige pflanzliche Fette**. Sie wirken sättigend und decken den Bedarf an essenziellen Fettsäuren.
- Vollkornprodukte, Quinoa, Obst und Gemüse liefern **Ballaststoffe**. Sie sättigen ebenfalls sehr gut, fördern die Kautätigkeit und regen die Darmbewegungen an. Der **Kohlenhydratanteil** dieser Nahrungsmittel versorgt den Körper mit ausreichender Energie.
- Milchprodukte wie Joghurt, Milch und Käse liefern **biologisch wertvolles Eiweiß**. In Kombination mit pflanzlichen Eiweißen erhöht sich die biologische Wertigkeit der Nahrungsmittel.
- Obst und Gemüse sind in jeder Mahlzeit des Tageskostplans enthalten, wie es der Grundsatz „5 am Tag – Gemüse und Obst" der Deutschen Gesellschaft für Ernährung vorsieht. Der Körper wird gleichmäßig mit **Vitaminen und Mineralstoffen** versorgt. Quinoa ergänzt vor allem die **Eisenversorgung** des vegetarischen Tageskostplanes.
- Mineralwasser, Fruchtsaftschorlen und andere Getränke sind in jeder Mahlzeit vorhanden, wodurch der **Flüssigkeitsbedarf** des Körpers möglichst **kalorienarm** und ausreichend gedeckt ist.

II. Sinnvolle Vorratshaltung oder Lebensmittel für die Tonne?

1. *Eine Versorgung mit frischen Lebensmitteln ist für eine gesunde Ernährung wichtig und leichter durchführbar denn je. Dennoch bietet auch eine überlegte Vorratshaltung viele Vorteile. Vor allem ein fester Bestand an haltbaren Grundnahrungsmitteln wie Nudeln, Mehl, Zucker oder Reis ist sinnvoll. Für die Beantwortung der Frage ist es nützlich, sich zunächst Gedanken über die verschiedenen Möglichkeiten der Bevorratung zu machen (Lagerorte, z. B. Vorratsschrank, Kellerregal, Tiefkühltruhe etc., und Konservierungsarten, z. B. einwecken, einfrieren etc.)*

- **Vorratshaltung spart Geld:** durch die Nutzung von Sonder- und Saisonangeboten und die Verwertung von Produkten aus dem eigenem Garten, z. B. zur Herstellung von Marmelade oder Tiefkühlkost
- **Vorratshaltung spart Zeit und Arbeitskraft:** durch geplante wöchentliche Großeinkäufe oder durch die Zubereitung von größeren Mengen, die dann für mehrere Mahlzeiten portioniert eingefroren werden
- **Vorratshaltung gibt Sicherheit:** bei Naturkatastrophen, im Krankheitsfall, bei unerwartetem Besuch
- **Vorratshaltung fördert die Kreativität:** durch die Möglichkeit, Speisen mit Produkten zuzubereiten, die sonst nur saisonal zur Verfügung stehen
- **Vorratshaltung befriedigt individuelle Bedürfnisse:** z. B. die Möglichkeit, bei selbst konservierten Lebensmitteln eine genaue Kenntnis der verwendeten Inhaltsstoffe zu haben (Zusatzstoffe, Produkte aus biologischem Anbau)

2. *Viele Lebensmittel werden heutzutage vernichtet, bevor sie überhaupt den Einkaufskorb des Endverbrauchers erreichen. Die Ursachen hierfür sind vielfältig (Aussortierung bei der Ernte, vorgegebene Standards beim Handel etc.) und die Konsumenten haben darauf wenig Einfluss. Trotzdem landet auch im Haushalt vieles im Müll, was sich durch einen umsichtigeren und sorgfältigeren Umgang mit Lebensmitteln leicht vermeiden ließe. Vor allem durch sein Einkaufsverhalten und die richtige Lagerung der Produkte hat es der Verbraucher in der Hand, die private Lebensmittelverschwendung so gering wie möglich zu halten. Je fünf Beispiele für die beiden Bereiche sollen genannt werden.*

Einkauf:

- mit einem Wochenspeiseplan können Lebensmittel gezielt auf Rezepte abgestimmt eingekauft und komplett verbraucht werden;
- eine Einkaufsliste verhindert unnötige Spontankäufe;
- geeignete Verpackungsgrößen wählen, um Reste zu vermeiden;
- schnell verderbliche Lebensmittel nur in kleineren Mengen bevorraten;
- bei Tiefkühlkost auf die Einhaltung der Kühlkette achten.

Lagerung:

- Lebensmittel sachgerecht lagern, z. B. schnell verderbliche, eiweißhaltige Lebensmittel im Kühlschrank;
- Vorräte überprüfen und nach Mindesthaltbarkeit einräumen (ältere Lebensmittel vorne, neue Lebensmittel hinten einräumen);
- Vorräte auf Schädlinge (z. B. Speisemotten), Obst und Gemüse auf Schimmel und Fäulnis überprüfen und aussortieren;
- angebrochene Packungen in geeignete Vorratsbehälter umfüllen, um sie vor Sauerstoff, Licht und Fremdgerüchen zu schützen;
- Äpfel und Birnen (Ethylenausscheider!) getrennt von anderem Obst und Gemüse lagern, um dessen vorzeitiges Reifen zu verhindern.

3. *Zum Verbraucherschutz gehört auch die Verbraucherinformation. Die Lebensmittelkennzeichnungsverordnung regelt diese Informationspflicht auf der Verkaufsverpackung. Für die vollständige Lösung der Aufgabe müssen alle gesetzlich vorgeschriebenen Angaben auf Lebensmittelverpackungen genannt werden. (Achtung: Kennzeichnungspflichtige Angaben, die erst Ende 2014 in Kraft treten, sind hier nicht berücksichtigt.)*

- Die **Verkehrsbezeichnung** gibt Auskunft über den Inhalt der Verpackung.
- Eine **Zutatenliste** informiert in absteigender Auflistung über die enthaltenen Mengenanteile der Inhaltsstoffe. Auch die **Zusatzstoffe** und ihre Eigenschaften (z. B. allergieauslösend) müssen ausgewiesen sein.
- Die **Mengenangabe** als Gewichtsangabe, Volumen oder Stückzahlen schützt vor Mogelpackungen und ermöglicht einen direkten Preisvergleich.
- Mit dem **Mindesthaltbarkeitsdatum** (MHD) gewährleistet der Hersteller bei sachgerechter Lagerung den einwandfreien Zustand des Lebensmittels. Das **Herstelldatum** gibt den Zeitpunkt der Produktion und das **Verbrauchsdatum** gibt bei sehr leicht verderblichen und gesundheitsschädlichen Lebensmitteln den Zeitpunkt an, ab dem sie nicht mehr verkauft werden dürfen und verzehrt werden sollten.
- Mit der **Angabe des Herstellers** (Name und Adresse) wird die Herkunft des Produkts nachgewiesen.

4. *Hat eine Konservendose einen gewölbten Deckel, ist dies meist ein Zeichen dafür, dass mit ihrem Inhalt etwas nicht in Ordnung ist. Dieser ist dann in der Regel nicht nur verdorben und damit ungenießbar, sondern kann sogar lebensbedrohlich sein, wenn sich darin ein bestimmtes Gift – das Botulinumtoxin – entwickelt hat. Zur Erläuterung der Gefahr, die von diesem Gift ausgeht, ist eine Beschreibung des Krankheitsbildes sinnvoll.*

Ursachen

Eine Konservendose mit gewölbtem Deckel (= Bombage) entsteht, wenn sich im Inneren der Dose Gase entwickeln, durch deren Druck sich die Dose aufbläht. Diesen Vorgang kann man auch bei anderen Verpackungsarten wie z. B. Folienverpackungen oder Gläsern mit Twist-Off-Deckeln finden. Voraussetzung ist, dass die Lebensmittel luftdicht verschlossen sind. Nur unter anaeroben Bedingungen können sich Bakterien, die durch ungenügende Sterilisation oder unsaubere Lebensmittelverarbeitung hineingelangt sind, vermehren und Gase entwickeln. Die Lebensmittel werden dabei ungenießbar und hochgiftig. Besonders gefährdet sind Wurst- und Fleischwaren bei unsachgemäßer Pökelung, Obst und Gemüse bei ungenügender Sterilisation und ungesäuerte Fischkonserven. Entweichen beim Öffnen von sterilisierten Lebensmitteln unangenehm riechende Gase oder öffnen sich Einmachgläser selbstständig, so liegt eine Vergiftung des Inhalts nahe.

Gefahren

Botulinumtoxine sind Nervengifte und gehören zu den stärksten bekannten Giften. Der Verzehr ist lebensbedrohlich und endet häufig sogar tödlich. Ca. 12 – 24 Stunden nach der Aufnahme des Giftes kommt es zu Unwohlsein und Magen-Darm-Beschwerden, Kopfschmerzen und Müdigkeit machen sich bemerkbar. Darauf folgen Sehstörungen wie Doppelt-Sehen, Schluck- und Sprechstörungen sowie Lähmungen der Augenmuskulatur, der Lippen, Zunge und des Kehlkopfes bis hin zur Lähmung der Atmung. Je nach Schweregrad kann die Vergiftung nach 3 – 6 Tagen zum Tod führen.

Abschlussprüfung 2014 an den Realschulen in Bayern
Haushalt und Ernährung: Aufgabengruppe A I/II

I. Essstörungen – ein Phänomen unserer Zeit und eine Sucht!

1. Essstörungen sind mittlerweile die häufigsten psychosomatischen Erkrankungen bei Jugendlichen. Beschreiben Sie die drei Formen von Essstörungen in ihrem typischen Erscheinungsbild an je fünf Merkmalen.

© Mele Brink

2. Die Ursachen der Entstehung von Essstörungen sind vielschichtig. Erläutern Sie sechs mögliche Gründe.
3. Esssüchtige werden meist adipös. Formulieren Sie acht Regeln, die helfen können, eine dauerhafte Gewichtsreduzierung zu erreichen.
4. Es gibt verschiedene Methoden, das Körpergewicht eines Menschen zu beurteilen. Stellen Sie zwei verschiedene Arten vor.

© raspberryhmac / istockphoto.com

II. Küche – Design

1. Moderne Küchenplanung orientiert sich an den Grundsätzen der Ergonomie. Definieren Sie den Begriff Ergonomie und erläutern Sie vier Ziele an je einem Beispiel, die bei der Arbeitsplatzgestaltung und der Planung von Arbeitsprozessen verfolgt werden.

2. Die Küche ist heute sowohl Treffpunkt für Familie und Freunde als auch zentraler Arbeitsplatz. Fertigen Sie eine beschriftete Skizze einer Küchenzeile für Rechtshänder an. Beachten Sie dabei die Grundsätze der Ergonomie. Benennen Sie die verschiedenen Arbeitsbereiche und integrieren Sie die notwendige Ausstattung.

3. Die Arbeitsplatte der Küche bildet den Mittelpunkt bei der Zubereitung der täglichen Mahlzeiten und ist daher besonderer Beanspruchung ausgesetzt. Wählen Sie drei geeignete Materialien für Arbeitsplatten aus und beschreiben Sie diese mit je vier typischen Eigenschaften.

4. Für die Tischkultur hat Porzellan nach wie vor eine große Bedeutung. Zeigen Sie die Arbeitsschritte zur Herstellung einer Espressotasse auf.

Lösungsvorschlag

I. Essstörungen – ein Phänomen unserer Zeit und eine Sucht!

1. *Nicht jedes auffällige Essverhalten ist gleich eine Essstörung. Bei dieser gehen die Probleme tiefer und sind nicht nur auf die Nahrungsaufnahme beschränkt; Essen bzw. Nicht-Essen dient bei einer Essstörung eher als Mittel zur Problemlösung. Es gibt drei Hauptformen von Essstörungen, die auch als Krankheit anerkannt sind; die Übergänge sind jedoch fließend, da die Betroffenen oft von einer Form in die andere wechseln (vor allem Magersüchtige in die Bulimie). Merkmale, die für eine Form der Essstörung typisch sind, können sich mit anderen Formen überschneiden (Depression, Isolation etc.), es gibt aber auch grundlegende Unterschiede.*

Magersucht (Anorexie nervosa)

- Am auffälligsten, vor allem, wenn die Magersucht schon seit Längerem besteht, ist das deutliche **Untergewicht** der Betroffenen (BMI von 17,5 und darunter bei Erwachsenen).
- Der Gewichtsverlust wird herbeigeführt durch **extreme Reduzierung der Nahrung**, oft in Kombination mit exzessiver sportlicher Betätigung.
- Die **Selbstwahrnehmung ist massiv gestört**: Obwohl das Gewicht stetig sinkt oder der Körper bereits (zu) dünn ist, empfinden sich Magersüchtige meist als zu dick, kontrollieren ständig ihr Gewicht und fürchten sich vor jeglicher Gewichtszunahme.
- Es treten **zwanghafte Verhaltensweisen** auf wie etwa ritualisiertes Essen (die Nahrung wird z. B. vorgeschriebene Male gekaut), krankhaftes Kalorienzählen, extreme Reinlichkeit oder übertriebene Ordnungssucht.
- Bei länger andauernder *Anorexie nervosa* kann es zu **Folgeerscheinungen** kommen wie Ausbleiben der Regelblutung bei Mädchen, Herz-Kreislauf-Störungen, **Wachstumsstörungen**, Magen-Darm-Beschwerden, Blutarmut u. v. m. Besonders gravierend ist das Auftreten von **Osteoporose** (Knochenschwund), da ein großer Teil der Knochenmasse normalerweise um die Zeit der Pubertät aufgebaut wird und ein Abbau irreversibel ist.

Weitere Lösungsvorschläge:

- depressive Verstimmungen; Schuldgefühle; Meiden von Beschäftigungen, die Freude bereiten
- Drang, immer perfekt sein zu müssen; starker Ehrgeiz

Ess-Brech-Sucht (Bulimia nervosa)

- Diese Essstörung ist nach außen hin nicht leicht erkennbar, da die Betroffenen meist schlank sind, gepflegt wirken und **in der Öffentlichkeit kontrolliert essen**.
- In regelmäßigen Abständen – manchmal sogar täglich – geben sie sich jedoch heimlich **Heißhungeranfällen** hin, bei denen sie große Mengen an leicht essbarer, stark kalorienhaltiger Nahrung verschlingen.
- Nach der Essensaufnahme wird die übermäßige Kalorienzufuhr wieder **rückgängig gemacht**; entweder durch Erbrechen der Nahrung unmittelbar nach der „Fressattacke" (Herauswürgen mithilfe des Fingers oder Einnahme von Brechmitteln), durch Missbrauch von Abführmitteln, längere Hungerphasen oder durch exzessive sportliche Betätigung.
- Durch den **Kontrollverlust**, den Bulimie-Kranke während eines Essanfalls wahrnehmen, empfinden sie große **Schamgefühle** und Selbstekel.

– Wird das Essen regelmäßig über einen längeren Zeitraum erbrochen, können die **Zähne** durch den häufigen Kontakt mit Magensäure **geschädigt** werden; auch die Speicheldrüsen werden dadurch beeinträchtigt und schwellen an.

Weitere Lösungsvorschläge:

– ständiges Kreisen der Gedanken um die eigene Figur und das Gewicht; große Angst, zuzunehmen oder zu dick zu sein (siehe auch Magersucht)

– zunehmende Abkapselung der Betroffenen; oft eine Art Doppelleben (der Aufrechterhaltung einer perfekten Außenfassade stehen unkontrollierte Essattacken mit Gegenmaßnahmen zur Gewichtskontrolle entgegen)

Ess-Sucht (Binge-Eating-Störung)

– Die Betroffenen haben regelmäßig (mindestens an zwei Tagen pro Woche über einen Zeitraum von sechs Monaten) starke **Heißhungergefühle**, die in **Essattacken** münden, bei denen übermäßig große Mengen an Nahrungsmitteln hinuntergeschlungen werden.

– Es werden **keine Gegenmaßnahmen** ergriffen, um die aufgenommene Nahrung wieder auszuscheiden (kein Erbrechen, keine Abführmittel etc.) oder um die überschüssigen Kalorien zu verbrauchen (z. B. durch Sport).

– Esssüchtige haben meistens **Übergewicht** bzw. Fettsucht (Adipositas).

– Körperliche Aktivitäten werden generell eher vermieden, **bewegungsarme Freizeitbeschäftigungen** (Fernsehen, Computerspiele) bevorzugt.

– **Erkrankungen** wie Störungen des Herz-Kreislauf-Systems, erhöhte Blutzuckerwerte (Gefahr von Diabetes mellitus), Bluthochdruck, Schäden an den Gelenken und an der Wirbelsäule etc. sind typische Folgen des Übergewichts.

Weitere Lösungsvorschläge:

– große Scham- und Schuldgefühle aufgrund des unkontrollierten Essverhaltens, gemeinsame Mahlzeiten werden oft vermieden

– häufiges Diäthalten und schneller Abbruch von Diäten

2. *Der Begriff „Essstörung" fasst verschiedene psychische Störungsbilder zusammen, die Ursachen sind meist sehr komplex. Neben Faktoren, die das Auftreten einer Essstörung begünstigen können (bestimmte Persönlichkeitsmerkmale oder genetische Vorbelastungen), gibt es auch solche, die eine Essstörung bei entsprechend veranlagten Jugendlichen auslösen können, z. B. eine schmerzvolle Trennung oder ein Verlust nahestehender Personen, ein Umzug, sexueller Missbrauch etc. In der Aufgabenstellung wird explizit nach möglichen Ursachen gefragt, daher wird auf mögliche Auslöser nicht weiter eingegangen.*

Gesellschaftlicher Druck: Vor allem durch die Medien – Werbung, Casting-Shows im Fernsehen etc. – wird ein Schlankheitsideal vermittelt, das kaum mehr der Realität entspricht. Schönheit wird gleichgesetzt mit extremer Schlankheit.

Streben nach Perfektion: Menschen mit Magersucht oder Bulimie haben oft einen übergroßen Ehrgeiz und setzen sich selbst unter Druck, um ihren hohen Ansprüchen zu genügen. Der Perfektionismus erstreckt sich dabei auf viele Lebensbereiche, wie z. B. Schule oder Beruf, Partnerschaft, Rolle als Tochter oder Sohn etc. Auch der Körper muss dem Streben nach „perfekter Form" entsprechen und wird über die Nahrungsaufnahme „gedrillt" und unter Kontrolle gehalten.

Abwehr von sexuellem Begehren: Der abgemagerte Körper bei Magersüchtigen, der kaum weibliche oder männliche Formen aufweist, wirkt kindlich und sexuell neutral; die

Ausstrahlung sexueller Reize wird vermieden. Magersucht manifestiert sich oft aus dem Versuch heraus, sich der psychosexuellen Entwicklung, die normalerweise in der Pubertät stattfindet, zu entziehen und stattdessen im Zustand einer „heilen" Kinderwelt zu verbleiben.

Biologisch-genetische Ursachen: In Studien wurde belegt, dass Essstörungen familiär gehäuft auftreten bzw. oft mit anderen psychischen Störungen in der Familie einhergehen (z. B. Depressionen, Alkoholmissbrauch). Auch Störungen bzw. Schädigungen in bestimmten Bereichen des Gehirns (Hypothalamus) können dazu führen, dass die Nahrungsaufnahme nicht richtig reguliert wird und entweder ein vermindertes oder ein gesteigertes Hungergefühl ausgelöst wird.

Suche nach Anerkennung: Bei Menschen mit Essstörungen ist das Selbstwertgefühl in der Regel sehr schwach ausgeprägt. Vor allem bei der Magersucht wird dieses dadurch kompensiert, dass die Betroffenen durch das Hungern Kontrolle über ihren Körper erlangen und etwas schaffen, das vielen anderen nicht gelingt: auf das Essen zu verzichten. Zumindest am Anfang der Krankheit bekommen sie oft Anerkennung dafür, dass sie ihren Hunger unterdrücken können und „schön schlank" sind.

Essen als emotionale Ersatzhandlung: Viele Esssüchtige neigen dazu, ihre Gefühle zu unterdrücken und verfügen selten über geeignete Strategien, mit Konflikten umzugehen. In den Essattacken finden sie eine Möglichkeit, innere Spannungszustände wie Frust, Wut oder Stress abzubauen. Mit der unkontrollierten Nahrungsaufnahme, bei der alles wahllos in sich hineingestopft wird, werden auch unterdrückte Gefühle förmlich „weggegessen" (man „frisst alles in sich hinein").

3. *Da Esssucht (Binge-Eating-Disease) eine psychische Erkrankung ist, sollte vor dem Beginn der Gewichtsreduzierung zunächst therapeutische Hilfe in Anspruch genommen werden. Eine Diät alleine wird kaum – zumindest aber nicht nachhaltig – erfolgreich sein, denn sie findet nur auf körperlicher Ebene statt und geht den Ursachen der Störung nicht auf den Grund. Auch dieser Aspekt sollte in der Lösung der Aufgabe genannt werden (als eigener Punkt oder zumindest als Hinweis).*

Bei Adipositas, die auf einer psychosomatischen Erkrankung beruht, ist diätbegleitend eine psychologische Betreuung sinnvoll (professionelle psychotherapeutische Hilfe in Form einer ambulanten oder stationären Behandlung). Werden die Ursachen der Esssucht nicht bekämpft, sind die Aussichten, aus dem Teufelskreis ausbrechen zu können, sehr gering. Beim Abnehmen selbst sollten folgende Punkte beachtet werden, um „gesund" und dauerhaft Gewicht zu verlieren:

- Auf **langsame Gewichtsreduzierung** achten (etwa ein halbes Kilo pro Woche)! Der Stoffwechsel muss sich umstellen; zu schnelles Abnehmen durch Radikaldiäten fördert den „Jo-Jo-Effekt" (= schnelleres Zunehmen nach einer Diät).
- Deutlich **weniger Kalorien aufnehmen**, als es dem berechneten täglichen Bedarf entspricht (dieser ist abhängig von Faktoren wie Geschlecht, Größe, Tätigkeit)! Die Kalorienzufuhr sollte aber nicht zu gering ausfallen, um keine Heißhungerattacken auszulösen.
- Für ein länger anhaltendes Sättigungsgefühl viel **ballaststoffreiche Nahrungsmittel** wie Gemüse, Obst und Vollkornprodukte essen! Sie halten auch den Blutzuckerspiegel konstant und verhindern damit ebenfalls Heißhunger.
- **Leere Kalorienträger meiden**! Stark zuckerhaltige Nahrungsmittel und Weißmehlprodukte liefern viel schnelle Energie, aber kaum Vitamine und Mineralstoffe.

- **Viel Trinken** beim Abnehmen! Kalorienarme Getränke wie Wasser oder ungesüßte Tees dämpfen den Hunger und schwemmen die in den Fettdepots gespeicherten Rückstände aus der Nahrung aus dem Körper.
- **Regelmäßig Sport treiben**! Sportliche Betätigung lässt Fett schneller schmelzen und baut Muskeln auf, die wiederum den Grundumsatz erhöhen (Muskeln benötigen auch im Ruhezustand Energie).
- **Bewegung auch in den Alltag integrieren**! Dafür gibt es fast unbegrenzt viele Möglichkeiten, z. B. Treppensteigen statt Rolltreppe benutzen, beim Busfahren eine Station früher aussteigen und zu Fuß gehen, beim Zähneputzen kleine Gymnastikübungen einbauen etc.
- Bei der Zusammenstellung der Nahrung auf **hochwertige Eiweißträger** achten! Vor allem für den Muskelaufbau benötigt der Körper hochwertige Proteine, daher sollten fettarme Fisch- und Milchprodukte, aber auch pflanzliche Eiweißlieferanten wie Sojaprodukte oder Hülsenfrüchte, die eine hohe biologische Wertigkeit haben, auf dem täglichen Speiseplan stehen.

Weitere Lösungsvorschläge:

- **Bewusst essen** und sich nicht ablenken lassen! Wer ständig „nebenbei" isst, dabei fernsieht oder sonstige Tätigkeiten verrichtet, verliert den Überblick über die Menge, die täglich in den Magen wandert.
- **Langsam essen und kauen**! Das Sättigungsgefühl stellt sich erst ab einer bestimmten Zeit ein (ca. 20 Minuten nach Beginn der Nahrungsaufnahme); wird das Essen zu hastig hinuntergeschlungen, hat man meist schon mehr gegessen, als zur Sättigung nötig gewesen wäre.

4. *Methoden zur Beurteilung des Körpergewichts sollten idealerweise mehrere Faktoren (Geschlecht, Körperbau, Muskelmasse, Fettanteil etc.) berücksichtigen, um dem individuellen Menschen gerecht zu werden. Viele Methoden können dies jedoch nicht leisten und lösen daher auch Kritik aus. Zwei der gängigsten Arten sollen hier vorgestellt werden. Neben der Beschreibung, wie man die Werte berechnet (→ Formel), ist auch ein Hinweis auf ihre Aussagekraft notwendig.*

Broca Index

Bei der Gewichtsbeurteilung nach dem Broca Index wird das Normalgewicht unabhängig vom Geschlecht nach der Formel

Normalgewicht = Körpergröße in cm – 100

berechnet, d. h., eine 170 cm große Frau (oder ein ebenso großer Mann) hätte ein Normalgewicht von 70 Kilogramm.

Die Ermittlung des **Idealgewichts** erfolgt geschlechtsabhängig:
bei einem Mann werden vom Normalgewicht 10 % (= 63 kg bei 170 cm), bei einer Frau 15 % (= 59,5 kg bei 170 cm) abgezogen.

Übergewicht = Normalgewicht + 10 %
Untergewicht = Idealgewicht – 10 %

Der Broca Index ist relativ einfach zu berechnen (der Wert kann schnell im Kopf überschlagen werden), hat aber den Nachteil, dass er sich nur auf Menschen mit mittlerer Körpergröße (ca. 160 cm bis 180 cm) anwenden lässt; bei kleineren oder größeren Personen liefert die Formel zu große bzw. zu kleine Werte.

Body-Mass-Index (BMI)

Beim BMI wird das Körpergewicht eines Menschen in Relation zu seiner Körpergröße beurteilt. Die Formel zur Berechnung des BMI lautet:

$$\frac{\text{Körpergewicht in Kilogramm}}{(\text{Körpergröße in Metern})^2}$$

Die BMI-Werte werden in einer Beurteilungstabelle klassifiziert, z. B.:
BMI unter 18,5 = Untergewicht
BMI 18,5 – 24,9 = Normalgewicht
BMI 25 – 29,9 = Übergewicht
BMI 30 – 40 = Adipositas Grad I
BMI über 40 = Adipositas Grad II

Bei der Berechnung des BMI werden neben der Größe und dem Gewicht auch andere Faktoren mit einbezogen, wie z. B. das Geschlecht, das Lebensalter oder ob es Amputationen gibt. Bei Sportlern mit großer Muskelmasse (Muskeln sind bekanntlich schwerer als Fett!) ist der BMI allerdings nicht aussagekräftig, denn er liefert zu hohe Werte.

II. Küche – Design

1. *Die Beispiele, die die vier geforderten der Ziele der Ergonomie veranschaulichen sollen, müssen nicht zwingend aus dem Bereich Küche/Haushalt stammen (dies ist nicht explizit gefordert); es bietet sich aufgrund der Aufgabenstellung (Einleitungssatz) jedoch an.*

Die Ergonomie ist ein Teilgebiet der Arbeitswissenschaft; man versteht darunter die Wissenschaft von den Gesetzmäßigkeiten der menschlichen Arbeit. Sie dient der Gestaltung des Arbeitsplatzes und der Arbeitsbedingungen, um diese in Bezug auf die menschliche Leistungsfähigkeit zu optimieren.

Ziele der Ergonomie sind:

1. Sicherheits- und Gesundheitsschutz: Durch eine ergonomische Arbeitsplatzgestaltung soll der arbeitende Mensch vor akuten Gefahren durch Verletzung wie auch vor längerfristigen gesundheitlichen Schäden bewahrt werden.

   Beispiel: Körpergerechte Einstellung der Arbeitshöhe von Tischen, Stühlen, Arbeitsplatten etc., um Rückenbeschwerden zu vermeiden.

2. Höhere Leistungsfähigkeit: Ergonomische Arbeitsmittel und eine sinnvolle Anordnung des Arbeitsplatzes sparen Kraft und Energie und beugen vorzeitigem Ermüden vor.

   Beispiel: Mit einer durchdachten Anordnung der Kücheneinrichtung und der Küchengeräte können viele unnötige Wege eingespart werden.

3. Größere Effizienz: Ein ergonomisch optimierter Arbeitsplatz und gut organisierte Arbeitsabläufe sparen zudem Zeit.

   Beispiel: Leicht und schnell erreichbarer Verwahrungsort von häufig verwendeten Utensilien, z. B. Platzierung des Essgeschirrs in der Nähe des Geschirrspülers.

4. Benutzerfreundlichkeit: Auch die leichte Bedienbarkeit eines Produkts ist eines der Ziele der Ergonomie. Sie schließt sowohl eine einfache physische Handhabung (z. B. eines Werkzeugs) wie auch das schnelle Erfassen von Informationen mit ein.

   Beispiel: Softeinzüge bei Schubladen oder eine einfache Bedienungsführung bei Haushaltsgeräten etc. erleichtern die Abläufe bei der täglichen Küchenarbeit.

2. *Bei dieser Aufgabenstellung gibt es zwei zentrale Begriffe, die für die Erstellung der Skizze wichtig sind: <u>Rechtshänder</u> und <u>Ergonomie</u>. Eine nach ergonomischen Gesichtspunkten geplante Küche berücksichtigt die Arbeitsabläufe bei der Nahrungszubereitung. Für Rechtshänder ist die Arbeitsrichtung in der Regel von links nach rechts, also sollten auch die verschiedenen Arbeitsbereiche der Küchenzeile entsprechend angeordnet sein.*

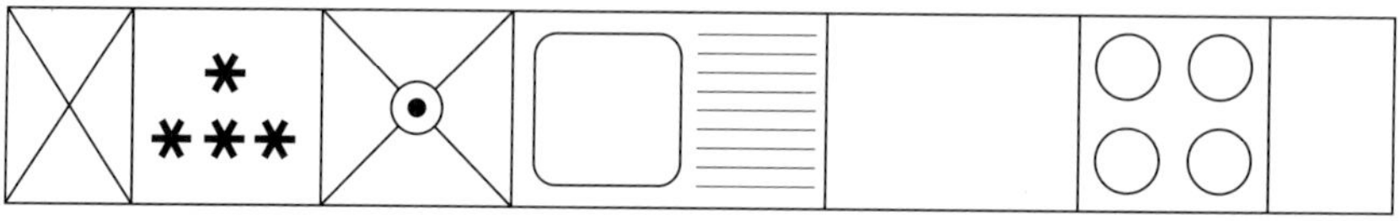

Vorratsbereich
Aufbewahrung
Kühlschrank
Tiefkühlschrank

Reinigung
Spüle
Geschirrspüler

Nahrungsvorbereitung
Arbeitsplatte

Nahrungszubereitung
Herd
Backofen

Um unnötige Wege zu vermeiden, sollte die Küche am besten nach Arbeitsabläufen angeordnet sein. Da viele Lebensmittel nach der Entnahme aus dem Kühlschrank zuerst gereinigt bzw. gewaschen werden (Gemüse etc.), ist die Nähe des Reinigungsbereiches zum Vorratsbereich sinnvoll. Anschließend werden die Lebensmittel für die eigentliche Zubereitung (Kochen, Backen etc.) vorbereitet (Vorbereitungsbereich). Wenn es das Platzangebot zulässt, sollten auch immer Abstellflächen vorhanden sein, z. B. neben dem Kühlschrank (hier: Oberseite des Geschirrspülers) oder dem Herd (siehe Skizze).

3. *Küchenarbeitsplatten müssen durch die meist tägliche Benutzung nicht nur gute funktionale Eigenschaften haben, sondern sollen auch optisch ansprechend sein und zum Gesamteindruck der Küche passen. Ästhetische Aspekte sind daher für die Beantwortung der Frage genauso relevant. Da alle Materialien für die Verwendung in der Küche geeignete, aber auch weniger gut geeignete Eigenschaften haben, wirkt eine Unterscheidung in Vor- und Nachteile übersichtlich (es müssen je Materialart jedoch nur vier Eigenschaften genannt werden, unabhängig von der Eignung).*

Material	Beschreibung
Kunststoff	Vorteile: – Kunststoff-Arbeitsplatten sind in den verschiedensten Farben und Designs erhältlich und können daher ein wichtiges Gestaltungselement sein. – Sie sind leicht und lassen sich gut verarbeiten. – Kunststoff nimmt keine Gerüche an, ist strapazierfähig und leicht zu reinigen. Nachteile: – Kunststoff ist nur bedingt hitzeunempfindlich; heiße Töpfe und Pfannen können nicht darauf abgestellt werden. – Bei einer dünnen Beschichtung können Arbeitsplatten aus Kunststoff leicht zerkratzt werden. – Kunststoff enthält Weichmacher, die die Elastizität des Materials gewährleisten sollen.

Holz	Vorteile: – Holz ist ein natürliches Material und wirkt warm und gemütlich. – Es ist umweltfreundlich und verbessert das Raumklima. – Beschädigungen können durch Abschleifen repariert werden. Nachteile: – Holz ist empfindlich gegen Feuchtigkeit – bei Nässe quillt es auf – und bedarf einer entsprechenden Behandlung (Lack, Öl oder Wachs). – Es nimmt Flecken aller Art (auch Wasserflecken) stark an und muss daher sehr schnell gereinigt werden. – Massivholz ist relativ teuer.
Granit	Vorteile: – Granit ist ausgesprochen widerstandsfähig, kratz- und schnittfest sowie hitzeunempfindlich. – Durch seine glatt polierte Oberfläche ist Granit leicht zu reinigen und hygienisch. – Granit ist ein Naturprodukt, er ist zeitlos, in vielen Farbvariationen erhältlich und wirkt edel. Nachteile: – Bestimmte Lebensmittel (Fette, Fruchtsäfte etc.) hinterlassen unschöne Flecken, wenn sie länger nicht entfernt werden. – Granit ist sehr schwer und muss passgenau angefertigt werden. – Arbeitsplatten aus Granit haben einen relativ hohen Preis.

4. *Je nach Gegenstand gibt es Unterschiede bei der Porzellanherstellung. Flache Produkte wie Teller werden inzwischen meist in Pressformen angefertigt, in die die Porzellanmasse unter großem Druck eingebracht wird. Zu beachten ist bei der Herstellung einer Tasse, dass hier in einem extra Schritt manuell ein Henkel angebracht werden muss.*

1. Entwurfsidee / Entwurfsmodell
Skizzen und Zeichnungen der Espressotasse werden angefertigt. Um die Stabilität und Gebrauchsfähigkeit zu testen, wird ein Probemodell hergestellt. Dabei ist zu beachten, dass die spätere Tasse während des gesamten Herstellungsprozesses an Flüssigkeit und damit an Masse verliert und um ca. 15 % schrumpft (Schwindung).

↓

2. Gussform / Gießform
Entspricht das Design und die Funktionalität des Probemodells den Anforderungen, so wird eine Tasse aus Gips angefertigt, daraus wiederum eine Negativform/Gussform.

↓

3. Herstellung der Porzellangießmasse
Die Rohstoffe, bestehend aus Quarz, Feldspat, Kaolin, Aluminiumoxid und pulverisierten Scherben, werden mit Wasser gemischt und gepresst, anschließend reift die Masse mehrere Monate in feuchten Räumen.

↓

4. Eingießen
Die Porzellanmasse wird nun durch weiteres Zusetzen von Wasser gießfähig gemacht und in die zweiteilige Hohlform eingefüllt.

↓

5. Trocknen
Durch das Teilen der Gussform wird die noch feuchte Tasse entnommen. Der Henkel der Tasse wird separat geformt und mit flüssigem Porzellan angeklebt. Vor dem Brand muss die Tasse vollständig durchtrocknen.

↓

6. Erster Brand
Bei ca. 1.000 °C wird die Tasse anschließend gebrannt (Schrühbrand). Sie ist jetzt noch porös und kann daher die Glasur, die im nächsten Schritt aufgetragen wird, gut aufsaugen.

↓

7. Glasieren
Für das Glasieren verwendet man eine haarrissfreie Gebrauchsglasur. Der Teller kann damit übergossen, getaucht oder auch gespritzt werden.

↓

8. Zweiter Brand
Beim Glattbrand (ca. 1.220 °C – 1.400 °C) schmilzt die Glasur und verschließt dabei die Poren. Die Tasse ist nun wasserdicht.

↓

9. Dekor
Wurde das Dekor nicht schon vor der Glasur aufgetragen (Unterglasurdekor), erfolgt die Aufbringung des Dekors im letzten Arbeitsschritt.

Abschlussprüfung 2014 an den Realschulen in Bayern
Haushalt und Ernährung: Aufgabengruppe B I/II

I. Nicht nur die Milch macht's – Die Bedeutung von Getränken und Co. für unsere Ernährung

1. Die Milch gehört in der Baby- und Kleinkinderernährung sowohl zu den Getränken als auch zu den Nahrungsmitteln. Erläutern Sie die ernährungsphysiologische Bedeutung von Milch.

2. Als reiner Durstlöscher steht Wasser an erster Stelle. Erklären Sie die Bedeutung von Wasser für den menschlichen Körper.

3. Beschreiben Sie je zwei Getränke, die für eine Reduktionskost geeignet bzw. ungeeignet sind. Begründen Sie Ihre Aussagen.

4. Die Anzahl der Coffee-Shops in Deutschland hat sich seit 2005 mehr als verdoppelt. Viele Jugendliche konsumieren bereits auf dem Schulweg ihren „Coffee to go“. Beschreiben Sie die Wirkung von Kaffee bei mäßigem bzw. bei übermäßigem Genuss.

5. Die Deutsche Gesellschaft für Ernährung gibt Hinweise für eine geeignete Flüssigkeitszufuhr. Nennen Sie diese und erörtern Sie neun weitere Regeln der DGE, die für eine vollwertige Ernährung von Bedeutung sind.

II. Nachhaltig wirtschaften und genießen

1. Nachhaltiges Wirtschaften im Haushalt ist Thema der Zukunft. Geben Sie zehn Beispiele, wie man im gesamten Haushalt sinnvoll Energie sparen kann.

2. Die Anschaffung von elektrischen Haushaltsgeräten muss gut geplant und durchdacht werden. Zeigen Sie acht Kriterien auf, die beim Kauf eines Kühlschrankes berücksichtigt werden sollten.

3. Beim Lebensmitteleinkauf spielen verschiedene Faktoren eine wichtige Rolle. Nennen Sie jeweils drei Beispiele zum Ökologiewert, zum Ökonomiewert und zum Genusswert.

Geld sparen trotz steigender Energiepreise

Lösungsvorschlag

I. Nicht nur die Milch macht's – Die Bedeutung von Getränken und Co. für unsere Ernährung

1. *Die Erwähnung der Milch in der Baby- und Kleinkindernährung ist lediglich eine Hinführung zum Thema der Aufgabe. Inhaltlich geht es hier um die ernährungsphysiologische Bedeutung, also um die in der Milch enthaltenen Inhaltsstoffe und ihre Bewertung.*

Inhaltsstoff	Bedeutung
Eiweiß	Das Eiweiß der Milch besitzt als tierisches Eiweiß aufgrund seiner essenziellen Aminosäuren eine verhältnismäßig hohe biologische Wertigkeit, die sich, kombiniert mit pflanzlichem Eiweiß aus z. B. Getreideprodukten oder Kartoffeln, hervorragend ergänzen lässt. So erhält der Körper alle lebensnotwendigen Aminosäuren zum Aufbau von Körpersubstanz.
Fett	Das Fett der Milch ist fein verteilt und besteht vor allem aus kurzkettigen und mittelkettigen Fettsäuren. Deshalb können die Fettmoleküle der Milch durch die fettspaltende Lipase leicht aufgespalten werden. Der Gehalt an Cholesterin ist gering und hängt vom Fettgehalt der Milch ab.
Kohlenhydrate	Der Milchzucker (Laktose) ist ein Doppelzucker, der während der Verdauung in Einfachzucker aufgespalten wird. Er verhindert schädliche Fäulnisprozesse im Darm und wirkt sich positiv auf die Darmbakterien im Dünndarm aus. Er liefert Energie und fördert die bessere Aufnahme der Mineralstoffe Calcium, Phosphor und Magnesium. Immer mehr Menschen entwickeln jedoch eine „Laktoseintoleranz", d. h., ihnen fehlt das Enzym Laktase, das den Milchzucker spaltet.
Vitamine	Milch ist reich an fettlöslichen Vitaminen, vor allem D, E und A; der Anteil ist abhängig vom Fettgehalt der Milch. Sie enthält auch reichlich wasserlösliche Vitamine, besonders Vitamin B_1, B_2, B_6, und B_{12}. Milch wird deshalb als Vitamin-B-Lieferant bei einer vegetarischen Ernährung geschätzt, um einen Mangel auszugleichen. Außerdem enthält Milch die Vitamine Niacin, Folsäure, Pantothensäure und Biotin, Vitamin C ist nur in geringen Mengen vorhanden. Der Anteil an Vitaminen ist auch abhängig von der Konservierungsart; ultrahocherhitzte H-Milch und ESL-Milch enthalten weniger Vitamine als pasteurisierte Milch oder Rohmilch.
Mineralstoffe	Milch enthält vor allen Dingen Calcium und Phosphor in einer leicht aufnehmbaren Form und in einem ausgewogenen Mengenverhältnis. Außerdem liefert sie die Mineralstoffe Kalium, Jod und Magnesium. Die Mineralstoffe der Milch sind somit wichtig für den Aufbau von Knochen und Zähnen, aber auch für deren Erhalt im Alter und zum Schutz vor Osteoporose.
Wasser	Milch besteht je nach Fettgehalt (hier 3,5%) zu ca. 87 % aus Wasser und liefert dem Körper somit Flüssigkeit.

2. *Wasser ist ein essenzieller Bestandteil unserer Nahrung. Der Mensch kann nur wenige Tage ohne Wasser überleben, da es wesentliche Aufgaben in unserem Körper erfüllt. Zur vollständigen Bearbeitung dieser Aufgabe sollten die vier wichtigsten Funktionen des Wassers im menschlichen Körper genannt und beschrieben werden.*

Wasser ist Baustoff

Der Körper des Menschen besteht zu ca. 65 % aus Wasser. Es ist Bestandteil aller Körperzellen und Körperflüssigkeiten wie z. B. Blut, Lymphe, Enzyme und Verdauungssäfte.

Wasser ist Lösungsmittel

Nährstoffe und Wirkstoffe, die in der Nahrung enthalten sind, können nur in gelöster Form von den Zellen aufgenommen werden.

Wasser ist Transportmittel

Die in Wasser gelösten Nährstoffe, aber auch Sauerstoff werden über das Blut zu den Zellen transportiert; Stoffwechselabfallprodukte gelangen so aus den Zellen zu den entsprechenden Ausscheidungsorganen.

Wasser ist Wärmeregler

Bei starker körperlicher Beanspruchung oder bei Hitze gibt der Körper über die Schweißdrüsen an der Hautoberfläche Wasser ab, das dort verdunstet. Dadurch entsteht Verdunstungskälte, die die Körpertemperatur absenkt.

3. *Bei der Getränkeauswahl für eine Reduktionskost (= Diät) ist es vor allem wichtig, dass die Flüssigkeiten einen möglichst geringen Energiegehalt aufweisen – d. h. wenig Zucker enthalten –, um die Kalorienbilanz nicht zu erhöhen.*

Ungeeignete Getränke	Geeignete Getränke
Fruchtnektare und Fruchtsaftgetränke Der Fruchtanteil dieser Getränke liegt zwischen 25 – 50 % (Fruchtnektare) und 6 – 39 % (Fruchtsaftgetränke), der Zuckergehalt zwischen 10 – 20 %. Der Anteil an Vitaminen und Mineralstoffen ist unbedeutend. Aufgrund des hohen Energiewertes sind Fruchtnektare und Fruchtsaftgetränke für eine Reduktionskost ungeeignet.	**Mineralwasser** Es enthält je nach Herkunft unterschiedliche Mengen an Mineralstoffen und ist mit oder ohne Kohlensäure versetzt erhältlich. Da es keinen Zucker enthält, ist es für eine Reduktionskost uneingeschränkt zu empfehlen.
Energy-Drinks Diese Getränke enthalten große Mengen an Koffein und anderen Zusatzstoffen wie z. B. Taurin, Guarana, Glucuronolacton sowie Aroma- und Farbstoffe. Energy-Drinks enthalten viel Zucker und sind deshalb für eine Reduktionskost ungeeignet.	**Saftschorle aus Obstsaft** Im Verhältnis 3:1 (Wasser: Saft) vermischte Schorlen enthalten Vitamine und Mineralstoffe sowie sekundäre Pflanzenstoffe. Sie schmecken fruchtig und sind auch ideal, um den Flüssigkeitsbedarf eines Sportlers auszugleichen. Da sie nur wenig Zucker enthalten, eignen sie sich auch als Getränke für eine Reduktionskost.

4. *Auch bei dieser Aufgabe dient die Erwähnung des Kaffeekonsums bei Jugendlichen nur als Einleitung. Konkret geht es um die Wirkung von Kaffee auf den menschlichen Organismus bei mäßigem und übermäßigem Konsum. Da die Aufgabenstellung nicht vorgibt, wie viele Punkte genannt werden müssen, sollten möglichst viele Beispiele aufgeführt werden.*

Wirkung von Kaffee bei mäßigem Genuss:

- Kaffee wirkt anregend auf das Zentralnervensystem und macht munter.
- Die Leistungs- und Konzentrationsfähigkeit wird gesteigert.
- Die Reaktionsfähigkeit des Körpers nimmt zu, man fühlt sich fit.
- Die Herztätigkeit, der Blutdruck und das Kreislaufsystem werden angeregt.
- Kaffee wirkt sich verdauungsfördernd auf die Darmperistaltik aus, die Ausscheidung von Stoffwechselendprodukten wird angeregt.
- Die Aktivierung des Stoffwechsels steigert die Verbrennung von Nährstoffen und damit den Kalorienverbrauch.
- Die im Kaffee enthaltenen Antioxidantien schützen vor Krebs.

Wirkung von Kaffee bei übermäßigem Genuss:

- Die Blutgefäße weiten sich und es kommt zu Schweißausbrüchen.
- Durch den Anstieg des Blutdrucks treten Herzklopfen, Schwindelanfälle und Herzrasen auf. Dies gefährdet bereits vorbelastete Menschen.
- Es kommt zu Schlafproblemen in der Einschlafphase.
- Zittern, Unruhe und Nervosität sind Zeichen einer gesteigerten Erregbarkeit.
- Sodbrennen und eine erhöhte Magensäureproduktion führen bei empfindlichen Menschen zu schmerzhaften Magenerkrankungen.
- Konzentrationsverlust und ein Abfall des Leistungsvermögens werden ausgelöst.
- Kopfschmerzen sind mögliche Entzugssymptome und Anzeichen einer leichten Abhängigkeit.
- Zu viel Kaffee wirkt abführend.

5. *Die Deutsche Gesellschaft für Ernährung (DGE) empfiehlt eine vollwertige Ernährung für die Erhaltung der Leistungsfähigkeit und der Gesundheit. Dazu formulierte sie Empfehlungen („Die zehn Regeln der DGE“) für eine sinnvolle Auswahl der Nahrungsmittel, deren Zubereitung, die Art der Nahrungsaufnahme sowie zu Bewegung und Gewichtskontrolle. Für eine vollständige Beantwortung der Aufgabe müssen alle zehn Regeln aufgezählt und kurz beschrieben werden. Da in der Aufgabe zunächst nach der Regel für die Flüssigkeitszufuhr gefragt ist, ist es sinnvoll, mit der entsprechenden Regel Nummer 7 zu beginnen.*

Regel 7: Nimm ausreichend Flüssigkeit zu dir!

Eine angemessene Flüssigkeitszufuhr ist wichtig für Konzentration und körperliches Wohlempfinden. Rund 1,5 – 2 Liter Flüssigkeit sind täglich notwendig, abhängig von der körperlichen Betätigung und der Außentemperatur. Sinnvoll sind kalorienarme Getränke wie Wasser und Saftschorlen.

Regel 1: Ernähre dich abwechslungsreich!

Bei der täglichen Auswahl der Lebensmittel sollen alle Nährstoffe, Vitamine, Mineralstoffe und sekundären Pflanzenstoffe in ausreichender Menge enthalten sein. Deshalb ist es wichtig, den täglichen Speiseplan abwechslungsreich zu gestalten.

Regel 2: Iss mehrmals täglich (Vollkorn-)Getreideprodukte und Kartoffeln!

Getreideprodukte und Kartoffeln enthalten reichlich Stärke, die nur langsam abgebaut wird und daher über einen langen Zeitraum Energie liefern. Getreideprodukte aus Vollkorn enthalten neben Vitaminen, Mineralstoffen und sekundären Pflanzenstoffen auch Ballaststoffe, die sättigen und die Verdauung fördern.

Regel 3: Nimm fünf Mal täglich Obst und Gemüse zu dir!

Der Gehalt an Vitaminen und Mineralstoffen, aber auch an Ballaststoffen und sekundären Pflanzenstoffen machen Obst und Gemüse zu wichtigen Lebensmitteln unserer Ernährung. Sie sollten Bestandteil jeder Tagesmahlzeit sein.

Regel 4: Milch- und Milchprodukte darfst du täglich, Fisch wöchentlich, Fleisch und Eier nur in Maßen essen!

Diese Lebensmittel enthalten hochwertiges tierisches Eiweiß und sind damit ein wichtiger Teil unserer Ernährung. Milch- und Milchprodukte sind eine wesentliche Calciumquelle, Meeresfisch enthält Jod sowie Omega-3-Fettsäuren und Fleisch liefert vor allem B_{12}. Eier und Wurstwaren sollten nur selten verzehrt werden.

Regel 5: Vermeide Fette und wähle sie sorgfältig aus!

Fette sind die energiereichsten Nährstoffe unserer Ernährung, zu viel Fett führt zu Übergewicht. Vor allem tierische Fette sollten vermieden werden. Pflanzliche Fette sind reich an essenziellen Fettsäuren und Träger der fettlöslichen Vitamine A, D, E und K und deshalb zu bevorzugen.

Regel 6: Achte auf deinen Zucker- und Salzhaushalt!

Zucker ist sehr energiereich, macht dick und führt zu Zahnschäden; Salz fördert den Bluthochdruck. Süßigkeiten und salzige Knabbereien sind nur in Maßen erlaubt.

Regel 8: Verwende nährstoffschonende Gartechniken!

Nährstoffschonende Gartechniken in wenig Wasser und Fett bei möglichst niedriger Temperatur erhalten die Vitamine und den Eigengeschmack der Lebensmittel.

Regel 9: Nimm dir zum Essen Zeit und genieße es!

Essen ist Genuss und nicht nur Nahrungsaufnahme, deshalb sollte man so viele Mahlzeiten wie möglich in Ruhe und ohne Ablenkung wie Lesen, Fernsehen oder Internet zu sich nehmen.

Regel 10: Bleib in Bewegung und achte auf dein Gewicht!

Kontrolliere dein Gewicht mit dem Body-Mass-Index. Nicht nur Über-, sondern auch Untergewicht ist ungesund. Bewegung an der frischen Luft macht Spaß und hält den Körper fit und gesund.

II. Nachhaltig wirtschaften und genießen

1. *Ein Thema des „nachhaltigen Wirtschaftens" ist das Energiesparen. Es gibt unzählige Möglichkeiten, in den verschiedenen Bereichen eines Haushalts Energie einzusparen. Bei den Lösungsvorschlägen wurde der Bereich Küche gesondert betrachtet – was jedoch nicht ausdrücklich gefordert ist –, die anderen Bereiche des Haushalts wurden zusammengefasst. Es werden insgesamt jedoch nur zehn Beispiele verlangt!*

Küche	**Energiesparen bei der Nahrungszubereitung:** – Energiesparendes Kochgeschirr mit guter Wärmeleitfähigkeit verwenden. – Glasdeckel ermöglichen die Überwachung des Garvorganges ohne unnötigen Energieverlust durch vorzeitiges Öffnen beim Kontrollieren. – Der Einsatz des Dampfdrucktopfes vermindert Garzeiten um bis zu zwei Drittel. – Induktionskochfelder sind im Vergleich zu herkömmlichen Elektrokochfeldern effizienter und lassen sich besser regulieren. – Backröhren nur dann vorheizen, wenn es wirklich notwendig ist. – Die Umluftfunktion erlaubt eine Verminderung der Backtemperatur um 20 °C, das entspricht 20 % Energieersparnis. – Den Backofen ca. 10 Minuten vor Ende der Garzeit ausschalten und die Nachwärme nutzen. **Energiesparen im Umgang mit Elektrogeräten:** – Geschirrspülmaschinen nur voll beladen laufen lassen und Sparprogramme nutzen. – Bei Neuanschaffungen von Elektrogeräten auf die Energieeffizienz achten, das spart Strom und Wasser (bei Geschirrspülmaschinen). – Vereiste Gefrierschränke oder -truhen abtauen lassen.
allgemeine Energiesparmöglichkeiten im Haushalt	– Glühbirnen durch Energiesparlampen oder LEDs ersetzen. – Akkuladegeräte vom Strom nehmen, wenn sie nicht benötigt werden. – Die Wäsche mit möglichst hoher Leistung schleudern, sie braucht dann weniger Trockenzeit im Wäschetrockner. – Im Sommer die Wäsche an der Luft auf einem Wäscheständer trocknen lassen. – Im Winter lieber einige Minuten Stoßlüften als durch gekippte Fenster Dauerbelüften. – Duschen statt ein Vollbad nehmen spart Wasser und Energie. – Standby-Modus bei Geräten vermeiden und an abschaltbare Steckerleisten anschließen.

2. *Die Kriterien für den Kauf eines Kühlschrankes entsprechen zum Großteil denselben, die bei jedem Kauf eines Großgerätes bedacht werden sollten. Dazu gehören Notwendigkeit, Raumbedarf, Kosten, Nutzen und Design. Verlangt sind nur acht Kriterien!*

Notwendigkeit:
- Welche Geräteart wird benötigt? Brauche ich einen Kühlschrank mit Gefrierfach, soll es eine Kühl-Gefrierkombination sein oder wäre ein Mehrzonen-Kühlschrank für meine Bedürfnisse geeignet?
- Die Größe des Kühlschranks muss zur Haushaltsgröße passen. 1 – 2 Personen-Haushalte benötigen ca. 100 – 140 Liter Nutzinhalt, für jede weitere Person rechnet man zusätzlich ca. 50 Liter.

Raumbedarf:
- Habe ich den notwendigen Platz in der Küche?
- Gibt es alle erforderlichen Anschlussmöglichkeiten?
- Soll der Kühlschrank als Einbaugerät in eine vorhandene Küche integriert werden, oder möchte ich lieber ein alleinstehendes Designermodell?

Technische Kriterien:
- Biofresh-Fächer und Null-Grad-Fächer mit hoher Luftfeuchtigkeit sorgen für längere Haltbarkeit der Lebensmittel.
- Wie energieeffizient soll das Gerät sei? Geräte mit einem Energielabel A+++ sind teurer, benötigen aber wesentlich weniger Energie.
- Eine Abtauautomatik verhindert, dass das Gerät vereist und spart damit Strom.

Sicherheit:
- Mit welchen Sicherheitszertifikaten ist das Gerät ausgezeichnet (TÜV, GS-Siegel etc.)?
- Welche Garantie- und Gewährleistungen werden übernommen?

Individuelle Wünsche:
- Sagt mir die Raumaufteilung im Kühlschrank zu?
- Wie flexibel lassen sich Einlegeböden verteilen und Kühlzonen im Türbereich verändern?
- Passt das Design zur vorhandenen Küche?

Kosten:
- Kann ich mir das Gerät überhaupt leisten?
- Ist das Preis-Leistungsverhältnis in Ordnung?
- Gibt es einen Fachmann in der Nähe, der die Wartung übernehmen kann?

3. *Bei der Einschätzung und Bewertung der Lebensmittelqualität beurteilen wir diese nach verschiedenen Kriterien. Diese Kriterien lassen sich in die Gruppen Ökologiewert, Ökonomiewert, Genusswert und Gesundheitswert einteilen. Für die ersten drei Gruppen sollen hier jeweils drei Beispiele genannt werden.*

Ökologiewert:
- Handelt es sich um ein Produkt aus biologischem oder konventionellem Anbau?
- Stammt das Produkt aus der Region?
- Ist es jetzt saisonal erhältlich?

weitere:
- Stammt es aus artgerechter Tierhaltung?
- Musste das Produkt weit transportiert werden?
- Ist es verpackt und wenn ja, wie?

Ökonomiewert:
- Wie lange ist das Produkt haltbar?
- Wie hoch ist der Aufwand, es zuzubereiten?
- Wie ergiebig ist es?

weitere:
- Wie viel kostet es?
- Lässt es sich einfach bevorraten?

Genusswert:
- Schmeckt mir das Lebensmittel?
- Wie ist seine Farbe?
- Riecht es angenehm?

weitere:
- Sieht es ansprechend aus?
- Ist es frisch?
- Ist es schön angerichtet?
- Habe ich Lust darauf?

Abschlussprüfung 2015 an den Realschulen in Bayern
Haushalt und Ernährung: Aufgabengruppe A I/II

I. Zucker – ein Kohlenhydrat mit Suchtpotential

Kampf gegen den Zucker – Wie bei der Tabakindustrie
Es reicht: Die Menschen essen zu viel Zucker, warnt die Weltgesundheitsorganisation und halbiert die Empfehlung für die Tagesdosis. Vor allem in der Lebensmittelindustrie wird man das nicht gerne hören. Denn gesüßte Lebensmittel lassen sich einfach besser verkaufen – und die Kunden wissen meist gar nicht, wo sich Zucker überall versteckt. (SZ vom 07.03.2014)

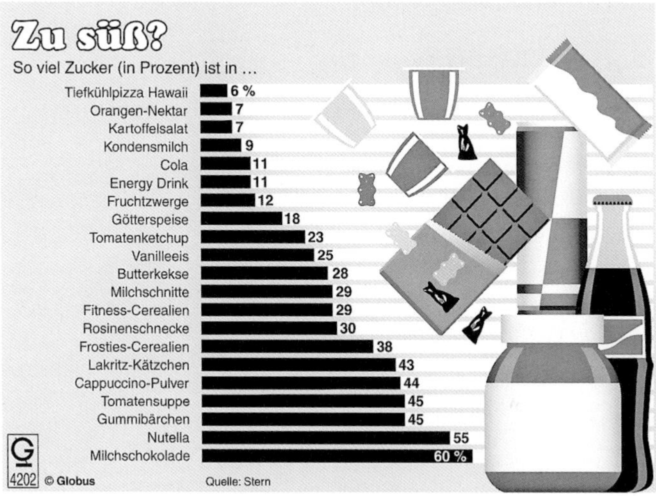

© dpa-Infografik

1.1 Treffen Sie Aussagen über die abgebildete Grafik. Nehmen Sie Bezug auf den hohen und versteckten Anteil von Zucker bei drei ausgewählten Beispielen.

1.2 Bei der Zubereitung von Speisen, aber auch bei industriell hergestellten Lebensmitteln wird Zucker oft ausgetauscht. Stellen Sie drei verschiedene Süßungsmittel näher vor und erläutern Sie deren ernährungsphysiologische Bedeutung.

2. Kohlenhydrate sind mengenmäßig die bedeutendsten energieliefernden Nährstoffe in der Ernährung des Menschen. Teilen Sie die Kohlenhydrate in Gruppen ein und nennen Sie je zwei Lebensmittelbeispiele.

3. Erläutern Sie die Bedeutung der verschiedenen Kohlenhydratarten für den menschlichen Organismus.

4. Vertreter der Vollwertkost lehnen den Verzehr von Haushaltszucker grundlegend ab. Beschreiben Sie die wesentlichen Grundsätze dieser Ernährungsweise.

5. Als Orientierungshilfe sind bei der Vollwert-Ernährung die Lebensmittel in Wertstufen eingeteilt. Erklären Sie die vier Wertstufen und nennen Sie dazu je drei Beispiele.

II. Verpackung – Convenience

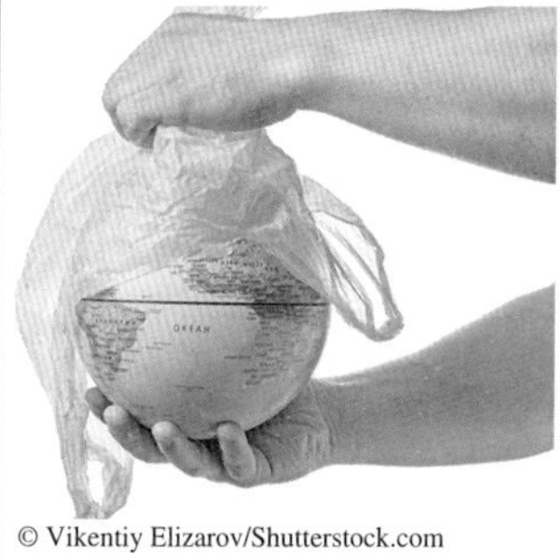

© Vikentiy Elizarov/Shutterstock.com

Sacramento (dpa) – Kalifornien verbietet als erster US-Bundesstaat Einweg-Plastiktüten. Demnach dürfen Lebensmittelläden und Drogeriemärkte die dünnen Tüten ab Juli 2015 nicht mehr an Kunden ausgeben. Der Gouverneur des Westküstenstaates unterzeichnete ein entsprechendes Gesetz. Ab 2016 sind auch kleinere Läden von dem Verbot betroffen. Supermärkte in den USA geben beim Einkaufen normalerweise dünne Plastiktüten oder wahlweise Papiertüten an ihre Kunden aus.

(Pforzheimer Zeitung vom 1. Oktober 2014)

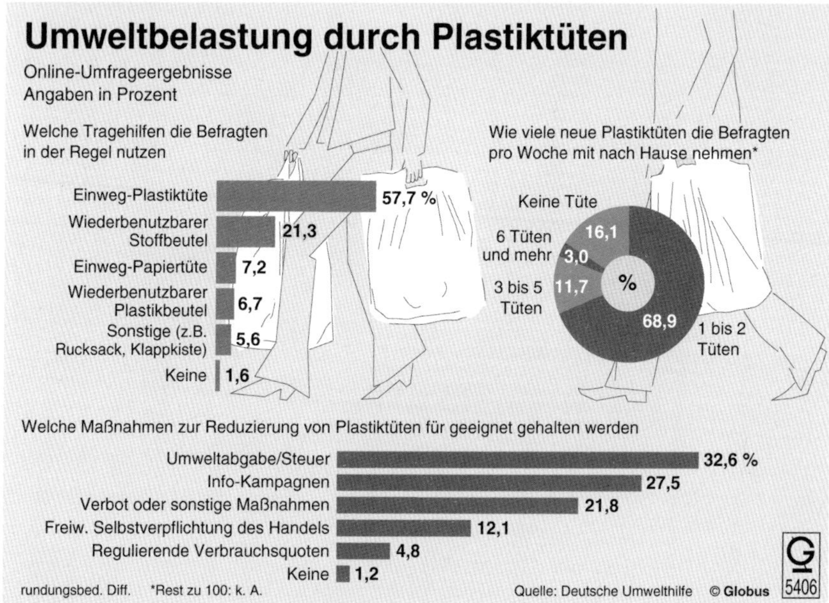

© dpa-Infografik

1.1 Kalifornien versucht, die Plastikflut einzudämmen. Auch in Deutschland werden riesige Mengen an Plastiktüten verwendet. Treffen Sie Aussagen zur dargestellten Grafik.

1.2 Trotz der Müllproblematik ist Kunststoff in der Verpackungsindustrie ein unverzichtbares Material. Bewerten Sie Kunststoffverpackungen hinsichtlich Verwendbarkeit, Haltbarkeit und Umweltverträglichkeit.

2. Bei der Nahrungszubereitung hat sich in den letzten Jahrzehnten viel verändert. Der moderne Konsument setzt bei der Herstellung von Mahlzeiten häufig Convenience-Produkte ein.

2.1 Erklären Sie den Begriff „Convenience-Produkte“.

2.2 Die Vielzahl an Convenience-Produkten im Supermarkt kann verwirren. Erstellen Sie einen Überblick der verschiedenen Arten von Convenience-Produkten.

3. Der Verbraucher hat meist gute Gründe, warum er Convenience-Produkte einsetzt bzw. warum er diese Produkte meidet. Finden Sie je drei Argumente, die für bzw. gegen die Verwendung derartiger Produkte sprechen.

Lösungsvorschlag

I. Zucker – ein Kohlenhydrat mit Suchtpotential

1.1 *Diese Aufgabe besteht aus zwei Teilen. Zunächst muss die allgemeine Grafikaussage erkannt werden. Danach sollen drei Lebensmittel herausgestellt werden, die einen besonders hohen Zuckeranteil haben, obwohl man dies eigentlich nicht sofort vermuten würde („versteckter Anteil“).*

- In der Grafik wird der Zuckergehalt von 21 Lebensmitteln miteinander verglichen.
- Verwunderlich dabei ist, wie viel Zucker sich in Lebensmitteln befindet, in denen allgemein eher wenig davon vermutet wird (Tomatensuppe, „Fitness“-Cerealien, Tomatenketchup).
- Fruchtzwerge, die hauptsächlich als Lebensmittel für Kinder angeboten werden, haben mit 12 % sogar einen höheren Zuckergehalt als Cola (11 %). Das ist schon bedenklich.
- Erstaunlich ist auch der Zuckergehalt von Tomatensuppe (45 %) im Vergleich zu Gummibärchen (45 %). Da aus frischen Tomaten hergestellte Tomatensuppe eigentlich kaum Zucker enthält, muss man vermuten, dass hier ein Fertigprodukt analysiert wurde (z. B. eine „Tütensuppe“).
- Bei der Grafik könnte man auf den ersten Blick vermuten, dass eine Tiefkühlpizza gesünder sei als Milchschokolade. Die Staffelung der Lebensmittel ausschließlich nach ihrem Zuckergehalt sagt jedoch nicht viel über ihren gesundheitlichen Wert aus.

1.2 *Süßungsmittel sind Zusatzstoffe in Lebensmitteln. Sie sind entweder natürlichen Ursprungs (Zucker oder Honig) oder werden synthetisch hergestellt und geben Speisen, Getränken oder industriell produzierten Lebensmitteln einen süßen Geschmack. Süßungsmittel werden in Süßstoffe und Zuckeraustauschstoffe eingeteilt. Drei davon sollen vorgestellt werden, was sich z. B. durch einen Verweis auf ihr Vorkommen oder ihre Verwendung lösen lässt. Es muss jedoch auch auf die „ernährungsphysiologische Bedeutung“ eingegangen werden, d. h. auf die in ihnen enthaltenen Nährstoffe und auf ihre Wirkung im Körper.*

Honig	
Beschreibung: Das natürlichste Süßungsmittel ist den Menschen schon sehr lange bekannt. Es ist ein zähflüssiges bis schnittfestes Lebensmittel. Eigentlich dient Honig der Ernährung der Bienen und wird von diesen vor allem aus dem Nektar von Blüten, aber auch aus dem zuckerhaltigen Ausscheidungsprodukt einiger Insekten (vor allem von Blatt- und Schildläusen), dem sogenannten Honigtau, produziert. Honig dient zum Süßen von Speisen und Getränken. Zum Backen und als Brotaufstrich hat er seinen festen Platz in der Küche.	Ernährungsphysiologische Bedeutung: **Kohlenhydrate:** Hauptbestandteil 70 % Invertzucker, Maltose ca. 7–10 %, keine Ballaststoffe **Eiweiß:** minimale Menge an Enzymen **Fett:** praktisch fett- und cholesterinfrei **Vitamine:** B1, B2, B3 und Vitamin C **Mineralstoffe:** sehr geringe Mengen **Sekundäre Pflanzenstoffe:** Spuren von organischen Säuren **Wasser:** 17 % **Energiegehalt:** 100 g liefern ca. 300 kcal Man geht davon aus, dass sich der Verzehr von Honig positiv auf die Gesundheit auswirken kann. Honig ist jedoch kariesfördernd.

Fructose (Fruchtzucker) – Zuckeraustauschstoff	
Beschreibung: Das umgangssprachlich als Fruchtzucker bekannte natürliche Süßungsmittel gehört zu den Kohlenhydraten. Es ist ein Monosaccharid (Einfachzucker). Fructose kommt in der Natur vor allem in Kernobst wie z. B. Äpfeln, Birnen und Weintrauben vor. Es gibt allerdings auch viele industriell gefertigte Nahrungsmittel, die mit einem aus Fructose angereicherten Maisstärkesirup gesüßt werden. Fructose ist farb- und geruchlos.	Ernährungsphysiologische Bedeutung: **Kohlenhydrate:** Hauptbestandteil 100 % Fruchtzucker, keine Ballaststoffe **Eiweiß:** – **Fett:** – **Vitamine:** – **Mineralstoffe:** – **Wasser:** – **Energiegehalt:** 100 g liefern ca. 400 kcal Fruchtzucker hat eine hohe Süßkraft. Er süßt um ca. 20 % besser als Haushaltszucker, kann aber trotzdem die Zähne schädigen. Insulin wird beim Verzehr nicht ausgeschüttet (wichtig für Diabetiker). Fructose kann zu einer erhöhten Harnsäurebildung führen (Gicht).
Saccharin – künstlicher Süßstoff	
Beschreibung: Meist werden die Süßstoffe in Tablettenform, als weißes Pulver oder flüssig und farblos in den Handel gebracht. Süßstoffe werden synthetisch oder chemisch hergestellt. Viele Süßstoffe schmecken trotz ihrer Süße etwas metallisch oder unangenehm.	Ernährungsphysiologische Bedeutung: **Kohlenhydrate:** – **Eiweiß:** – **Fett:** – **Vitamine:** – **Mineralstoffe:** – **Wasser:** – **Energiegehalt:** 100 g liefern praktisch 0 kcal Süßstoffe haben eine enorme Süßkraft, die bis zu 3000-mal höher sein kann als die von Haushaltszucker. Sie werden vollkommen insulinunabhängig verwertet. Für Diabetiker ist das ein großer Vorteil. Süßstoffe fördern keinen Karies, deshalb werden sie gerne Kaugummis beigemischt. Manche Süßstoffe stehen im Verdacht, Krebserkrankungen zu begünstigen.

2. *Kohlenhydrate bestehen aus Zuckermolekülen und werden je nach Anzahl der Zuckerbausteine in drei Gruppen eingeteilt. Nach diesen Gruppen ist in der Aufgabe gefragt, dazu sollen noch jeweils zwei Lebensmittelbeispiele genannt werden.*

Kohlenhydratgruppen/ Zuckergruppen	je zwei Lebensmittelbeispiele
Monosaccharide (Einfachzucker)	Traubenzucker, Banane
Disaccharide (Doppelzucker)	Haushaltszucker (Rohr- und Rübenzucker), Malzbier
Polysaccharide (Vielfachzucker), aufgeteilt in: a) Stärke b) Zellulose (Ballaststoffe)	 a) Nudeln, Brot b) Vollkornsemmel, Schale/Fasern vom Apfel

3. *Kohlenhydrate sind ein wichtiger Bestandteil in der Ernährung des Menschen. Die Kohlenhydratarten wurden in Aufgabe 2 schon dargestellt. Jetzt muss genauer darauf eingegangen werden: Was bewirken diese im menschlichen Körper und wie werden sie verstoffwechselt?*

Einfachzucker
Einfachzucker ist der schnellste Energielieferant im Körper. Es ist der „Brennstoff" für das Gehirn und die Muskeln und kann bereits über die Mundschleimhaut aufgenommen werden, da er nicht mehr in seine Bestandteile aufgespaltet werden muss. Der Blutzuckerspiegel und damit die Energie fällt aber auch sehr rasch wieder ab.

Doppelzucker
Auch hier handelt es sich um einen relativ kurzfristigen Energielieferanten. Die Energie steht zwar nicht ganz so schnell wie beim Einfachzucker zur Verfügung, weil die Zuckerverbindung erst aufgelöst werden muss, um ihn zu verwerten; der Energieabfall kommt aber auch relativ schnell.

Vielfachzucker
Stärke besteht aus sehr vielen Zuckermolekülen. Deshalb dauert es auch relativ lange, bis die Energie dem Körper zur Verfügung steht, denn zunächst muss der Zucker in Doppel- und dann in Einfachzuckermoleküle zerlegt werden. Die Energie wird dafür jedoch sehr langsam wieder abgebaut, es gibt keine großen Schwankungen des Blutzuckerspiegels, zudem halten langkettige Kohlenhydrate länger satt.
Auch die ballaststoffreichen, unverdaulichen Bestandteile der Zellulose haben einen sehr hohen Sättigungswert, da sie im Magen aufquellen. Ballaststoffreiche Nahrungsmittel können Schadstoffe im Darm binden und reinigen ihn. Das kann Darmkrebs vorbeugen.

4. *Gesundheitsverträglichkeit, Umweltverträglichkeit und Sozialverträglichkeit sind drei Grundpfeiler der Vollwertkost. Anhand dieser Kriterien können wesentliche Grundsätze dieses Ernährungskonzeptes formuliert werden.*

1. Vollwertkost sollte genussvoll und bekömmlich sein.

Vollwert-Ernährung und Genuss schließen sich nicht aus. Unverfälschte, naturbelassene und natürlich gereifte Lebensmittel sind die Basis von köstlichem Essen. Zudem ist es wichtig, dass die Nahrung gut bekömmlich ist und z. B. keine Verdauungsprobleme verursacht.

2. Vollwertkost besteht hauptsächlich aus pflanzlichen Lebensmitteln.

Wer nach den Grundsätzen der Vollwertkost lebt, ernährt sich überwiegend lakto-vegetabil. Vollkornprodukte machen dabei einen großen Teil der Nahrung aus und werden ergänzt durch frisches, regionales und möglichst biologisch angebautes Obst und Gemüse, Hülsenfrüchte, Getreide sowie Nüsse. Lebensmittel tierischen Ursprungs werden vor allem über Milch- und Milchprodukte aufgenommen, Fleisch, Fisch und Eier dagegen nur in sehr geringen Mengen oder gar nicht. Eine solche Kost kann viele Krankheiten, wie z. B. Übergewicht, Krebs und Arterienverkalkung vorbeugen.

3. Vollwertige Lebensmittel werden möglichst wenig verarbeitet.

Frisches, natürlich gereiftes Obst und Gemüse enthält sehr viele wichtige Inhaltsstoffe, z. B. sekundäre Pflanzenstoffe oder Mineralstoffe. Diese werden bei starker Verarbeitung, beispielsweise durch Erhitzen, oft zerstört.

4. Vollwertige Lebensmittel werden ökologisch erzeugt.

Ökologische Lebensmittelproduktion ist umweltfreundlicher als konventionelle: der Verzicht auf chemische Düngemittel und Pestizide schont Böden, erhält die Artenvielfalt auf den Feldern und hinterlässt keine giftigen Rückstände auf bzw. in Obst und Gemüse. Dazu werden die Tiere artgerechter gehalten als in der konventionellen Landwirtschaft.

5. Saisonale und regional angebaute Lebensmittel werden genutzt.

Um weite Transportwege zu vermeiden, werden die Lebensmittel regional, am besten sogar „ab Hof“ eingekauft. Viele Feldfrüchte wie Erdbeeren oder Spargel gibt es zu bestimmten Zeiten vor Ort oder können selbst geerntet werden. Das schont die Umwelt und das Klima, da durch die Einsparung langer Transportwege schädliche Abgase eingespart werden.

6. Vollwertkost ist umweltverträglich verpackt.

Wer selbst Obst und Gemüse anbaut oder Milch, Eier und Frischwaren direkt am Hof kauft, kann viel überflüssigen Verpackungsmüll und somit Energie und Rohstoffe, die bei der Herstellung und Entsorgung anfallen, einsparen.

7. Vollwertkost ist fair gehandelt.

Der Kauf von sozialverträglich produzierten und gehandelten Lebensmitteln, vor allem aus Entwicklungsländern, ist ein kleiner Beitrag für eine gerechtere Welt. Kaffee, Kakao, Schokolade und viele weitere Produkte mit dem Fair-Trade-Siegel garantieren den Erzeugern Abnahmepreise, von denen sie auch leben können.

5. *Die Wertstufen der Vollwert-Ernährung beziehen sich auf den Grad der Verarbeitung: Je höher die Stufe, desto stärker wurde ein Lebensmittel verarbeitet und als umso „unnatürlicher“ wird es bewertet. Zur Orientierung dient die Einteilung deshalb, weil sich der Anteil der jeweiligen Lebensmittel an der täglich zugeführten Nahrung (Gesamtenergiebilanz) daran bemessen sollte.*

empfohlene Verzehrmenge nimmt ab

1. Stufe	2. Stufe	3. Stufe	4. Stufe
Frische, naturbelassene Lebensmittel. Sie wurden nicht oder nur gering erhitzt. Diese Gruppe soll 50 % des Gesamtenergiebedarfes abdecken. Beispiele: Roher Apfel, Nüsse, frische Petersilie	Hitzebehandelte, getrocknete oder mechanisch veränderte Lebensmittel. Aus dieser Gruppe sollen die weiteren 50 % des Gesamtenergiebedarfes abgedeckt werden. Beispiele: Kartoffeln gekocht, getrocknete Petersilie, gekochtes Ei	Konserven und stark verarbeitete Lebensmittel. Die Empfehlung lautet: nur selten verzehren. Beispiele: Weißbrot, H-Milch, Konservenbirnen	Lebensmittel, die extrem stark verarbeitet oder deren Bestandteile isoliert wurden. Ein Verzehr dieser Lebensmittel wird nicht empfohlen. Beispiele: Limonade mit Zusatzstoffen, Süßigkeiten mit Farb- und Aromastoff, Süßstoff
sehr empfehlenswert	**empfehlenswert**	**weniger empfehlenswert**	**nicht empfehlenswert**

II. Verpackung – Convenience

1.1 *Die abgebildete Grafik bezieht sich auf eine Online-Umfrage und ist relativ komplex, da in ihr die Ergebnisse dreier unterschiedlicher Fragen erfasst sind. Am besten trifft man die Aussagen nach Fragestellung getrennt, da Mischungen zu falschen Rückschlüssen führen können.*

Folgende Ergebnisse einer Online-Umfrage zur Verwendung von Plastiktüten werden in der Grafik dargestellt:

- 57,7 %, d. h. mehr als die Hälfte der Befragten, gaben an, ihre Einkäufe in der Regel (also nicht immer, aber meistens) mit einer Einweg-Plastiktüte zu transportieren; mehr als jeder Fünfte (21,3 %) benutzt immerhin eine wiederverwendbare Stofftasche.
- Gleich 68,9 % der befragten Menschen nehmen pro Woche 1–2 neue Tüten mit nach Hause (das sind im Jahr ca. 50–100 Tüten pro Person!); es verzichten jedoch auch 16,1 % ganz auf neue Plastiktüten.
- Um die Mitnahme von Plastiktüten zu reduzieren, halten 32,6 % die Einführung einer Umweltabgabe (Steuer) für sinnvoll. 27,5 % der Befragten glauben, Info-Kampagnen würden helfen. Ähnlich viele (21,8 %) halten nur ein Verbot der Plastiktüte (oder sonstige Maßnahmen) für geeignet.

1.2 *Bei dieser Aufgabe sollen Eigenschaften, die das Verpackungsmaterial Kunststoff in Bezug auf die Aspekte „Verwendbarkeit, Haltbarkeit und Umweltverträglichkeit" hat, genannt werden. Für eine Bewertung überlegt man sich, welche Vor- und Nachteile Kunststoffverpackungen haben.*

Verwendbarkeit	Plastikverpackungen haben den Vorteil, dass sie **vielseitig einsetzbar** sind. Sie sind relativ **auslaufsicher** und **leicht**, zudem ist Kunststoff **hygienisch** und **luftundurchlässig**. Verpackungen lassen sich bunt einfärben und somit das Lebensmittel optisch verschönern. Es muss jedoch unbedingt die Lebensmitteleignung der Kunststoffe beachtet werden, gerade wenn man selbst Lebensmittel verpackt, aufbewahrt oder tiefgefriert. Ungeeignete Kunststoffe können Schadstoffe wie **Weichmacher** enthalten, die vom Lebensmittel aufgenommen werden.
Haltbarkeit	Kunststoffbecher, -boxen und -schüsseln für den Hausgebrauch sind **lange haltbar**. Dieses Verpackungsmaterial ist auch immer wieder verwendbar. Plastikflaschen zerbrechen kaum (**nicht stoßempfindlich**). Allgemein sind Plastikverpackungen meist **säure- und laugenbeständig**.
Umweltverträglichkeit	Den größten Anteil an Kunststoffverpackungen haben **Einwegverpackungen**. Diese haben den Zweck, das Produkt anzupreisen, mengenmäßig abzugrenzen oder/und hygienisch zu verpacken. Sie werden nach einmaligem Gebrauch weggeworfen und **belasten die Umwelt sehr**. Plastik verrottet durch seine gute Haltbarkeit nicht. Das Recyceln ist nicht unproblematisch, da beim Erhitzen **giftige Dämpfe** entstehen und auch die Herstellung von Produkten aus wiederverwendetem Plastik **viel Energie benötigt**. Vor allem Einwegverpackungen aus Kunststoff sollten daher stark reduziert werden.

2.1 *Da der Begriff „Convenience" ein Fremdwort ist, sollte man ihn zur Erklärung zunächst übersetzen und dann auf den Bereich Lebensmittel anwenden. Für eine vollständige Beantwortung sollte auch kurz auf den Verarbeitungsgrad eingegangen werden.*

Definition:
Der aus dem Englischen stammende Begriff „Convenience" bedeutet Annehmlichkeit oder Bequemlichkeit. „Convenience-Produkte" sind industriell verarbeitete, vorgefertigte Lebensmittel oder Speisekomponenten, die das Zubereiten einer Mahlzeit erleichtern und bequemer gestalten sollen.
Die Vorbearbeitung der Lebensmittel oder Speisen kann verschieden stark ausgeprägt sein. Je mehr Bearbeitungsschritte ein Produkt hinter sich hat, umso höher ist der Verarbeitungsgrad.

2.2 *Convenience-Produkte unterscheiden sich durch das Ausmaß an industrieller Vorbearbeitung (= Verarbeitungsgrad) bzw. die Anzahl der Arbeitsschritte, die bis zum verzehrfertigen Gericht noch nötig sind. Sie werden verschiedenen Fertigungsstufen zugeordnet. Diese sollten hier benannt und ihre Bedeutung kurz erklärt werden. Obwohl es in der Aufgabenstellung nicht ausdrücklich verlangt ist, veranschaulichen Beispiele von vorbearbeiteten Lebensmitteln die genannten Fertigungsstufen.*

Fertigungsstufen / Verarbeitungsgrad	Beispiele
küchenfertig / Grad I Diese Lebensmittel müssen vor dem Kochen noch weiterverarbeitet werden.	– vorbereiteter, gewaschener Salat – zerkleinertes Fleisch – geschnittene Zwiebeln
garfertig / Grad II Der Name erklärt bereits: diese Lebensmittel werden vor dem Verzehr nur noch gegart.	– gewürzte Fleischstücke – panierte Fischteile – Tiefkühlgemüse/Pommes
aufbereitfertig / Grad III Hier wird z. B. noch Wasser zu einer Komponente (meist Pulver) hinzugefügt, gemischt oder gerührt, um fertige Speisen herzustellen.	– Fertigsuppen – Salatdressing aus der Packung – Fertigsoßen
regenerierfertig / Grad IV Diese Speisen werden nur noch erhitzt.	– fertige Pfannkuchen – Tiefkühlpizza – Aufbackbrötchen
verzehrfertig bzw. tischfertig / Grad V Speisen und Lebensmittel aus dieser Gruppe sind sofort zum Verzehr geeignet.	– Fertiggebäckstücke – Pudding aus dem Becher – Birnen aus der Dose

3. *Eine tabellarische Gegenüberstellung von Vor- und Nachteilen, die der Einsatz von „Convenience-Produkten" haben kann, ist eine Lösungsmöglichkeit bei dieser Aufgabe. Die geforderten je drei Argumente pro Position sollten dabei etwas genauer erklärt werden.*

Vorteile durch den Einsatz von Convenience-Produkten:	**Nachteile** durch den Einsatz von Convenience-Produkten:
Zeitersparnis Dies ist ein fast unschlagbares Argument vor allem für berufstätige Personen. Viele arbeitsaufwändige Schritte, wie z. B. das Zerkleinern und Reinigen von Gemüse, können entfallen. Je nach Produktauswahl muss die Speise z. B. lediglich erhitzt werden. Auch das Säubern von Arbeitsgeschirr und die Reinigung der Küche kann somit auf ein Minimum beschränkt werden.	**Umweltbelastung** Die Herstellung von Convenience-Produkten ist energieaufwändig. Außerdem fällt sehr viel Verpackungsmüll an, der entsorgt oder recycelt werden muss. Convenience-Produkte haben zudem oft einen sehr weiten Transportweg hinter sich.
Hohe Erfolgsaussichten Wer keine Erfahrung mit dem Kochen hat, hat oft eine hohe Hemmschwelle, die Speisen (z. B. Pizza) selbst herzustellen. Die Gelinggarantie ist sehr hoch beim Einsatz von Convenience-Produkten. So ist es nicht verwunderlich, dass immer einfachere Speisen fertig aufbereitet angeboten werden, wie z. B. der Pfannkuchenteig.	**Unkalkulierbarer Anteil an Zusatzstoffen** Aroma- und Geschmacksstoffe, Konservierungsstoffe und billige Rohzutaten, wie z. B. Analogkäse auf einer fertigen Lasagne – die Zutatenliste bei vorgefertigten Speisen ist oft sehr lang. Einzelne Zutaten haben beschönigende Bezeichnungen (z. B. „natürliche Aromastoffe“, die gesund klingen, teilweise jedoch sehr stark verarbeitet sind). Für den Verbraucher ist es oft nicht erkennbar, welche „Chemiebombe“ sich in der Speise befindet.
Stets breites Lebensmittelangebot Der Verbraucher kann durch Fertigprodukte jederzeit auf sämtliche Obst- und Gemüsesorten zugreifen, egal ob sie gerade Saison haben oder nicht. Das Angebot ist riesig, die Speisenplanung somit relativ flexibel gestaltbar.	**Mehrkosten durch die Vorfertigung** Wer einen Mehr-Personen-Haushalt ausschließlich mit „Convenience-Produkten“ versorgen möchte, muss – für einen geringeren Genusswert – hochgerechnet mehr Geld ausgeben als bei eigener Zubereitung. Durch den hohen Fett- und Zuckergehalt der Speisen sollte zusätzlich immer noch Frischkost, z. B. Obst oder ein Salat, zum Gericht angeboten werden. Auch diese Ausgaben müssen beachtet werden.

I. Fisch – Ein Schatz aus der Tiefe

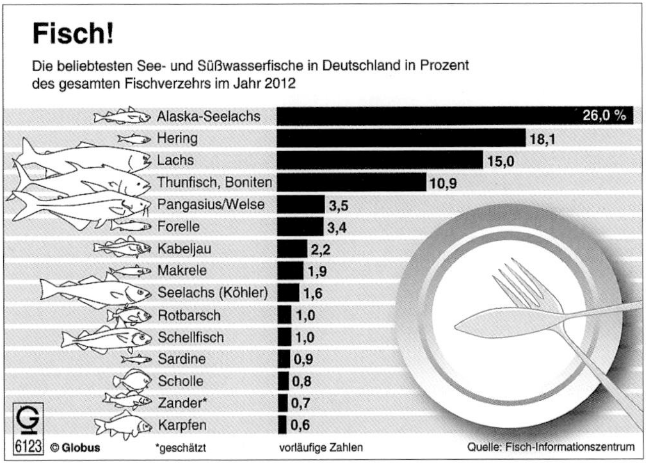

© dpa-Infografik

© dpa-Infografik

1.1 Beschreiben Sie die wesentlichen Aussagen der beiden Grafiken, indem Sie beide zueinander in Bezug setzen.

1.2 Frischer Fisch ist nicht nur geschmacklich ein Genuss, er trägt auch zu einer gesundheitsorientierten Ernährung bei. Erläutern Sie die ernährungsphysiologische Bedeutung von Fisch anhand der Inhaltsstoffe.

2. Eiweiß spielt im Körper bei vielen lebenswichtigen Prozessen eine entscheidende Rolle. Um bei der Zusammenstellung von Mahlzeiten eine optimale Eiweißversorgung zu erreichen, müssen die „Biologische Wertigkeit“ und der „Ergänzungswert“ berücksichtigt werden. Erläutern Sie die beiden Begriffe.

3. Damit der menschliche Organismus den Nährstoff Eiweiß verwerten kann, muss dieser erst abgebaut werden. Das geschieht bei der Verdauung, der Resporption und beim Zellstoffwechsel. Erklären Sie die einzelnen Stufen.

4. Sie laden Gäste ein. Stellen Sie ein dreigängiges Menü unter Einbeziehung von Fisch zusammen und belegen Sie dabei die Vollwertigkeit. Achten Sie vor allem bei der Auswahl des Fisches auf Nachhaltigkeit (siehe Aufgabe 1, Grafik 2).

5. Nennen Sie wesentliche Qualitätsmerkmale von frischem Fisch und formulieren Sie je drei Regeln, die bei der Zubereitung und Lagerung zu beachten sind.

II. Vorsicht Schuldenfalle

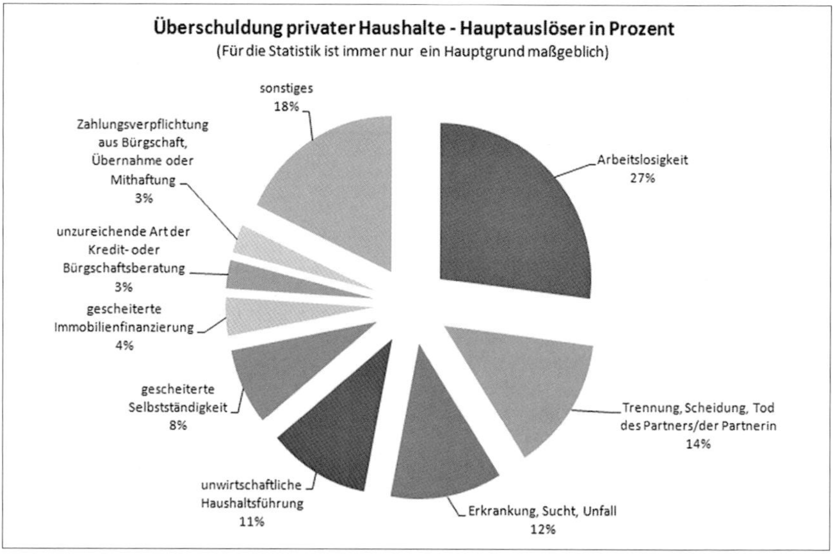

Datenquelle: Statistisches Bundesamt: Ergebnisse der Überschuldungsstatistik 2011; Bundesministerium für Arbeit und Soziales (BMAS): Lebenslagen in Deutschland. Armuts- und Reichtumsberichterstattung der Bundesregierung (Endfassung: 06.03.2013)

1. Ein effizienter Umgang mit Geld will gelernt sein. Immer mehr Haushalte sind verschuldet.

1.1 Beschreiben Sie zentrale Aussagen, die Sie der Grafik entnehmen können.

1.2 Die Lebensmittelpreise sind ein wesentlicher Kostenfaktor in der Haushaltsführung. Geben Sie acht Tipps, wie Sie beim Lebensmitteleinkauf Geld sparen können.

2. Der Gesetzgeber schützt den Verbraucher seit dem 07.09.2005 durch das Lebensmittel- und Futtermittelgesetzbuch (LFGB). Beschreiben Sie die Aufgaben des LFGB.

   Hinweis: Das LFGB übernahm weitgehend die Bestimmungen des ehemaligen Lebensmittel- und Bedarfsgegenständegesetz (LMBG).

3. Das Leben in einem Privathaushalt fordert optimales Wirtschaften. Die Geschirrspülmaschine von Familie Profitlich ist defekt. Eine Reparatur lohnt sich nicht mehr. Erklären Sie die zwei Seiten des ökonomischen Prinzips beim Kauf einer neuen Geschirrspülmaschine.

Lösungsvorschlag

I. Fisch – Ein Schatz aus der Tiefe

1.1 *Um wesentliche Aussagen der beiden Grafiken in Bezug zueinander treffen zu können, sollte man zuerst die Inhalte der Grafiken einzeln erläutern und diese dann miteinander kombinieren.*

- In Grafik 1 „Fisch!" werden in einem Balkendiagramm die in Deutschland verzehrten Fischarten nach ihrer Beliebtheit im Jahr 2012 dargestellt.
- Grafik 2 „Welcher Fisch sollte (nicht) auf den Tisch?" zeigt einen Fisch-Einkaufsführer für nachhaltigen Konsum von 2012, bei dem der Verzehr verschiedener Fischarten in Empfehlungsstufen eingeteilt wird.
- Beide Grafiken beziehen sich auf dasselbe Jahr, somit können bei einem Vergleich sinnvolle Aussagen getroffen werden.
- Obwohl der Alaska-Seelachs aus Wildfang zu den nicht empfehlenswerten Fischarten gehört, ist er trotzdem die beliebteste und am häufigsten verzehrte Fischart in Deutschland.
- Auf Rang zwei in der Beliebtheitsskala steht der Hering, dessen Verzehr – abhängig von Herkunft, Fischart, Fanggebiet, Bestand und Fang- bzw. Aquakulturmethode – noch als empfehlenswert (mit Ausnahmen) eingestuft wird.
- Der Karpfen ist die am wenigsten beliebte Fischart, obwohl sein Verzehr bei nachhaltiger Zucht in Aquakulturen empfehlenswert ist.
- Weitere Fischarten wie Lachs, Thunfisch und Pangasius sind sehr beliebt (Ränge 3–5), gehören aber aufgrund ihrer Fangart (Thunfisch) oder ihrer Herkunft aus Aquakulturen (Lachs und Pangasius) zu den nicht empfehlenswerten Fischen.
- Auf dem sechsten Platz der Beliebtheitsskala liegt die Forelle, die aufgrund der unproblematischen Nachzucht in Aquakulturen zu den empfehlenswerten Fischarten gehört.

1.2 *Zur Beurteilung der ernährungsphysiologischen Bedeutung von Fisch werden die jeweiligen Inhaltsstoffe (= Nährstoffe und Mineralstoffe) analysiert und bewertet. Da in der Aufgabenstellung auch die gesundheitsförderlichen Aspekte des Nahrungsmittels Fisch angesprochen werden, sollten diese in der Beantwortung berücksichtigt werden.*

Eiweiß	Das Eiweiß von Fischen gilt als hochwertig, sie sind mit die wertvollsten Eiweißlieferanten. Fischprotein enthält viele essenzielle Aminosäuren mit einer hohen biologischen Wertigkeit, die sich, kombiniert mit pflanzlichem Eiweiß aus Kartoffeln, Gemüse oder Getreideprodukten, hervorragend ergänzen lässt. So erhält der Körper alle lebensnotwendigen Aminosäuren zum Aufbau von Körpersubstanz und der Steuerung des Hormonstoffwechsels.
Fett	Je nach Art ist der Fettgehalt von Fischen sehr unterschiedlich. Sie werden deshalb unterteilt in: – Magerfische wie z. B. Kabeljau, Seelachs (1 %–3 % Fettanteil) – mittelfette Fische wie z. B. Rotbarsch, Forelle und Karpfen (> 3 %–10 % Fettanteil) – fette Fische wie z. B. Lachs, Thunfisch, Hering, Makrele und Aal (< 10 % Fettanteil) Je nach Fettanteil variiert der Brennwert und damit die Energie, die der Körper erhält, aber auch der Anteil an wertvollen mehrfach ungesättigten Omega-3-Fettsäuren, die cholesterinsenkend wirken und damit vor Schlaganfall, Herzinfarkt und Arteriosklerose schützen.

Kohlen-hydrate	Der Kohlenhydratanteil ist sehr gering. Fisch eignet sich deshalb hervorragend als Bestandteil kohlenhydratarmer Diätformen (Low Carb) oder für Diabetikerkost.
Vitamine	Fisch ist reich an fettlöslichen Vitaminen, vor allem D und A. Der hohe Anteil an Vitamin D reguliert den Einbau von Calcium und Phosphor in unsere Knochen und sorgt damit für deren Stabilität, Vitamin A wird für den Aufbau des Sehpurpur und für das Farbsehen benötigt und dient zudem der Gesunderhaltung von Haaren, Haut, Knochen und Geschlechtsorganen. Auch wasserlösliche Vitamine der B-Gruppe sind enthalten. Sie sind wichtig für den Aufbau von Nerven- und Muskelzellen und für unsere Leistungsfähigkeit.
Mineral-stoffe	Mineralstoffe sind Schutz- und Reglerstoffe und regeln lebensnotwendige Körpervorgänge. Meeresfisch enthält einen hohen Anteil des Spurenelementes Jod, das zur Bildung von Schilddrüsenhormonen nötig ist. Fischfleisch enthält Selen, das unser Immunsystem stärkt, und Fluorid, das zum Aufbau der Knochen und des Zahnschmelzes beiträgt.
Wasser	Der Gehalt an Wasser beträgt zwischen 66 % und 81 %, es dient als Baustoff zum Aufbau und zur Erhaltung von Zellen.

2. *Bei der Erläuterung des Begriffes „biologische Wertigkeit" muss man zwischen tierischem und pflanzlichem Eiweiß unterscheiden. Der Ergänzungswert kann durch die Nennung von Beispielen für geschickte Eiweißkombinationen veranschaulicht werden.*

Biologische Wertigkeit:
- Die biologische Wertigkeit gibt an, wie viel Gramm Körpereiweiß aus 100 g Nahrungseiweiß aufgebaut werden können. Sie wird als Prozentwert angegeben.
- Je höher der Anteil an essenziellen Aminosäuren ist, desto wertvoller ist das Eiweiß eines Lebensmittels und desto höher seine biologische Wertigkeit.
- Tierisches Eiweiß besitzt meist eine höhere biologische Wertigkeit als pflanzliches Eiweiß; Ausnahmen sind verschiedene Hülsenfrüchte, insbesondere Sojabohnen, die deshalb in der vegetarischen und veganen Ernährung verwendet werden.
- Das Ei liefert den Referenzwert zur Berechnung der biologischen Wertigkeit und hat eine biologische Wertigkeit von 100. Darauf bezugnehmend wird die biologische Wertigkeit anderer eiweißhaltiger Lebensmittel berechnet.

Ergänzungswert:
- Das Eiweiß verschiedener Nahrungsmittel kann sich gegenseitig ergänzen. Dabei kann ein weniger hochwertiges Eiweiß besser ausgenutzt werden, wenn die fehlenden essenziellen Aminosäuren aus einem anderen Nahrungsmittel dazukommen.
- Günstige Kombinationen für eine optimale Eiweißversorgung sind:
  Kartoffeln mit Milch und Milchprodukten, Fisch, Fleisch oder Eiern, z. B. Pellkartoffeln mit Kräuterquark oder Forellenfilet mit Petersilienkartoffeln.
  Getreideprodukte mit Milch und Milchprodukten, Fisch, Fleisch oder Eiern, z. B. Spaghetti Carbonara oder gedünsteter Reis mit Rahmgeschnetzeltem.
  Hülsenfrüchte mit Milch und Milchprodukten, Fisch, Fleisch und Eiern, z. B. Linsensuppe mit Räucherspeck und Würstchen oder Chili con carne.

3. *Bei der Verdauung wird die Nahrung so zerkleinert (mechanisch) und aufgeschlossen (chemisch), dass der Körper sie für die Energiegewinnung oder den Aufbau neuer Körpersubstanz nutzen kann. Die verschiedenen Stationen und die chemischen Substanzen, die daran beteiligt sind, sollen hier näher beschrieben werden.*

Mechanische Verdauung:
Im Mund wird die Nahrung durch Zähne und Zunge zunächst gründlich zerkleinert und mit dem Mundspeichel gleitfähig gemacht. Im Mund befindet sich noch kein Enzym zur Eiweißspaltung.

Verdauung durch Enzyme:
Im Magen wird das Eiweiß durch den Magensaft zunächst denaturiert, d. h. die Struktur der Eiweißketten wird durch die enthaltene Salzsäure zerstört. Anschließend zerlegt das eiweißspaltende Enzym Pepsin, eine im Magen vorkommende Endopeptidase, die langen Eiweißketten in kürzere Stücke, die Polypeptide.
Diese werden in den Zwölffingerdarm geleitet, mit Bauchspeichelsaft aus der Bauchspeicheldrüse (Pankreas) vermischt und restliche Eiweißstoffe mithilfe weiterer Endopeptidasen in Polypeptide aufgespalten. Danach beginnt durch Exopeptidasen die Spaltung in die kleinsten Eiweißbausteine, die Aminosäuren. Die Aufspaltung wird im Dünndarm fortgesetzt, bis schließlich alle Bestandteile in Aminosäuren umgewandelt sind.

Resorption:
Durch die Darmwand gelangen die Aminosäuren ins Blut und werden in der Leber gefiltert. Schädliche Aminosäuren, die nicht für den Aufbau von körpereigenem Eiweiß genutzt werden können, werden über die Nieren ausgeschieden.

Zellstoffwechsel und Energiestoffwechsel:
In der Leber werden die Aminosäuren zu Bluteiweißstoffen umgewandelt und gelangen über das Blut in die Körperzellen. Dort entstehen daraus körpereigene Eiweißstoffe, wie z. B. Enzyme und Gewebeeiweiß. Auch der Abbau von Eiweißstoffen findet in den Zellen statt; die dabei entstehenden Aminosäuren werden in der Leber in Bluteiweißstoffe umgewandelt oder zur Energiegewinnung eingesetzt.

4. *Bei der Zusammenstellung eines dreigängigen Menüs muss zum einen auf die richtige Zusammensetzung für eine optimale Versorgung mit den energieliefernden Nährstoffen (15 % Eiweiß, 30 % Fett und 55 % Kohlenhydrate) geachtet werden, zum anderen sollen vitamin- und mineralstoffreiche Lebensmittel eingesetzt werden, die dann nährstoffschonend zubereitet werden.*

Menüvorschlag:

Vorspeise:	Feines Forellentartar auf Kartoffel-Zucchini-Rösti mit Feldsalat
Hauptgericht:	Zanderfilet auf Spargelrisotto mit Petersilienpesto
Dessert:	Joghurt-Zitronen-Mousse
Getränk:	Mineralwasser

Beurteilung der Vollwertigkeit:

- **Feines Forellentartar auf Kartoffel-Zucchini-Rösti mit Feldsalat:** ungesättigte Fettsäuren (Fisch), Kohlenhydrate (Kartoffel, Zucchini), Vitamine und Mineralstoffe (Zucchini, Feldsalat), etwas Fett (Forelle, Rösti), hochwertiges Eiweiß (Fisch), Ballaststoffe (Salat, Zucchini), sekundäre Pflanzenstoffe (Feldsalat)
- **Zanderfilet auf Spargelrisotto mit Petersilienpesto:** mehrfach ungesättigte Fettsäuren (Fisch, Olivenöl), hochwertiges Eiweiß (Zander, Risottoreis, Spargel), Kohlenhydrate (Risottoreis, Spargel), Vitamine und Mineralstoffe (Fisch, Spargel, Petersilie, Olivenöl), Ballaststoffe (Spargel, Petersilie), sekundäre Pflanzenstoffe (Petersilie)
- **Joghurt-Zitronen-Mousse:** hochwertiges Eiweiß (Naturjoghurt, Sahne, Gelatine), mäßiger Fettgehalt (Joghurt, Sahne), hoher Vitamin- und Mineralstoffgehalt (Zitrone, Naturjoghurt, Sahne), höherer Kohlenhydratgehalt (Zucker, Honig)

Bewertung:

- Bei diesem Menüvorschlag sind alle Inhaltsstoffe in den empfohlenen Mengen enthalten.
- Die geschickte Kombination von tierischen und pflanzlichen Eiweißen erzielt eine perfekte Ergänzungswirkung und damit eine hohe biologische Wertigkeit.
- Der Fettgehalt ist aufgrund der Fischauswahl gemäßigt, trotzdem enthält das Menü viele mehrfach ungesättigte Fettsäuren.
- Die Auswahl der Fischarten ist laut des Fisch-Einkaufsführers von Greenpeace (siehe Grafik 2) empfehlenswert, da Forelle und Zander aus Aquakultur zum nachhaltigen Konsum gerechnet werden.
- Der Anteil an Vitaminen, Mineralstoffen und sekundären Pflanzenstoffen ist hoch.
- Hochwertige Kohlenhydrate und Ballaststoffe ergänzen den Nährstoffwert.
- Mineralwasser liefert wertvolle Mineralstoffe und sorgt für die Deckung unseres Flüssigkeitsbedarfs.

5. *Bei den wesentlichen Qualitätsmerkmalen von frischem Fisch sollten möglichst viele Beispiele dafür genannt werden, woran man frischen Fisch erkennt.*

Qualitätsmerkmale von frischem Fisch:

Geruch: Frischer Fisch riecht angenehm und neutral, nicht nach Fisch.
Augen: Die Augen sind klar, glänzend und wölben sich nach außen.
Kiemen: Die Kiemen sind hellrot und fest anliegend. Graue Kiemen bedeuten eine (zu) lange Lagerung.
Haut: Die Haut und das darunter liegende Fleisch des Fisches fühlen sich auf Druck fest und elastisch an. Die Schleimschicht der Haut und die Fischschuppen sollten noch vorhanden sein und fest sitzen (Ausnahmen sind z. B. Makrelen oder Karpfen, die keine oder kaum Schuppen haben).
Flossen: Die Flossen sind unbeschädigt, freiliegend und nicht verklebt.
Bauchhöhle: Die ausgenommene Bauchhöhle ist sauber, eventuelle Blutreste hellrot gefärbt.

Regeln für die Zubereitung von Fisch:

Diese werden unter dem Begriff 3-S-Regel zusammengefasst. Sie bedeutet:

- Säubern: fangfrischen Fisch ausnehmen, Bauch- und Rückenflossen abschneiden, Schwanzflosse zurückschneiden, Schuppen unter fließendem kaltem Wasser waschen und danach abtrocknen. Niemals im Wasser liegen lassen.
- Säuern: Den Fisch von allen Seiten mit Zitronensaft oder Essig beträufeln. Dadurch wird das Fischfleisch fester und der Fischgeruch gemindert.
- Salzen: Fisch darf erst unmittelbar vor dem Garen gesalzen werden, da das Salz dem Fischfleisch Wasser entzieht und der Fisch beim Braten spritzt, schlecht bräunt und trocken wird.

Regeln für die Lagerung:

- Frischfisch aus der verschlossenen Verpackung nehmen, in ein geeignetes Gefäß umfüllen und abgedeckt in den Kühlschrank stellen (kälteste Zone).
- Frischen Fisch am besten am selben Tag noch verarbeiten oder sofort sachgerecht tiefgefrieren.
- Tiefkühl-Fischprodukte bei mindestens –18 °C lagern und im Kühlen auftauen lassen. Panierte Fischstücke werden tiefgekühlt zubereitet.

II. Vorsicht Schuldenfalle

1.1 *Die Grafik ist wenig komplex und die Aufgabenstellung verlangt im Wesentlichen nur ein Ablesen von statistischen Daten. Es können zusätzlich auch noch interpretierende Aussagen getroffen werden (dies ist jedoch nicht ausdrücklich verlangt).*

- Arbeitslosigkeit ist mit 27 % der häufigste Grund für die Überschuldung eines Haushalts.
- Weitere Gründe sind Trennung (durch Tod oder Scheidung) vom Partner mit 14 %, Erkrankungen, Unfall oder Sucht mit 12 %.
- Einen oberen Platz in der Statistik nimmt mit 11 % eine unwirtschaftliche Haushaltsführung ein. Das bedeutet, dass sehr viele Menschen im täglichen Umgang mit Geld (Einkäufe, Lebensführung etc.) nicht kompetent sind.
- Für die Statistik ist (siehe Überschrift) ein Hauptgrund maßgeblich für die Überschuldung verantwortlich; in der Praxis sind es jedoch oft mehrere Gründe, die zur Überschuldung eines privaten Haushalts führen bzw. ein Hauptauslöser zieht oft weitere Verschuldung in anderen Bereichen nach sich (z. B. wird jemand nach einem Unfall arbeitslos oder eine Trennung vom Partner lässt eine Immobilienfinanzierung scheitern).

1.2 *Bei der Aufzählung der Tipps ist es wichtig, dass es nur um das Sparen beim Lebensmitteleinkauf geht.*

- saisonale Angebote nutzen und möglichst gleich beim Erzeuger (im Hofladen oder auf dem Wochenmarkt) einkaufen – das spart die Kosten des Händlers ein
- günstige Großpackungen bevorzugen
- Sonderangebote nutzen
- eine Einkaufsliste schreiben und sich beim Einkauf daran halten (und damit Spontankäufe vermeiden)
- genaue Auflistungen über Ausgaben führen (Haushaltsbuch)
- Markenartikel meiden und qualitativ gleichwertige günstigere Produkte einkaufen
- Preise vergleichen
- Angebote mit abgelaufenem MHD nutzen, wenn die Produkte schnell verbraucht werden können

Weitere Lösungsvorschläge:

- bei frischen Produkten wie Obst, Gemüse oder Backwaren späte Einkaufszeiten nutzen, diese Produkte sind dann oft preisreduziert
- Fertigwaren („Convenience-Produkte“) meiden – diese sind im Vergleich zu selbst zubereiteten Mahlzeiten sehr teuer.

2. *Das Lebensmittel-, Bedarfsgegenstände- und Futtermittelgesetzbuch (LFBG) ist vielen unbekannt, dabei ist es ein wichtiges Instrument zum Verbraucherschutz. Es umfasst sowohl Bundesgesetze und Verordnungen als auch EU-Recht.*

Das LFBG…

- schützt den Verbraucher vor Gesundheitsgefährdung, Täuschung und wirtschaftlicher Übervorteilung.
- sorgt für sachgerechte Informationen durch die Verpackungsverordnung.
- regelt die Lebensmittelüberwachung, die wiederum amtliche Lebensmittelkontrollen in lebensmittelverarbeitenden Betrieben, Kantinen, der Gastronomie und in Lebensmittelgeschäften durchführt.
- regelt die Zulassung und den Einsatz von Zusatzstoffen in Nahrungsmitteln.

- regelt den Einsatz von Gegenständen, die mit Lebensmitteln in Berührung kommen wie z. B. Verpackungsmaterial, Essgeschirr und Reinigungsmittel.

3. *Das ökonomische Prinzip beruht auf der Annahme, dass die Bedürfnisse des Menschen unbegrenzt sind, die Mittel für deren Befriedigung allerdings nur begrenzt zur Verfügung stehen. Daher müssen diese Mittel so effektiv wie möglich eingesetzt werden. Es gibt zwei unterschiedliche Herangehensweisen, wie dies geschehen kann; diese sollen hier am Beispiel eines Geschirrspülerkaufs veranschaulicht werden.*

Minimalprinzip: Mit möglichst geringem Einsatz von Mitteln ein vorher festgelegtes Ziel erreichen.
- Familie Profitlich legt fest, auf welche Eigenschaften einer Geschirrspülmaschine sie Wert legt und versucht, nun möglichst kostengünstig eine solche Spülmaschine zu beschaffen.
- Sie vergleicht entsprechende Angebote in Prospekten, schaut nach Sonderangeboten und vergleicht Preise auch im Internet.
- Sie schaut nach reduzierten Ausstellungsstücken.
- Sie vergleicht Maschinen teurer Hersteller mit günstigeren Herstellern.
- Familie Profitlich kauft schließlich die günstigste Spülmaschine, die alle Eigenschaften erfüllt, auf die sie Wert legt.

Maximalprinzip: Mit vorgegebenen (= begrenzten) Mitteln den größtmöglichen Nutzen erzielen.
- Familie Profitlich einigt sich auf einen bestimmten Geldbetrag, der zum Kauf einer Geschirrspülmaschine zur Verfügung steht.
- Sie vergleicht Geschirrspülmaschinen nach Leistung, Design, Strom- und Wasserverbrauch, Umweltverträglichkeit etc. mit Hilfe von Prospekten, des Internets und direkt vor Ort beim Fachhändler.
- Sie handelt Zusatzleistungen wie kostenloses Aufstellen, Anschließen des Gerätes und Abtransport des Altgerätes aus.
- Familie Profitlich entscheidet sich für das Gerät, das ihr den meisten Nutzen für den zur Verfügung stehenden Geldbetrag bietet.

Abschlussprüfung 2016 an den Realschulen in Bayern
Haushalt und Ernährung: Aufgabengruppe A I/II

I. Fit durch den Tag – mit Obst und Gemüse

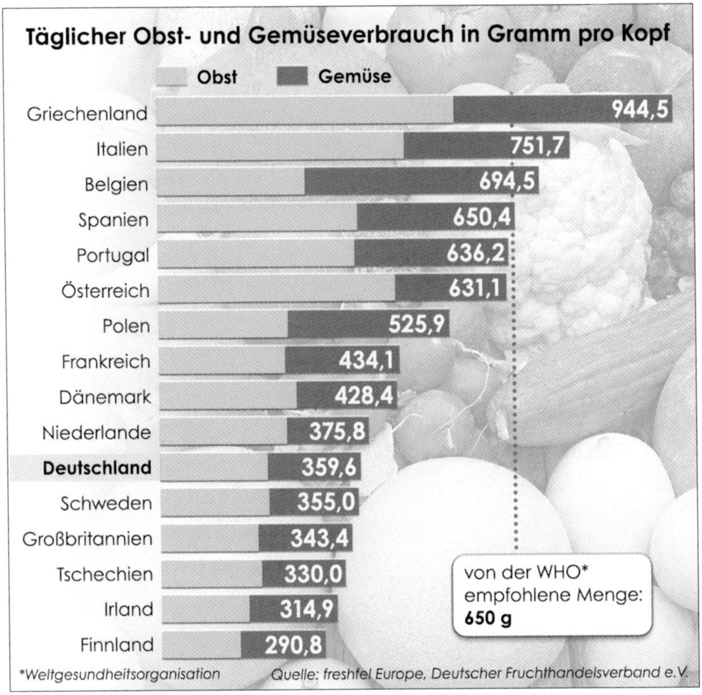

1. Erklären Sie wesentliche Aussagen der obigen Grafik.
2. Obst und Gemüse enthalten wertvolle Inhaltsstoffe. Erläutern Sie deren ernährungsphysiologische Bedeutung für den menschlichen Körper.
3. Der in der Tomate vorkommende sekundäre Pflanzenstoff Lykopin gilt als Schutzstoff zur Verringerung des Herzinfarktrisikos. Nennen Sie drei weitere sekundäre Pflanzenstoffe und geben Sie an, welche gesundheitsfördernde Wirkung sie allgemein haben.
4. Die Kenntnis über natürlich vorkommende Schadstoffe in pflanzlichen Lebensmitteln ist beim Verzehr von Obst und Gemüse von Bedeutung. Beschreiben Sie drei der natürlichen Giftstoffe in Bezug auf Vorkommen, Eigenschaften und Auswirkungen auf den Menschen und erläutern Sie je zwei Maßnahmen, um deren Aufnahme zu vermeiden.
5. Planen Sie ein Drei-Gänge-Menü für die Weihnachtszeit unter Verwendung von regionalem Obst und Gemüse und belegen Sie die Vollwertigkeit.

II. Leben und Wirtschaften im privaten Haushalt

1. Um sich in der Lebenswelt Familie entfalten zu können, ist es wichtig, die anfallenden Arbeiten sinnvoll zu planen und aufzuteilen. Nennen Sie je drei ökonomische, ökologische und soziale Aufgaben.

2. Nach dem amerikanischen Psychologen Abraham Maslow lassen sich die menschlichen Bedürfnisse nach einer bestimmten Rangordnung in die „Maslowsche Bedürfnispyramide" einordnen. Zeichnen Sie die Pyramide, beschriften Sie diese entsprechend der Bedürfnisstruktur und erklären Sie im Anschluss daran diese fünf Stufen.

3. Das moderne Arbeitsleben, die zunehmende Digitalisierung aller Lebensbereiche und die veränderten Familienstrukturen beeinflussen den Tagesablauf der einzelnen Familienmitglieder nachhaltig.

3.1 Gemeinsame Mahlzeiten im Tagesablauf aller Familienmitglieder waren früher üblich. Stellen Sie grundlegende Veränderungen bzw. Aussagen der nachfolgenden Statistik dar.

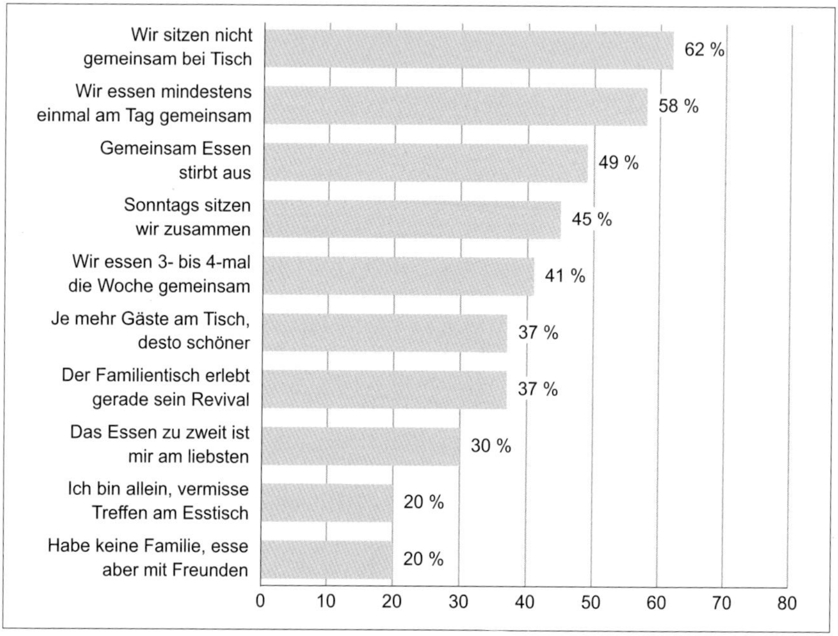

Quelle: IPSOS GmbH im Auftrag von Knack & Back (2014)

3.2 Der gemeinsame Esstisch wird unter anderem als „Ruhepol im Alltagskarussell" gesehen. Erläutern Sie die soziale Bedeutung der Mahlzeit in verschiedenen Lebensbereichen.

Lösungsvorschlag

I. Fit durch den Tag – mit Obst und Gemüse

1. *Wesentliche Aussagen ergeben sich vor allem durch die optisch hervorgehobenen Informationen in der Grafik. Eine Beurteilung bzw. Interpretation der Aussagen ist nicht erforderlich, kann aber durchaus interessante und wertvolle Überlegungen enthalten.*

- Die Grafik zeigt den täglichen Obst- und Gemüseverbrauch (zusammengenommen) in Gramm pro Kopf verschiedener europäischer Länder.
- Die WHO (Weltgesundheitsorganisation) empfiehlt, täglich eine Menge von 650 g Obst und Gemüse (zusammengenommen) zu verzehren.
- An der Spitze des Pro-Kopf-Verbrauchs liegt Griechenland, das fast eineinhalb Mal so viel verzehrt wie von der WHO empfohlen.
- Deutschland liegt in der Grafik auf dem 11. Platz und damit erheblich unter der empfohlenen Verzehrmenge.
- Auffallend ist, dass der Obstverbrauch in einigen Ländern deutlich über dem Verbrauch an Gemüse liegt (zum Vergleich: die Deutsche Gesellschaft für Ernährung empfiehlt täglich drei Portionen Gemüse, zwei Portionen Obst)
- Finnland bildet das Schlusslicht der statistischen Auswertung. Die klimatischen Bedingungen und die daraus folgende geringere Produktion von Obst und Gemüse könnten ein Grund dafür sein.
- In Ländern mit mediterranen Klimaverhältnissen wird am meisten Obst und Gemüse verzehrt.

2. *Für die Erläuterung zu den Inhaltstoffen ist es sinnvoll, eine Tabelle anzulegen, da auf diese Weise auch die Unterschiede von Obst und Gemüse übersichtlich dargestellt werden können. Die Inhaltsstoffe sind hier nach der Menge sortiert.*

	Obst	Gemüse
Wasser	Der Wassergehalt von Obst ist abhängig von der jeweiligen Frucht und liegt bei ca. 70 % bis über 90 %.	Der Wassergehalt liegt je nach Gemüseart bei 70 % (z. B. Karotten) bis über 90 % (z. B. Gurke, Salat).
	Obst und Gemüse sind ein wichtiger Bestandteil, um den Flüssigkeitsbedarf des Körpers zu decken.	
Kohlenhydrate	Kohlenhydrate im Obst sind in erster Linie **Einfachzucker** wie Trauben- und Fruchtzucker. Sie gehen rasch ins Blut und geben **schnelle Energie**. Weitere Kohlenhydrate sind Ballaststoffe, die in Form von Cellulose Schadstoffe binden, die Darmtätigkeit anregen und sättigen. Der Energiewert richtet sich nach dem Zuckergehalt.	Gemüse enthält viele **Ballaststoffe**, die satt machen. Je nach Gemüsesorte ist der Kohlenhydratanteil von Einfachzucker niedrig. Kartoffeln oder Mais haben einen hohen Anteil an Stärke, einem Vielfachzucker, der unserem Körper lange Energie zuführt, da er über einen längeren Zeitraum in Einfachzucker umgebaut wird. Die Verdaulichkeit von Gemüse ist wiederum von der Gemüsesorte abhängig. Karotten oder Salate sind eher leicht verdaulich, Kohlarten haben eine blähende Wirkung.

Eiweiß	Obst enthält nur einen geringen Anteil an Eiweiß.	Hülsenfrüchte gehören zu den **eiweißreichen** Gemüsesorten, ihr Eiweiß ist besonders **hochwertig** und wird gerne in der vegetarischen oder veganen Küche verwendet.
Fett	Obst enthält **kaum Fett**.	In Gemüse ist nur **wenig Fett** enthalten.
Vitamine	Vitamin C, Beta-Carotin und Folsäure gehören zu den häufigsten Vitaminen in Obst. Als Schutz- und Reglerstoffe sind sie für das Immunsystem, aber auch für die Entwicklung des Nervensystems und für Stoffwechselvorgänge notwendig.	Gemüse liefert vor allem Vitamin C, Beta-Carotin, Vitamin K und viele Vitamine des B-Komplexes. Diese steigern die Abwehrkräfte und regeln wichtige Stoffwechselvorgänge und die Blutgerinnung.
Mineralstoffe	Obst enthält größere Mengen an Kalium, Magnesium, Calcium und Eisen, die als Reglerstoffe wichtige Stoffwechselvorgänge beeinflussen.	Gemüse ist sehr mineralstoffreich und enthält viel Kalium, Eisen und Magnesium zur Steuerung wichtiger Stoffwechselvorgänge.
sekundäre Pflanzenstoffe	Aroma- und Farbstoffe sind die häufigsten sekundären Pflanzenstoffe. Sie wirken antioxidativ und regen den Appetit an.	Der Gehalt an sekundären Pflanzenstoffen bei Gemüse ist hoch. Diese Stoffe wirken sich antikanzerogen, antioxidativ, blutdrucksenkend und entzündungshemmend auf den Körper aus.

3. *Vielen sekundären Pflanzenstoffen werden dieselben gesundheitsfördernden Wirkungen zugeschrieben; daher können diese zusammenfassend genannt werden. Eine Zuordnung von Wirkung und sekundärem Pflanzenstoff ist nicht notwendig.*

Zu den sekundären Pflanzenstoffen zählen:
Betacarotinoide, Glucosinolate, Sulfide

weitere Lösungsvorschläge:
Flavonoide, Phytoöstrogene, Polyphenole, Saponine, Phytinsäure, Monoterpene

Sekundäre Pflanzenstoffe wirken:
- antikanzerogen
- antimikrobiell
- antioxidativ
- entzündungshemmend
- cholesterinsenkend
- immunstärkend
- blutdruckregulierend
- stoffwechselanregend

4. *Obst und Gemüse gelten zwar als ausgesprochen gesunde Lebensmittel, trotzdem enthalten einige Sorten natürliche Giftstoffe, die vor allem bei höheren Verzehrmengen schädliche Auswirkungen haben können. Wenn man verschiedene Punkte beachtet (hier: „Maßnahmen"), können jedoch auch diese Früchte bedenkenlos verzehrt werden.*

	Phasin	Oxalsäure	Blausäure
Vorkommen	Phasin ist ein Eiweißstoff, der in rohen Bohnen und in Kichererbsen vorkommt.	Sie ist Bestandteil einiger Gemüsesorten wie Spinat, Rhabarber, Rote Beete, Mangold und Kakao.	In Holunderbeeren, Bittermandeln, Süßkartoffeln, Hirse, Fruchtkernen von Aprikosen, Pfirsichen und Kirschen
Eigenschaftem	– sehr giftig – durch Hitze zerstörbar – lässt rote Blutkörperchen verklumpen	– wasserlöslich – verbindet sich mit Calcium zu nicht löslichem Calciumoxalat	– sehr giftig – aromatischer Geruch nach Bittermandel – wasserlöslich
Auswirkungen	Leichte Vergiftungsformen äußern sich als Magenverstimmung, starke Gifteinwirkung als Darmschleimhautentzündung, in Krämpfen oder durch Kaliummangel im Blut. Schon fünf bis sechs rohe Bohnen können unter Umständen tödlich sein.	Eine erhöhte Konzentration an Oxalsäure kann zur Bildung von **Nieren- und Gallensteinen** führen. Zudem kann Oxalsäure für die Bindung und **Ausscheidung von körpereigenem Calcium** verantwortlich sein. Außerdem hemmt sie die Aufnahme von Mineralstoffen und Spurenelementen, wie z. B. Eisen.	Die Aufnahme schon von einer kleinen Menge Blausäure führt zu akuten Vergiftungserscheinungen wie Atemkrämpfen, Schwindel, Übelkeit und Erbrechen; ab einer Zufuhr von ca. 1 mg/Körpergewicht ist Blausäure **lebensbedrohlich** oder sogar tödlich.
Maßnahmen	Kochen zerstört Phasin, deshalb Hülsenfrüchte **nie roh essen**, sondern vor dem Verzehr immer mindestens 15 bis 20 Minuten **kochen**	Oxalsäurehaltige Lebensmittel **nicht zu häufig essen**, bei einer Veranlagung zu Nierensteinen möglichst meiden. Beim Kochen oxalsäurehaltiger Lebensmittel das **Kochwasser weggießen**.	Bittere Mandeln **sollten nicht gegessen werden**, für den Geschmack (z. B. beim Backen) nur Bittermandel-Aroma verwenden, das keine Blausäure enthält. Holunderbeeren **nicht roh verzehren** und **keine Steinobstkerne mitessen**.

5. *Bei der Zusammenstellung eines dreigängigen Weihnachtsmenüs muss zum einen auf die richtige Zusammensetzung für eine optimale Versorgung mit den energieliefernden Nährstoffen (15 % Eiweiß, 30 % Fett und 55 % Kohlenhydrate) geachtet werden, zum anderen sollen Obst- und Gemüsesorten verwendet werden, die regional erhältlich sind. Da bei letzterem die Auswahl im Winter nicht gerade vielfältig ist, kann durchaus das eine oder andere Tiefkühlprodukt eingesetzt werden, vor allem dann, wenn dies z. B. aus dem eigenen Garten stammt.*

Menüvorschlag:

Vorspeise: Kartoffel-Kürbis-Suppe mit Kürbiskern-Pesto und Croutons
Hauptgericht: Gebratenes Entenbrustfilet mit Kartoffelknödel und Apfel-Zimt-Blaukraut sowie Feldsalat mit Walnussdressing
Dessert: Gebratener Apfel mit Bratapfelmousse und Preiselbeeren
Getränk: Mineralwasser

Beurteilung der Vollwertigkeit:

Kartoffel-Kürbis-Suppe mit Kürbiskern-Pesto und Croutons:
ungesättigte Fettsäuren (Kürbiskernöl), Kohlenhydrate in Form von Stärke (Kartoffel, Kürbis, Croutons), Vitamine und Mineralstoffe (Kürbiskerne, Kürbiskernöl), pflanzliches Eiweiß (Kartoffeln, Kürbis), wenig Ballaststoffe (Kartoffeln, Kürbis), sekundäre Pflanzenstoffe (Kürbiskerne)

Gebratenes Entenbrustfilet mit Kartoffelknödel, Apfel-Zimt-Blaukraut und Feldsalat mit Walnussdressing:
mehrfach ungesättigte Fettsäuren (Walnussöl), Fette (Ente), hochwertiges Eiweiß (Ente), Kohlenhydrate (Kartoffelknödel), Vitamine und Mineralstoffe (Blaukraut, Apfel, Feldsalat), Ballaststoffe (Blaukraut, Feldsalat), sekundäre Pflanzenstoffe (Blaukraut, Feldsalat, Zimt)

Gebratener Apfel mit Bratapfelmousse und Preiselbeeren:
hochwertiges Eiweiß (Eier, Sahne, Gelatine), Fette (Butter, Sahne), hoher Vitamin- und Mineralstoffgehalt (Apfel, Eier, Sahne), hoher Kohlenhydratgehalt (Marzipan, Zucker, Preiselbeeren)

Mineralwasser:
liefert wertvolle Mineralstoffe und sorgt für die Deckung unseres Flüssigkeitsbedarfs.

II. Leben und Wirtschaften im privaten Haushalt

1. *Die Aufgaben, die ein Familienhaushalt an seine Mitglieder stellt, erfüllen unterschiedliche Kriterien: „Haushalten" bedeutet nicht nur, nach wirtschaftlichen (= ökonomischen) Aspekten die Versorgung und die Aktivitäten der Familie zu organisieren, sondern auch, dabei Ressourcen zu schonen (= ökologischer Aspekt). Auch soziale Bedürfnisse sollten im Familienverband erfüllt werden.*

ökonomische Aufgaben	ökologische Aufgaben	soziale Aufgaben
– Beschaffung eines Einkommens (Arbeitsentgelt, staatliche Zuwendungen wie Kindergeld, Wohngeld etc.) – Planung der Finanzen (Kontrolle der Ausgaben, Vorsorge durch Bildung von Rücklagen etc.) – Planung der Hausarbeiten durch Verteilung auf die Familienmitglieder	Umweltbewusstes Handeln – beim Einkaufen – beim Verbrauch von Energie und Wasser – durch Vermeidung von Müll	– Versorgung von Kindern, kranken und älteren Haushaltsmitgliedern – Förderung des Zusammengehörigkeitsgefühls durch gemeinsame Unternehmungen – Vermittlung von Schutz und Geborgenheit

2. *Nach dem Modell von Maslow bauen die verschiedenen Arten von Bedürfnissen aufeinander auf. Je niedriger eine Ebene (= Stufe) angesetzt ist, umso wichtiger sind die zugeordneten Bedürfnisse für das Überleben. Erst wenn die Bedürfnisse einer Ebene zu großen Teilen erfüllt sind, wirkt die darauffolgende Stufe als Motivation für das eigene Handeln. Die Aufgabenformulierung verrät bereits, dass es sich um fünf Stufen handelt. Zeichnen Sie die sich aus dem Erklärungsmodell ergebende Pyramide und beschriften Sie die einzelnen Stufen mit den Bedürfnisarten. Die Erläuterung der Stufen sollte übersichtlich darunter erfolgen.*

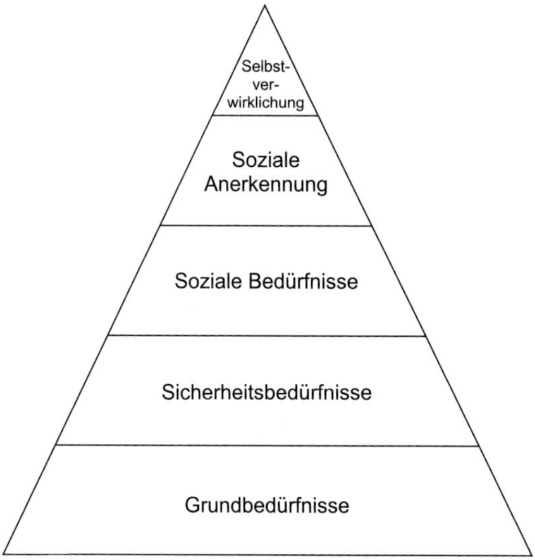

1. Stufe: Grundbedürfnisse/physiologische Bedürfnisse
Zur untersten Stufe zählen vor allem existenzsichernde Bedürfnisse wie z. B. Essen, Trinken, Kleidung, Schlafen, Wohnen und Sexualität.
Wenn die Grundbedürfnisse weitgehend befriedigt sind, strebt der Mensch danach, die Bedürfnisse der nächsthöheren Stufe zu erreichen.

2. Stufe: Sicherheitsbedürfnisse
Zu dieser Stufe gehört neben dem Bedürfnis nach physischer Sicherheit (Gesundheit, Abwesenheit von Bedrohungen) auch das Bedürfnis nach beruflicher und materieller Absicherung, z. B. die Arbeitsplatzsicherung oder die Sicherung von Eigentum.

3. Stufe: Soziale Bedürfnisse
Die Erfüllung von Bedürfnissen wie Kommunikation, Partnerschaft, Liebe, Freundschaft und Zugehörigkeit zu sozialen Gruppen ist bedeutsam für diese Ebene.

4. Stufe: Bedürfnis nach sozialer Anerkennung/Geltungsbedürfnis
„Ich-Bedürfnisse" wie Anerkennung und eigene Bedeutung innerhalb der Gesellschaft (Macht, Status und Einfluss) sind Grundlage der Selbstachtung und der eigenen Wertschätzung und bestimmen auf dieser Stufe das Handeln.

5. Bedürfnis nach Selbstverwirklichung
Sind alle anderen Bedürfnisse befriedigt, ist man in der Lage, selbstlos und gütig anderen etwas abzugeben. Der Mensch entwickelt einen Gerechtigkeitssinn, nimmt seine Individualität wahr und strebt nach Selbstverwirklichung.

3.1 *Die Grafik stellt Umfrageergebnisse zum Ablauf von Mahlzeiten in der heutigen Familie dar. Ihr voran steht die Aussage, dass gemeinsame Mahlzeiten „früher üblich" waren (siehe Aufgabenformulierung). Daraus kann man schließen, dass sich in Bezug auf gemeinsames Essen in den letzten Jahren oder Jahrzehnten etwas verändert hat. Wie stark die Veränderungen sind, kann der Grafik jedoch nicht entnommen werden, da keine Vergleichswerte vorliegen. Deshalb genügt es, verschiedene Aussagen (oder alle zusammen) einfach wiederzugeben. Ein Fazit ist nicht gefordert, man kann jedoch – mit Bezug auf die statistischen Werte – eine Einschätzung darüber abgeben, in welcher Form heutzutage Mahlzeiten eingenommen werden.*

- 62 % der befragten Personen sitzen nicht mehr gemeinsam am Tisch zusammen.
- 58 % essen mindestens einmal am Tag gemeinsam.
- 49 % sind der Meinung, dass das gemeinsame Essen ausstirbt.
- 45 % geben an, dass sie sonntags zusammensitzen.
- 41 % essen drei- bis viermal die Woche gemeinsam.
- 37 % finden es umso schöner, je mehr Gäste am Tisch sitzen.
- Wiederum 37 % sind der Meinung, dass der Familientisch gerade ein Revival erlebt.
- 30 % essen am liebsten zu zweit.
- 20 % sind alleine und vermissen ein Treffen am Esstisch.
- Ebenfalls 20 % haben keine Familie, essen aber mit Freunden.

Fazit: Den gemeinsamen Mittagstisch gibt es heute nicht mehr, es ist aber zu erkennen, dass viele Menschen gerne mehr Zeit zusammen mit ihrer Familie oder Freunden verbringen würden.

3.2 *Der Begriff „Lebensbereich" umfasst viele Aspekte, z. B. Familie, Freundeskreis, Schule, Beruf, aber auch Religion, Kultur, Gesundheit usw. In vielen dieser Bereiche wird zusammen gegessen, gemeinsame Mahlzeiten haben hier oft auch eine soziale Funktion.*

Essen ist mehr als nur Nahrungsaufnahme. Es dient vielmehr dazu, mit Genuss gesellige Stunden mit der Familie, aber auch mit Freunden, Bekannten oder Kollegen zu verbringen. Wichtige Ereignisse im Leben werden bei einem gemeinsamen Essen gefeiert. Gemeinsame Mahlzeiten haben verschiedene soziale Bedeutungen, je nach sozialem Umfeld und Anlass.

Soziale Bedeutung der Mahlzeit in der Familie:
- Erlebnisse in Beruf, Schule, mit Freunden oder der Familie werden ausgetauscht.
- Gemeinsame Unternehmungen werden geplant.
- Probleme werden besprochen.
- Kinder lernen sich bei Tisch zu benehmen und bekommen Werte vermittelt.
- Familienmitglieder laden sich gegenseitig zum Essen ein.

Soziale Bedeutung der Mahlzeit als gesellschaftliches Ereignis:
- Große Ereignisse im Leben, wie z. B. Taufen, Hochzeiten und Beerdigungen werden gemeinsam begangen.
- Geburtstage und Jubiläen werden gefeiert.
- Beim gemeinsamen Essen mit Geschäftspartnern werden Verhandlungen geführt, Geschäfte angebahnt oder Beziehungen vertieft.
- Man trifft sich mit Bekannten und Freunden zum Essen.
- Empfänge werden durch gemeinsame Mahlzeiten aufgelockert.

Soziale Bedeutung der Mahlzeit in Religionen:
- Das Zusammengehörigkeitsgefühl innerhalb der Gemeinschaft wird gestärkt.
- Religiöse Bräuche werden bei gemeinsamen Speisungen zelebriert (christliches Abendmahl, Sabbatfeier, Fastenbrechen im Ramadan etc.).

I. Die Kartoffel – ein Auslaufmodell?

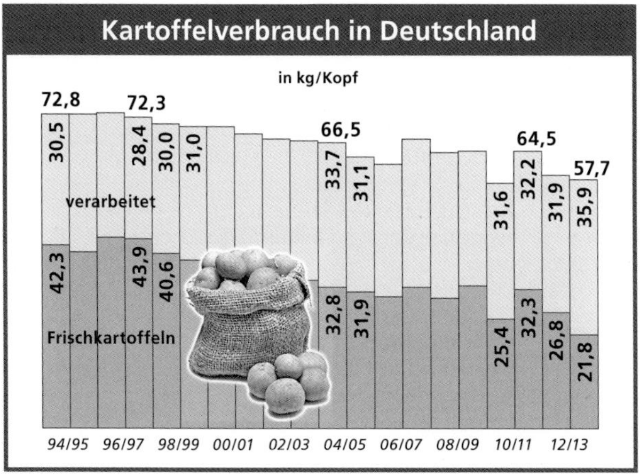

AMI Pressemitteilung vom 21.11.2014,
Autor: Christoph Hambloch

1.1 Der Verzehr von Kartoffeln hat sich über die Jahre verändert. Belegen Sie dies mit Aussagen der obigen Grafik.

1.2 Nehmen Sie mit Hilfe der nachfolgenden Grafik Stellung zur Annahme, Verbraucher würden aus gesundheitlichen und figurbewussten Gründen auf Kartoffeln verzichten.

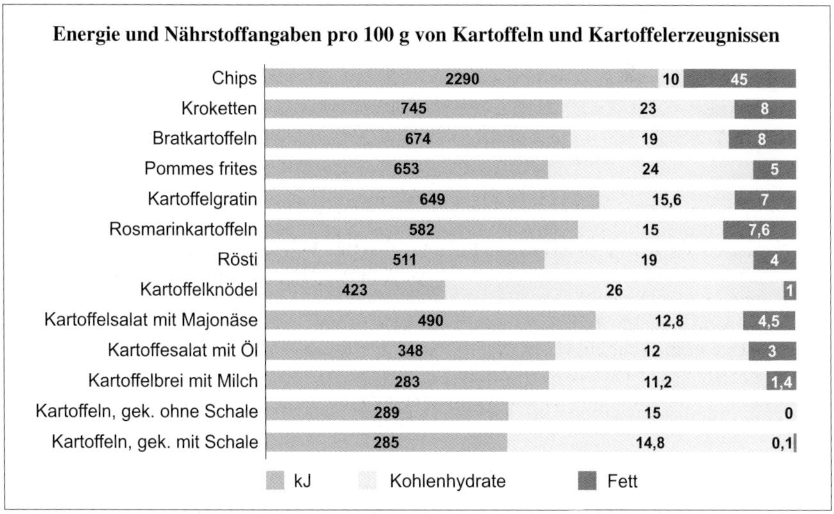

2. Siglinde, Nicola, Granola, Irmgard sind verschiedene Kartoffelsorten. Nennen Sie die verschiedenen Kochtypen mit ihren Kocheigenschaften und geben Sie je zwei passende Gerichte dazu an.

3. Die Kartoffel ist nicht nur bloße Beilage oder Partysnack, sie bietet auch wertvolle Nährstoffe. Erläutern Sie die ernährungsphysiologische Bedeutung der Kartoffel.

4. Stärke liefert dem Körper Energie. Stellen Sie Verdauung, Resorption sowie Energie- und Zellstoffwechsel stärkehaltiger Kohlenhydrate dar.

5. Solanin ist sowohl in Kartoffeln als auch in Tomaten vorhanden. Beschreiben Sie diesen natürlichen Giftstoff und nennen Sie Maßnahmen, die zur Minimierung der Aufnahme von Solanin führen.

II. Der Haushalt im Wandel der Zeit

„Urbaner Gartenbau" wird vor allem bei jungen Städtern immer beliebter. Ziel ist der eigene Anbau von Obst und Gemüse. Zu Erntezeiten müssen deshalb größere Mengen von Obst und Gemüse verarbeitet werden.

1. Es gibt unterschiedliche Möglichkeiten Obst und Gemüse haltbar zu machen. Beschreiben Sie die Konservierungsverfahren Sterilisieren, Trocknen und Marmelade zubereiten.

2. Zunehmend längere Ladenöffnungszeiten gewährleisten fast rund um die Uhr die Versorgung mit den alltäglichen Dingen. Dennoch ist eine sinnvolle Vorratshaltung im modernen Haushalt nach wie vor notwendig und beliebt. Erläutern Sie fünf Gründe dafür.

3. Sinnvolle Vorratshaltung verhindert den Verderb von Lebensmitteln. Geben Sie acht Tipps zur Vorratshaltung im privaten Haushalt.

4. Glas ist ein beliebtes Verpackungsmaterial. Bewerten Sie Glas hinsichtlich der Verwendung in der Bevorratung von Lebensmitteln.

Lösungsvorschlag

I. Die Kartoffel – ein Auslaufmodell?

1.1 *Der Grafik, die den Kartoffelverbrauch innerhalb von zwanzig Jahren in einem Säulendiagramm abbildet, liegen zwei Fragestellungen zugrunde: a) Wie hat sich der Kartoffelverbrauch* <u>*insgesamt*</u> *verändert und b) in welcher Form kaufen die Deutschen ihre Kartoffeln (frisch zum selbst Verarbeiten oder bereits industriell verarbeitet). Industriell verarbeitete Kartoffelprodukte sind z. B. Kartoffelpüreepulver, Fertig-Kartoffelknödel, Kroketten, Pommes frites, Chips etc.*

- In der Grafik wird der Pro-Kopf-Verbrauch in Deutschland von 1994–2014 dargestellt.
- Im ersten Vergleichsjahr verbrauchte der Deutsche im Schnitt 42,3 kg Frischkartoffeln und 30,5 kg verarbeitete Kartoffeln.
- Während der Gesamtdurchschnittsverbrauch im ersten Vergleichsjahr noch bei 72,8 kg lag, war er zehn Jahre später bereits auf 66,5 kg gesunken und lag im Jahre 2013 bei nur noch 57,7 kg pro Jahr.
- Im Jahr 2004 wurden zum ersten Mal weniger Frischkartoffeln als verarbeitete Kartoffeln konsumiert.
- 2013/14 stieg der Pro-Kopf-Verbrauch von industriell verarbeiteten Kartoffeln auf seinen bisherigen Höchststand an, nämlich auf 35,9 kg.

Schlussfolgerung:
Industriell verarbeitete Kartoffelprodukte wurden während des genannten Zeitraums zunehmend bevorzugt. Zwar stieg ihr Verbrauch nicht so stark an (um ca. 5 %), wie der von frischen Kartoffeln innerhalb von zwanzig Jahren sank (nämlich um fast 50 %, d. h. die Deutschen essen insgesamt viel weniger Kartoffeln). Es bestätigt jedoch den allgemeinen Trend zu Fertigprodukten.

1.2 *Die Grafik gibt nicht wirklich Antwort auf die Frage, ob der Verbraucher aus den in der Aufgabe genannten Gründen auf Kartoffeln verzichtet. Daher sollte versucht werden, so viel wie möglich aus der Grafik herauszulesen. Eingegangen werden muss auf den Vergleich von Kartoffeln/Kartoffelprodukten mit hohen bzw. niedrigem Fett-/Energiegehalt. Berücksichtigt werden können auch die Garmethoden sowie der Einfluss fettreicher Zutaten. Außerdem kann eine Empfehlung abgegeben werden, welche Produkte für Gesundheit und Figur am besten sind.*

- Die Kartoffel ist natürlicherweise ein Stärketräger, wodurch auch eine naturbelassen zubereitete Kartoffel mehr Energie enthält als z. B. die meisten Gemüsearten (außer Hülsenfrüchte).
- Die Kartoffel spendet dem Körper diese Energie in einer sehr verträglichen und gesunden Weise.
- Da die Kartoffel nicht roh verzehrt werden kann, muss sie im Privathaushalt oder auch durch die Lebensmittelindustrie zubereitet werden.
- Gesundheitsbewusster ist es, die Kartoffel möglichst fettarm zuzubereiten, z. B. im Backrohr, in Folie, durch Dämpfen oder Dünsten, und auf fettreiche Beigaben wie z. B. Majonäse oder Sahne zu verzichten.
- Auch das Kochen in Wasser ist eine fetteinsparende Garmethode. Allerdings sollte dabei die Schale an der Kartoffel verbleiben, um wichtige Inhaltsstoffe nicht auszuschwemmen.

Fazit:
Aus gesundheitlichen oder figurbewussten Gründen bräuchten Verbraucher keinesfalls auf Kartoffeln zu verzichten. Bei richtiger Zubereitung sind diese gesund und kalorienarm.

2. *Je nachdem, wie hoch ihr jeweiliger Stärkeanteil ist, entfalten verschiedene Kartoffelsorten unterschiedliche Eigenschaften beim Verarbeiten, vor allem beim Kochen. Man teilt Kartoffeln daher in drei verschiedene Kochtypen ein.*

Kochtyp	Kocheigenschaften	Beispiele für Gerichte
festkochende Kartoffeln	– Schale bleibt beim Kochen unversehrt – sind fest, feinkörnig und bleiben innen feucht – brauchen etwas länger als die anderen Kochtypen, um ganz durchzugaren	Alle Gerichte, in denen die Kartoffel nicht zerfallen soll, wie z. B. Bratkartoffeln, Pellkartoffeln, Kartoffelsalat, Salzkartoffeln
vorwiegend festkochend	– Schale bleibt beim Kochen meist unversehrt – sind innen mäßig feucht und feinkörnig	Ebenso wie die festkochenden Kartoffeln sind sie geeignet für Bratkartoffeln, Pellkartoffeln, Kartoffelsalat, Salzkartoffeln
mehlig kochend	– enthalten viel Stärke – Schale springt beim Kochen stark auf – sehr lockere Beschaffenheit – sind innen trocken und grobkörnig	Alle Gerichte, bei denen die Kartoffel als Ganzes nicht erhalten bleiben muss, wie z. B. Knödel, Kroketten, Brei, Suppen

3. *Woraus besteht eine Kartoffel und wie wirken diese Inhaltsstoffe auf den menschlichen Stoffwechsel? Diese Fragen stecken hinter dem Begriff der „ernährungsphysiologischen Bedeutung" der Kartoffel.*

Nährstoffe	ernährungsphysiologische Bedeutung
Kohlenhydrate	– Der Vielfachzucker Stärke ist in der Kartoffel enthalten. Diese baut der Körper nur langsam ab, was den Blutzuckerspiegel konstant hält. – Dadurch ist die Kartoffel auch für die Diabetiker-Ernährung geeignet. – Der Stärkeanteil von mehlig kochenden Kartoffeln ist etwas höher als bei anderen Kochtypen. – Cellulose ist nur in sehr geringem Maße in der Schale enthalten (2,1 %) – Ballaststoffe tragen zu einem erhöhten Sättigungsgefühl bei und regen die Darmtätigkeit an. – Energie liefern die Ballaststoffe nicht. – Auch in der Reduktionskost können Kartoffeln eingesetzt werden, sofern sie mit der Schale verzehrt und ohne jegliches Fett zubereitet werden.
Eiweiß	– Enthalten sind nur 2 % Eiweiß. – Dieses hat aber eine hohe biologische Wertigkeit. – Deshalb sollte man die Kartoffel mit tierischen Eiweißträgern kombinieren, was besonders in der fleischlosen Ernährung eine wichtige Rolle spielt. – Durch den höheren Stärkegehalt von mehlig kochenden Kartoffeln ergibt sich folglich ein niedrigerer Eiweißgehalt als bei festkochenden Kartoffeln.

Fett	– Die Kartoffel ist ein fast fettfreies Lebensmittel, weshalb sie besonders leicht verdaulich und energiearm ist. – Deshalb ist sie besonders für die Reduktionskost sowie für die leichte Vollkost geeignet. – Der Energiegehalt wird erst erhöht, wenn bei der Zubereitung fettreiche Zutaten (z. B. Öl, Majonäse) beigegeben bzw. fettreiche Garmethoden (z. B. Braten, Frittieren) gewählt werden. – Dann steigt auch der Sättigungswert. – Die Verdaulichkeit wird herabgesetzt.
Mineral-stoffe	– Der Gesamtanteil beträgt 1 %. – Besonders nennenswert ist das Kalium. – Außerdem sind Phosphor, Calcium und Natrium enthalten. – Mineralstoffe bleiben erhalten, wenn man die Kartoffel mit der Schale gart.
Vitamine	– Besonders hervorzuheben ist das Vitamin C. – Zudem sind Niacin, Vitamin B_1 und Vitamin B_2 enthalten. – Auch hier gilt, dass Vitamine erhalten bleiben, wenn man die Kartoffel mit der Schale gart. – Nachdem vor allem das Vitamin C hitzeempfindlich ist, sollten bevorzugt schonende Garmethoden gewählt werden, wie z. B. das Dünsten oder Dämpfen.
Wasser	Etwa zu ¾ besteht die Kartoffel aus Wasser.
sekundäre Pflanzen-stoffe	Enthalten sind vor allem Flavonoide und Anthozyane, denen folgende Wirkungen nachgesagt werden: – Schutz vor Krebs, Herz- und Kreislauferkrankungen – Bekämpfung von Bakterien, Viren und Pilzen – entzündungshemmend – Stärkung des Immunsystems

4. *Hier wird nach den Prozessen im Körper gefragt, die die Kohlenhydrate aus der Nahrung in Energie umwandeln, beginnend mit der Zerkleinerung der Nahrung im Mund (Verdauung) über die Aufnahme der Stoffe ins Blut (Resorption) bis hin zu deren Umwandlung in Energie in den Zellen (Zellstoffwechsel).*

Verdauung:
Im **Mund** wird ein Teil der Stärke durch das Enzym Amylase zu Doppelzucker abgebaut.

Im **Magen** findet lediglich eine Durchsäuerung, aber kein Abbau der Stärke statt.

Zwölffinger-Darm/Dünndarm:
Die Stärke wird zuerst durch das Enzym Amylase in Doppelzucker und dann durch das Enzym Glukosidase zu Einfachzucker aufgespalten.

Resorption:
Die Einfachzucker schlüpfen durch die Darmwand und werden mit Hilfe des Blutes zu den Zellen transportiert.

Zellstoffwechsel/Energiestoffwechsel:
- Wenn zu viel Glucose im Blut gelöst ist, wird ein Teil davon in der Leber kurzfristig in Form von Glykogen gespeichert, max. 70 – 80 g.
- Glucose, die nicht gespeichert wird, wandelt der Körper in Fett um und lagert sie in den Fettzellen ein.
- Der Blutzuckerspiegel wird ständig ausbalanciert:

- Glukagon und Adrenalin bewirken, dass Glykogen aus der Leber wieder abgebaut wird.
- Insulin und Cortisol dagegen bewirken den Aufbau von Glykogen in der Leber.

– In den Zellen wird Energie freigegeben. Diese wird für den Erhalt der Körperwärme und die Entstehung von Muskelkraft verwendet.
– Wasser und Kohlenstoffdioxid werden als Rest ausgeschieden.

5. *Bei modernen Kartoffelsorten ist der Anteil an Solanin inzwischen relativ gering. Für erste Vergiftungsanzeichen (z. B. Übelkeit) müsste ein Erwachsener fast drei Kilogramm ungeschälte Kartoffeln verzehren. Trotzdem sollten bestimmte Vorsichtsmaßnahmen eingehalten werden, um das Risiko zu minimieren. Der Übersichtlichkeit halber empfiehlt es sich, die Maßnahmen getrennt nach Kartoffeln und Tomaten zu benennen.*

Beschreibung:
– In grünen Nachtschattengewächsen kommt Solanin typischerweise vor.
– Generell gilt, dass der Solaningehalt mit zunehmendem Reifegrad abnimmt.
– Der höchste Solaningehalt der Kartoffel liegt in den Keimen sowie in der Schale.
– Bei unsachgemäßer bzw. zu langer Lagerung kann sich die Kartoffel grün färben, was bedeutet, dass sie noch nachträglich Solanin gebildet hat.
– Solanin löst sich nicht in Fett.
– Es ist zudem hitzebeständig.

Maßnahmen zur Minimierung der Solanin-Aufnahme:

Kartoffeln
– Kartoffeln müssen dunkel gelagert werden, damit kein weiteres Solanin gebildet werden kann.
– Kartoffeln möglichst kurz lagern, damit sie nicht auskeimen oder grüne Stellen bilden.
– Keimanlagen und bereits vorhandene Triebe müssen entfernt werden, weil sie erhöhte Solaninwerte aufweisen.
– Grüne Stellen sollten großzügig weggeschnitten werden.
– Die beste Lagertemperatur liegt bei 10 °C. Temperaturen darüber oder darunter sind die Ursache für das Ansteigen des Solaninwertes.
– Das Schälen verringert den Solaningehalt.
– Kartoffeln, die bei der Ernte oder der Lagerung beschädigt wurden, sollten nicht mehr verzehrt werden.
– Da Solanin wasserlöslich ist, kann der Solaningehalt durch Kochen im Wasser ohne Schale verringert werden. Leider reduziert sich dadurch auch der Gehalt an Mineralstoffen und Vitaminen.
– Aufgrund der Wasserlöslichkeit sollte das Kochwasser entsorgt werden.

Tomaten
– Tomaten sollten entstrunkt werden.
– Unreife Nachtschattengewächse, z. B. grüne Tomaten, sollten nicht verzehrt werden.
– Diese können z. B. als Chutneys oder Marmeladen zubereitet werden, wenn man einige Löffel Zucker zugibt. Das senkt den Solaningehalt auf ca. 35 % und damit auf ein unbedenkliches Niveau.
– Grüne Tomaten können auch milchsauer eingelegt werden, weil durch den Gärungsprozess ein Teil des Solanins verschwindet.
– Beim süß-sauer Einlegen und Braten von grünen Tomaten bleibt der Solaninwert jedoch auf einem bedenklichen Level. Deren Verzehr sollte man daher vermeiden.
– Es gibt jedoch Tomatensorten, die im reifen Zustand grün sind. Diese kann man bedenkenlos verarbeiten.
– Besonders Kleinkinder und Kinder sollten komplett auf grüne Tomaten verzichten.

II. Der Haushalt im Wandel der Zeit

1. *Die Fragestellung mit der Aufforderung „Beschreiben Sie..." kann aus zweierlei Sicht angegangen werden. Zum einen kann man die Durchführung des Verfahrens beschreiben, zum anderen das Verfahren selbst. Im Folgenden wurde jeweils zuerst das Verfahren beschrieben, im Anschluss daran dessen Durchführung.*

Sterilisieren:
- Beim Sterilisieren handelt es sich um ein physikalisches Verfahren.
- Die Lebensmittel müssen bis 100 °C erhitzt werden.
- Dabei gehen wertvolle Wirkstoffe sowie Farbe und Aroma in hohem Maß verloren.
- Geeignet sind Obst und Gemüse, aber auch Fleisch.
- Sterilisierte Lebensmittel können mehrere Jahre aufbewahrt werden.

Durchführung:
- Zu Beginn sind die Lebensmittel zu putzen und zu waschen.
- Die Gläser müssen keimfrei sein.
- Zucker muss nicht zugegeben werden, er dient lediglich dem Geschmack.
- Gläser müssen so weit mit Flüssigkeit aufgefüllt werden, dass die Lebensmittel ganz bedeckt sind.
- Gläser sorgfältig verschließen.
- Sterilisieren kann man im Einkochtopf oder auch im Backrohr.

Trocknen:
- Beim Trocknen handelt es sich um ein physikalisches Verfahren.
- Den Lebensmitteln wird dabei Feuchtigkeit entzogen.
- Hitzeempfindliche Vitamine gehen verloren, Farbe und Aromastoffe ebenso.
- Getrocknet werden: Tee, Pilze, Kräuter ...
- Die Haltbarkeit kann mehrere Jahre betragen.

Durchführung:
- Zu trocknende Lebensmittel werden geputzt und gewaschen.
- Kräuter werden gut trockengetupft, in Büschel zusammengefasst und verkehrt herum mit genügend Abstand aufgehängt.
- Alle Lebensmittel können auch im Dörrapparat oder im Backofen getrocknet werden.
- Der Trockenprozess sollte nicht länger als 48 Stunden dauern, weil sonst zu viele Inhaltsstoffe verloren gehen.

Marmelade zubereiten:
- Hierbei handelt es sich um ein chemisches (Zucker) und physikalisches (Hitze) Verfahren.
- Bakterien werden durch die Hitze (100 °C) abgetötet. Außerdem wird ihnen durch die hohe Zuckerkonzentration die Lebensgrundlage entzogen.
- Wirkstoffe gehen verloren, auch das Aroma verändert sich.
- Marmeladen sind mehrere Jahre haltbar.

Durchführung:
- Früchte waschen und putzen.
- Unter Rühren mit Zucker aufkochen, eventuell Schaum entfernen.
- Gelierprobe durchführen.
- Keimfreie Schraubgläser sofort mit der Marmelade bis zum Rand füllen und verschließen.
- Gläser auf den Kopf stellen.

2. *Wichtig bei der Beantwortung dieser Aufgabe ist es, die verschiedenen Vorteile der Vorratshaltung auch etwas genauer zu begründen (hier umgesetzt in den Unterpunkten).*

   - Gute Vorratshaltung **spart Zeit**, weil …
     - man nicht so oft zum Einkaufen gehen muss. Voraussetzung dafür ist, dass man einen Wochenplan erstellt und genügend Grundnahrungsmittel zuhause hat.
     - man durch die Zubereitung größerer Mengen kleinere Portionen einfrieren und nach Bedarf wieder auftauen kann.
   - Gute Vorratshaltung **spart Kosten**, weil …
     - man Sonderangebote in größeren Mengen kaufen und bevorraten kann.
     - man in der Saison günstige Lebensmittel kaufen kann. Wenn die Saison dieser Lebensmittel vorbei ist, steigt auch der Preis – und man greift auf seine Vorräte zurück.
   - Vorratshaltung kann förderlich für die **Gesundheit** sein, weil …
     - Vorräte, die man selbst anlegt, frei von Zusatzstoffen wie z. B. Konservierungs- und Farbstoffen sind.
     - man die Qualität der bevorrateten Lebensmittel selbst bestimmt und prüft.
   - Man ist **unabhängig** von den Öffnungszeiten der Einkaufsstätten und muss nicht zu Stoßeiten an der Kasse anstehen.
   - Man kann **kreativ** sein.
     - Man kann neue Rezepte ausprobieren.
     - Außerdem werden selbstgemachte (Lebensmittel-)Geschenke wertgeschätzt.

3. *Die Tipps zur sinnvollen Vorratshaltung müssen nicht nach bestimmten Kriterien strukturiert werden – man kann bei der Beantwortung also nach der „Brainstorming“-Methode verfahren.*

   1. Frische Vorräte sollten immer hinter die älteren gestellt werden, damit keine Vorräte übersehen bzw. vergessen werden und dann verderben.
   2. Wichtig ist die richtige Beschriftung der selbst bevorrateten Lebensmittel mit Inhalt, Datum und Menge.
   3. Bei verdorbenem Obst und Gemüse kann die Ursache des Verderbs (z. B. Schimmel) auf angrenzende Lebensmittel übertragen werden, deshalb muss man sie regelmäßig sichten und bei Bedarf aussortieren.
   4. Gewölbte Konservendosen, sogenannte Bombagen, unbedingt wegwerfen. Der Inhalt ist auf jeden Fall verdorben und kann sogar giftig sein. Verantwortlich ist das Botulinus-Bakterium.
   5. Wenn tierische Schädlinge die Vorräte befallen haben, dann müssen die Lebensmittel entsorgt und die Behälter und Regale/Schränke gründlich gereinigt werden.
   6. Generell ist es wichtig, den Lagerort sauber zu halten sowie diesen regelmäßig zu lüften.
   7. Eine falsche Lagertemperatur kann der Grund sein, dass Vorräte verderben. Regelmäßig sollte diese kontrolliert werden.
   8. Auch bei Kühl- und Gefriergeräten muss darauf geachtet werden, dass die Temperatur konstant bleibt.

   Weitere Lösungsvorschläge:

   - Kühl- und Gefriergeräte sind eisfrei zu halten und immer wieder mit Essigwasser zu reinigen.
   - Wenn Verpackungen geöffnet wurden, dann sollte das Lebensmittel in einen geeigneten, gut schließenden Behälter umgefüllt werden.
   - Damit Obst und Gemüse aufgrund des Reifegases nicht zu schnell nachreifen, sollte man diese getrennt lagern.

4. *Da es im Aufgabenkontext um den* <u>*Privathaushalt*</u> *geht („Der Haushalt im Wandel der Zeit“), kann man hier mögliche Argumente der Lebensmittelindustrie vernachlässigen (diese setzt inzwischen fast ausschließlich auf Kunststoffverpackungen statt auf Glas, weil für die Industrie die Nachteile bei letzterem überwiegen).*

Vorteile von Glas als Verpackungsmaterial für die Vorratshaltung:
- Glas ist durchsichtig, deshalb sieht man den Inhalt und seinen Zustand.
- Es lässt sich sehr leicht reinigen und ist daher äußerst hygienisch.
- Es nimmt keine Fremdgerüche und Farben an, deshalb kann es für die verschiedensten Lebensmittel verwendet werden.
- Man kann Gläser gut stapeln, was die Lagerung erleichtert.
- Es ist preiswert in der Herstellung und kann nach Gebrauch immer wieder recycelt werden.
- Es kann wiederholt eingesetzt werden.

Nachteile von Glas als Verpackungsmaterial für die Vorratshaltung:
- Es kann zerbrechen (Verletzungsgefahr!), weswegen man vorsichtig damit umgehen muss.
- Es ist relativ schwer, was den Transport etwas schwieriger macht (spielt bei der privaten Vorratshaltung jedoch eine untergeordnete Rolle).

Fazit:
Die Vorteile des Werkstoffs Glas überwiegen ganz klar, was es zu einem sehr gut geeigneten Werkstoff zum Aufbewahren von Vorräten macht.

Abschlussprüfung 2017 an den Realschulen in Bayern
Haushalt und Ernährung: Aufgabengruppe A I/II

I. Aufgaben der Nährstoffe – Ernährung älterer Menschen – Diabetes mellitus

1. Durch Lebensmittel und Getränke versorgen wir unseren Körper mit wichtigen Inhaltsstoffen. Erstellen Sie eine Übersicht aller Nähr- und Begleitstoffe und erklären Sie deren Bedeutung.

2. Die Lebenserwartung der Menschen nimmt stetig zu. Mit fortschreitendem Alter finden Veränderungen im Organismus statt, die bei der Ernährung berücksichtigt werden sollten. Erläutern Sie, wie sich die Ernährungsbedürfnisse älterer Menschen ändern und geben Sie vier entsprechende Empfehlungen.

3. Die Stoffwechselkrankheit Diabetes mellitus

3.1 Treffen Sie wesentliche Aussagen zur nachfolgenden Grafik.

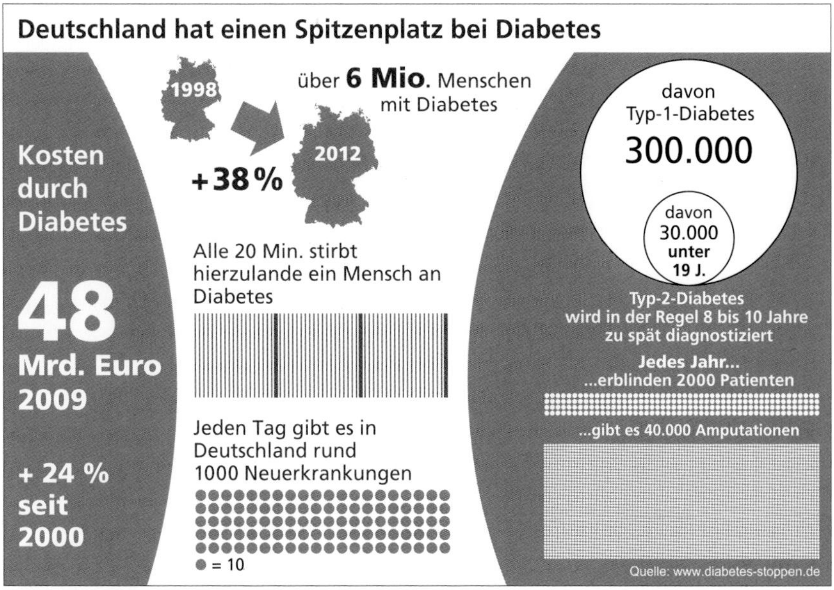

© Infografik, Die Welt

3.2 Mediziner unterscheiden zwei Arten von Diabetes.
Beschreiben Sie beide Diabetes-Typen.

4. Formulieren Sie einen Maßnahmenkatalog mit vier Regeln, die für eine Diabetes-Ernährung zu beachten sind und erläutern Sie diese.

II. Das LFGB (früher: LMBG) – Verbraucherschutz und Lebensmittelqualität

Gefährliche Keime – Rückrufaktion für H-Milch gestartet

Eine große Molkerei ruft einige Chargen ihrer H-Milch zurück. Diese seien nicht zum Verzehr geeignet und könnten gefährliche Keime enthalten. Fast alle großen Supermarktketten werden von dem Hersteller beliefert.
(Spiegel online, 26. 09. 2016)

Das Lebensmittel- und Futtermittelgesetzbuch (LFGB – früher: LMBG) dient der Sicherheit des Verbrauchers. Die Lebensmittelauswahl stellt für viele Konsumenten trotzdem eine große Herausforderung dar.

1. Verpackte Lebensmittel unterliegen laut LFGB (früher: LMBG) der Lebensmittelkennzeichnungsverordnung. Erklären Sie die kennzeichnungspflichtigen Angaben näher.
2. Lebensmittelhersteller verwenden eine Vielzahl unterschiedlicher Zusatzstoffe. Nennen Sie vier Zusatzstoffe und stellen Sie deren jeweilige Wirkung mit je einem Beispiel dar.
3. Die Lebensmittelkontrolle überprüft z. B. lebensmittelverarbeitende Betriebe. Beschreiben Sie die Überwachung anhand von drei Beispielen.
4. Der Verbraucher bewertet die Qualität der Lebensmittel nach dem Genusswert, Gesundheitswert, Ökologiewert und Ökonomiewert. Geben Sie zu jedem Bereich drei Beispiele an.

Lösungsvorschlag

I. Aufgaben der Nährstoffe – Ernährung älterer Menschen – Diabetes mellitus

1. *Hier sollen die Aufgaben genannt werden, die die Nähr- und Begleitstoffe im Körper erfüllen. Je nach Art der Aufgabe können Nährstoffe dazu in Funktionsgruppen zusammengefasst werden (doppelte Zuordnungen sind möglich).*

	Aufgaben im Körper	**Gruppe**
Nährstoffe		
Eiweiß Wasser Mineralstoffe	– Aufbau und Erhaltung von Körperzellen, wie z. B. Muskeln, Organe	Baustoffe
Kohlenhydrate Fett Eiweiß	– Energiegewinnung – Erzeugung von Kraft und Körperwärme	Brennstoffe
Vitamine Mineralstoffe	– Schutz vor Krankheiten – Regulation von Körpervorgängen	Schutz- und Reglerstoffe
Begleitstoffe		
Ballaststoffe	– Anregung der Kautätigkeit – Verlängerung des Sättigungsgefühls – Binden von Schadstoffen – Senkung des Cholesterinspiegels	
Sekundäre Pflanzenstoffe (Farb-, Aroma- und Geschmacksstoffe)	– Anregung des Appetits – Schutz vor Krebs sowie Herz- und Kreislauferkrankungen	

2. *Da sich mit zunehmendem Alter der Stoffwechsel und die Körperzusammensetzung verändern (Muskelmasse wird abgebaut, der Fettanteil erhöht sich), sollte auch die Ernährung an diese Umstellungen angepasst werden, um Gesundheit und Fitness im Alter möglichst lange zu erhalten.*

Verminderter Energiebedarf
Das Stoffwechselgeschehen verlangsamt sich und die körperliche Betätigung nimmt ab, deshalb sollte:
- die Gesamtmenge der Nahrung reduziert werden, um Übergewicht zu vermeiden,
- die Tageskost auf mehrere kleinere Mahlzeiten verteilt werden, um die Verdauungsorgane nicht übermäßig zu belasten.

Verminderter Fettbedarf
Grundsätzlich sollten fettreiche Lebensmittel gemieden werden, um Übergewicht vorzubeugen. Es gilt:
- Hochwertige Öle und Fette mit einfach und mehrfach ungesättigten (essenziellen) Fettsäuren sind zu bevorzugen, um das Risiko einer Arteriosklerose-Erkrankung zu mindern.
- Tierische Fette sollten weitgehend gemieden werden, um einem erhöhten LDL-Cholesterinspiegel vorzubeugen und damit die Gefahr von Herz- und Stoffwechselerkrankungen zu senken.
- Es sollten fettarme Garmethoden gewählt werden, wie z. B. Dünsten, Dämpfen oder Garen in Folie.

Verminderter Kohlenhydratbedarf

- Um Übergewicht zu vermeiden, sollten eher stärkehaltige Lebensmittel verzehrt werden, da diese lange satt halten.
- Die durch den Bewegungsmangel entstehenden Probleme mit der Verdauung können mit ballaststoffreicher Kost (Vollkornprodukte!) vermindert werden.
- Bei einer altersbedingten Schwächung der Bauchspeicheldrüse und einer damit zusammenhängenden Erkrankung an Diabetes mellitus müssen zuckerhaltige Lebensmittel grundsätzlich stark eingeschränkt werden.

Erhöhter Eiweißbedarf

Der im Alter zunehmende Muskelabbau entsteht dadurch, dass Körperzellen nicht mehr so gut aufgebaut und regeneriert werden können.

- Lebensmittel, die besonders viel hochwertiges Eiweiß enthalten, helfen, den Muskelabbau zu verlangsamen.
- Vor allem Milch und Milchprodukte gehören auf den täglichen Speiseplan.

weitere Lösungsvorschläge:

Verminderte Resorption von Vitaminen und Mineralstoffen

Auch Vitamine und Mineralstoffe können im Alter nicht mehr in gleichem Maße aufgenommen werden wie in jüngeren Jahren.

- Um dem Abbau von Calcium aus der Knochenmasse entgegenzuwirken, sollte eine ausreichende Versorgung mit Calcium in Kombination mit Vitamin D und Eisen gewährleistet sein.
- Eine erhöhte Zufuhr an Vitamin C hilft, das Immunsystem zu stärken.

Vermindertes Durstgefühl

Senioren vergessen oft zu trinken, da sie weniger Durst empfinden. Deshalb ist es wichtig, auf eine ausreichende Flüssigkeitszufuhr (ca. 2–3 Liter pro Tag) zu achten, die sich aus Suppen, aber auch aus kalorienarmen Getränken wie z. B. Saftschorle, Wasser und Tee zusammensetzen sollte.

Kauprobleme

Weichere Speisen, wie z. B. Hackfleisch, zerkleinertes oder gekochtes Gemüse, Dosenobst, Obst- oder Gemüsesäfte, Pudding und Jogurt erleichtern die Nahrungsaufnahme bei Kauproblemen.

Eingeschränkter Geruchs- und Geschmackssinn

Das Nachlassen des Geschmacks führt oft dazu, das ältere Menschen ihre Speisen überwürzen. Vor allem mit Salz sollte jedoch sparsam umgegangen werden, da es blutdrucksteigernd wirkt. Stattdessen mit Kräutern würzen, die zusätzlich wichtige Mineralstoffe liefern.

3.1 *Die Grafik enthält verschiedene Informationen zum Thema Diabetes in Deutschland. Diese sollen lediglich genannt werden, eine Beurteilung der Aussagen (d. h. daraus Rückschlüsse zu ziehen) ist nicht erforderlich.*

- Deutschland hat mit über sechs Millionen Diabetikern eine Spitzenplatz.
- Im Zeitraum von 1998 bis 2012 ist der Anteil an Diabetikern in Deutschland um 38 % gestiegen.
- 300.000 der über 6 Millionen Diabetiker leiden an Typ 1-Diabetes, davon sind 30.000 unter 19 Jahre alt.
- Typ 2-Diabetes wird in der Regel 8 bis 10 Jahre zu spät diagnostiziert, deshalb erblinden jedes Jahr 2.000 Diabetes-Patienten und müssen jährlich 40.000 Amputationen durchgeführt werden.

- Jeden Tag gibt es in Deutschland rund 1.000 Diabetes-Neuerkrankungen.
- Alle 20 Minuten stirbt in Deutschland ein Mensch an Diabetes.
- Im Jahre 2009 beliefen sich die Kosten durch Diabetes auf 48 Milliarden Euro, seit dem Jahr 2000 sind die Kosten um 24 % gestiegen.

3.2 *Bei Diabetes gibt es sogar mehr als zwei Formen (Typ 1, Typ 2, durch Krankheit oder genetische Defekte bedingter Diabetes und Schwangerschaftsdiabetes). Im Folgenden werden nur die beiden häufigsten Diabetestypen, Typ 1 und Typ 2, beschrieben.*

	Diabetes Typ 1	**Diabetes Typ 2**
Auftreten/ Verteilung	Nur ca. 5 % aller Diabetiker gehören zur Gruppe Typ 1. Die Erkrankung beginnt meist schon im Kindes- oder Jugendalter, die Anlage dazu wird vererbt.	Über 90 % aller Diabetiker gehören zur Gruppe Typ 2. Die Erkrankung tritt meist erst ab einem Alter über 45 Jahre und älter auf und wird deshalb auch oft als „Altersdiabetes" bezeichnet. Allerdings leiden inzwischen auch immer mehr jüngere Menschen an Diabetes Typ 2.
Beschreibung	Typ 1 entsteht durch absoluten Insulinmangel. Ursache ist eine Autoimmunerkrankung, bei der die insulinerzeugenden Zellen der Bauchspeicheldrüse (Langerhanssche Inseln) zerstört sind. Der Blutzuckerspiegel steigt bis zu seiner Entgleisung an.	Typ 2 ist eine Stoffwechselerkrankung, bei der der Blutzuckerspiegel erhöht ist. Grund ist eine Insulinresistenz, d. h., dass Insulin zwar gebildet wird, die Körperzellen aber schlecht darauf ansprechen und die Zuckermoleküle nicht ausreichend über das Blut zu den Körperzellen transportiert werden können. Als Folge steigt der Blutzuckerspiegel bis zu seiner Entgleisung stetig an.
Symptome	Symptome sind häufiger Harndrang, Mattigkeit, starker Durst, trockene, juckende Haut, Gewichtsverlust, Azetongeruch der Atemluft, Bauchschmerzen, Übelkeit und Erbrechen.	Symptome sind ständige Müdigkeit, schlecht heilende Wunden, eine Neigung zu Infektionen, trockene oder juckende Haut, gesteigerter Durst, häufige Urinausscheidung.
Therapie	Bei Typ 1 ist eine lebenslange Insulinbehandlung notwendig, d. h., der Blutzuckerspiegel muss regelmäßig kontrolliert werden, um die benötigte Insulinmenge zu ermitteln, die dann z. B. gespritzt werden muss. Nur so ist es möglich, Folgeschäden wie Sehstörungen, Arteriosklerose oder Schäden an Blutgefäßen zu verhindern.	Da an Typ 2 erkrankte Personen meist übergewichtig sind, sollte zuerst eine Gewichtsreduktion in Kombination mit körperlicher Bewegung (z. B. Walken, langsames Joggen) erfolgen. Eine gesunde Ernährungsweise mit hohem Ballaststoffanteil und niedrigem Zuckeranteil wirkt sich positiv aus. Desweiteren können hohe Blutzuckerwerte mithilfe von Medikamenten gesenkt werden. Insulingaben sind nicht unbedingt notwendig.

4. *Ein Maßnahmenkatalog für eine sinnvolle Ernährung bei Diabetes basiert auf einer gesunden, vollwertigen Ernährung. Die Empfehlungen beziehen sich auf Diabetes Typ 1 und Diabetes Typ 2 gleichermaßen. Es müssen nur vier Regeln angeführt werden.*

- Die **Energiezufuhr** soll so hoch sein, dass sie nicht zu Übergewicht führen bzw. ein vorhandenes Übergewicht reduziert werden kann.
- Die Tageskost sollte gleichmäßig auf **mehrere kleine Mahlzeiten** verteilt werden, um einen größeren Blutzuckeranstieg zu vermeiden.
- Bei der Zufuhr von **Kohlenhydraten** sollte beachtet werden, dass kohlenhydrathaltige Lebensmittel, die den Blutzuckerspiegel langsam ansteigen lassen, bevorzugt und zuckerhaltige Lebensmittel nur eingeschränkt konsumiert werden. Kohlenhydrate sollten gut die Hälfte der täglichen Energielieferanten ausmachen und aus Gemüse, Hülsenfrüchten und ballaststoffhaltigen Lebensmitteln wie z. B. Vollkornprodukten bestehen.
- Als Süßungsmittel eignen sich **Zuckeraustauschstoffe** wie z. B. Saccharin oder Cyclamat, vor allem bei kalorienarmen Getränken.

Weitere Lösungsvorschläge:

- Die Kohlenhydratmenge und die Insulindosis müssen aufeinander abgestimmt sein.
- Die **Fettzufuhr** sollte reduziert und dabei darauf geachtet werden, mehr ungesättigte Fettsäuren zu sich zu nehmen. Tierische Fette sind zu meiden.
- Zur Deckung des Eiweißbedarfs sollte biologisch **hochwertiges Eiweiß** verwendet werden, bei Nierenschäden muss die Eiweißmenge vermindert werden.
- **Alkohol** ist nicht verboten, sollte aber weitgehend eingeschränkt und nur in Kombination mit kohlenhydratreichen Lebensmitteln genossen werden.

II. Das LFGB (früher: LMBG) – Verbraucherschutz und Lebensmittelqualität

1. *In der Europäischen Union ist einheitlich geregelt, welche Informationen jede Lebensmittelverpackung enthalten muss. Diese Angaben sind Pflichtangaben, die in jedem Fall auf der Ware ausgewiesen werden müssen. Für die vollständige Lösung der Aufgabe müssen* <u>*alle*</u> *Pflichtangaben genannt werden.*

- Die **Verkehrsbezeichnung** beschreibt den Inhalt der Verpackung in eindeutiger Weise. Fantasienamen wie z. B. „Cowboysalat" sind nicht erlaubt, da sie keinen Aufschluss über den Inhalt geben.
- Die **Menge (netto)** wird je nach Art des Lebensmittels in Gramm, Kilogramm, Liter oder Milliliter angegeben. Sie dient vor allem zum Preisvergleich von Lebensmitteln verschiedener Hersteller.
- Die **Zutatenliste** gibt über alle Stoffe Auskunft, die in einem Lebensmittel enthalten sind. Alle Zutaten sind dabei nach ihrer enthaltenen Menge absteigend aufgelistet. Sie dient zur Informationsquelle z. B. für Allergiker. Allergene Inhaltsstoffe werden in Fettschrift dargestellt.
- Das **Mindesthaltbarkeitsdatum (MHD)** gibt an, bis zu welchem Termin der Hersteller die einwandfreie Qualität des Produkts bei richtiger Lagerung garantiert. Je nach Lebensmittel sind auch die Lagerbedingungen angegeben, vor allem dann, wenn sie gekühlt werden müssen. Bei besonders empfindlichen Lebensmitteln (z. B. Fisch oder Hackfleisch) wird ein **Verbrauchsdatum** angegeben, nach dessen Ablauf das Lebensmittel nicht mehr verzehrt werden sollte. Manche Produkte enthalten kein MHD, das gilt vor allem für frisches Obst und Gemüse, Kartoffeln, Zucker, Salz sowie alkoholhaltige Getränke über 10 % vol.
- Die Angabe der **Firmenanschrift des Herstellers**, des **Verpackers** oder eines **europäischen Verkäufers** ist im Falle einer Beanstandung zur Kontaktaufnahme notwendig.

- Sind **Chargennummern** bei der Lebensmittelproduktion vergeben worden, können bei Rückrufaktionen mithilfe dieser Nummern gezielt bestimmte Produktionschargen identifiziert und aus dem Verkehr gezogen werden.
- **Allergene Stoffe** müssen gekennzeichnet werden, auch wenn sie nur indirekt z. B. bei der Herstellung oder dem Abfüllen in das Lebensmittel gelangen können.
- Die **Nährwertkennzeichnung** gibt Auskunft über die enthaltenen Nährstoffe und den Energiegehalt des Lebensmittels. Sie muss Angaben über Fett, gesättigte Fettsäuren, Kohlenhydrate, Zucker, Eiweiß und Salz enthalten.

2. *Bei den in der Aufgabenstellung geforderten Beispielen sollen Lebensmittel genannt werden, in den diese Zusatzstoffe eingesetzt werden.*

Zusatzstoff	Wirkung	Beispiel
Konservierungsstoffe	Wirken wachstumshemmend auf Bakterien und verlängern so die Haltbarkeit von Lebensmitteln.	Feinkostsalate Fischmarinaden
Farbstoffe	Lassen Lebensmittel besser aussehen und täuschen so zum Teil eine bessere Qualität vor. Sie können natürlich (Chlorophyll, Carotin) oder synthetisch hergestellt sein.	Süßigkeiten Getränke
Verdickungs- und Geliermittel	Quellen oder binden Wasser und bilden eine geleeartige Masse. Flüssigkeiten werden angedickt.	Soßen Marmeladen
Emulgatoren	Verbinden miteinander nicht mischbare Flüssigkeiten (wie z. B. Wasser und Fett).	Mayonnaise Margarine

Weitere Lösungsvorschläge:

Aroma- und Geschmacksverstärker	Intensivieren das Aroma und den Geschmack von Lebensmitteln.	Fertiggerichte Süßigkeiten
Antioxidationsmittel	Verhindern eine chemische Reaktion mit Sauerstoff, die zu Verderb führt.	Vitamin E in Pflanzenölen und Margarine

3. *Immer wieder fallen lebensmittelverarbeitende Betriebe bei Kontrollen auf. Ziele der Kontrollen sind, den Verbraucher vor Täuschung und wirtschaftlicher Übervorteilung zu schützen, aber ein besonderes Augenmerk gilt dem Schutz vor Gesundheitsgefährdung. Diese Aufgabe bezieht sich vor allem auf die Hygiene in lebensmittelverarbeitenden Betrieben, also z. B. Kantinen, Gaststätten und Lebensmittelgeschäften.*

Arbeitsplatzhygiene
Die Behörden der Lebensmittelüberwachung kontrollieren die Hygiene und den baulichen und technischen Zustand der Betriebsstätten, der Lager- und Kühlräume sowie die Sauberkeit der Arbeitsumgebung und der eingesetzten Maschinen.

Personalhygiene
Sie kontrollieren das Personal auf die Verwendung einer angemessenen Arbeitskleidung, das Tragen einer Kopfbedeckung und auf den Besitz eines gültigen Zeugnisses des Gesundheitsamtes.

Lebensmittelhygiene
Sie kontrollieren die Lebensmittel auf Schädlingsbefall, entnehmen Lebensmittelproben zur Untersuchung auf Mikroorganismen oder Rückstände unerwünschter Stoffe und überprüfen die Lagerung, Trennung und Kühlung leicht verderblicher Lebensmittel.

4. *Die Lebensmittelqualität ist Voraussetzung für einen zufriedenen Verbraucher. Die Bewertung der Lebensmittel erfolgt über verschiedene Kategorien (Genusswert, Gesundheitswert, Ökologiewert und Ökonomiewert), drei Beispiele je Kategorie reichen für die Lösung der Aufgabe aus.*

Genusswert
Geschmack, Farbe, Aroma, Beschaffenheit, Aussehen und Form eines Lebensmittel

Gesundheitswert
Sättigungswert, Nährstoffgehalt, Verdaulichkeit, Verarbeitungsgrad, Gehalt an Rückständen, abwechslungsreiche Zusammensetzung

Ökologiewert
Artgerechte Tierhaltung, Transport, Verpackung, biologische Erzeugung, Regionalität, Saisonalität

Ökonomiewert
Preis, Ergiebigkeit, Haltbarkeit, Bevorratungsmöglichkeit, Aufwand bei der Zubereitung

Abschlussprüfung 2017 an den Realschulen in Bayern
Haushalt und Ernährung: Aufgabengruppe B I/II

I. Fett im Fokus

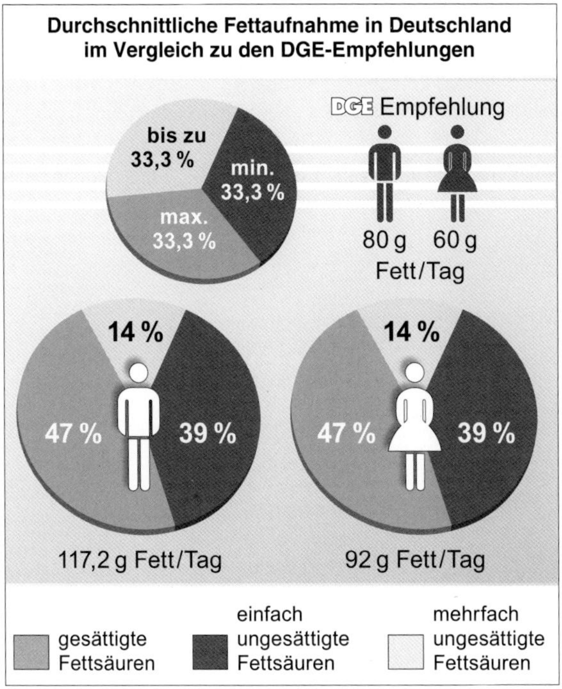

eigene Darstellung nach Daten aus: VERA-Schriftenreihe: Lebensmittel- und Nährstoffaufnahme in der BRD. Wissenschaftlicher Fachverlag Niederkleen 1994

1. Essen die Deutschen zu viel oder das falsche Fett? Erklären Sie die wesentlichen Aussagen der Grafik.
2. Beschreiben Sie die Aufgaben von Fett für den menschlichen Körper und unterscheiden Sie dabei zwischen Nahrungsfett und Körperfett.
3. Mit den Nahrungsfetten werden fettlösliche Vitamine aufgenommen. Erläutern Sie die Besonderheit dieser Vitamine und nennen Sie drei fettlösliche Vitamine mit je einer spezifischen Aufgabe im menschlichen Körper.
4. Fleisch ist ein wertvolles Lebensmittel. Begründen Sie diese Aussage anhand der ernährungsphysiologischen Bedeutung von Fleisch mit sechs Argumenten.
5. Ein bewusster Konsument handelt überlegt. Geben Sie je drei Empfehlungen, die man beim Einkauf, bei der Lagerung und bei der Zubereitung von Fleisch beachten sollte.

II. Arbeitsmaterialien für die Küche – modern und zweckmäßig!

1. In einem modernen Haushalt werden verschiedene Kunststoffarten eingesetzt. Benennen und beschreiben Sie vier Kunststoffarten und geben Sie jeweils ein typisches Beispiel für die Verwendung an.

2. Edelstahl 18/10 wird vorzugsweise in professionellen Küchen für Arbeitsflächen und Arbeitsgeschirr verwendet. Formulieren Sie acht Gründe, die für den Einsatz dieses Materials sprechen.

3. Für die Küche Ihrer zukünftigen Wohngemeinschaft sollen Schneidebretter angeschafft werden. Holz- oder Glasbretter stehen zur Auswahl. Stellen Sie jeweils drei Vor- und Nachteile der beiden Materialien in einer Tabelle dar.

Lösungsvorschlag

I. Fett im Fokus

1. *Die Fragestellung beinhaltet, dass die verschiedenen Angaben in der Grafik in einen Zusammenhang gestellt und interpretiert (also nicht nur abgelesen) werden.*

   – Die von der DGE empfohlene Fettzufuhr von 80 g bei Männern und 60 g bei Frauen pro Tag wird von beiden Personengruppen deutlich überschritten. Männer nehmen demnach 117,2 g und Frauen 92 g Fett /Tag zu sich.
   – Der Anteil an aufgenommenen gesättigten und mehrfach ungesättigten Fettsäuren sollte laut Empfehlung der DGE höchstens je ein Drittel betragen, der Anteil an einfach ungesättigten Fettsäuren mindestens ein Drittel.
   – Deutlich erkennbar ist, dass sowohl Männer als auch Frauen viel mehr als die empfohlene Menge an gesättigten Fettsäuren aufnehmen, nämlich 47 % statt des empfohlenen Maximums von 33,3 %.
   – Die Aufnahme von mehrfach ungesättigten Fettsäuren bewegt sich mit einem Anteil von 14 % in einem sehr niedrigen Bereich, die DGE-Empfehlung liegt mit einem Maximum von 33,3 % deutlich darüber.

2. *Hier sollten möglichst alle Aufgaben beschrieben werden, die die beiden Fettarten für den menschlichen Körper übernehmen.*

   – Das **Nahrungsfett** dient dem Körper als Energielieferant, wobei 1 g Fett mehr als doppelt so viel Energie liefert wie 1 g Kohlenhydrate bzw. Eiweiß, nämlich 9,3 kcal bzw. 38,9 kJ.
   – Fett ist Träger von essenziellen (mehrfach ungesättigten) Fettsäuren, welche der Körper mit der Nahrung aufnehmen muss, weil er sie selbst nicht herstellen kann. Sie sind deshalb lebensnotwendig. Essenzielle Fettsäuren sind beteiligt an der Regeneration von Zellen, am Transport von Nährstoffen sowie an der Steuerung des Fettstoffwechsels.
   – Die fettlöslichen Vitamine A, D, E und K können vom Körper nur mithilfe von Fett genutzt werden.
   – Nahrungsfett verlängert die Zeitspanne, während derer die Speisen im Magen liegen. Dadurch fühlt sich der Körper lange satt.
   – Es ist zudem ein Geschmacksträger, weswegen fettreichere Varianten eines Lebensmittels intensiver schmecken als fettärmere (z. B. Käse).
   – **Körperfett** schützt die inneren Organe vor Stoß (z. B. Unterhautfettgewebe), Druck oder Kälte (z. B. Nieren) und wirkt dämpfend (z. B. Fußsohlen). Außerdem schützt es vor Reibung (z. B. Augapfel).
   – Körperfett dient dem Menschen auch als Vorratsstoff. Nicht verbrauchtes Fett wird als Depotfett unter der Haut eingelagert, der Körper greift in Notzeiten darauf zurück.
   – Unter der Haut gelagertes Fett schützt den Körper vor Auskühlung, weil Fett Wärme nur schlecht leitet.
   – Körperfett ist in geringem Maß auch am Aufbau von Organ-, Fett-, Nerven- und Gehirnzellen beteiligt.
   – Es transportiert Fettbegleitstoffe wie das Cholesterin, das eine wichtige Rolle beim Aufbau von Hormonen und von Gallensäure spielt.

3. *Im Lösungsvorschlag sind alle vier fettlöslichen Vitamine genannt und ihre wichtigsten Aufgaben im Körper beschrieben. Für die Erfüllung der Aufgabe genügt es, drei fettlösliche Vitamine und je ein Beispiel auszuwählen.*

   Fettlösliche Vitamine sind nur in Fett und nicht in Wasser löslich. Sie können also nur in Verbindung mit Fett transportiert und aufgespalten werden.

Vitamin A:

Es stärkt die **Sehkraft**, vor allem das Sehen bei Dämmerung und das Farbsehen. Außerdem trägt Vitamin A zur **Gesunderhaltung der Haut** und auch der Schleimhäute bei, Haare und Knochen werden gestärkt.
Wichtig ist Vitamin A auch für die **Fortpflanzung**, da es an der Produktion der Sexualhormone beteiligt ist.
Zudem hält es die körpereigene Abwehr intakt und **schützt vor Infektionen**.

Vitamin D:

Dieses Vitamin ist wichtig für den Calcium- und Phosphatstoffwechsel und beeinflusst Aufbau und Gesunderhaltung von **Knochen und Zähnen**.

Vitamin E:

Tocopherol, wie dieses Vitamin auch genannt wird, hat eine stärkende Wirkung auf das **Immunsystem** und hemmt Entzündungen.
Darüber hinaus **schützt** es Körperzellen und mehrfach ungesättigte Fettsäuren **vor Oxidation** (d. h. vor den schädlichen freien Radikalen) und wirkt somit möglicherweise vorbeugend gegen Krebs.

Vitamin K:

Dieses Vitamin spielt vor allem für die **Blutgerinnung** eine wichtige Rolle.

4. *Um diese Frage zu beantworten, muss auf die Inhaltsstoffe von Fleisch eingegangen werden. Allerdings sind nicht alle Inhaltsstoffe für den Wert von Fleisch relevant. Der hohe Wassergehalt von ca. 65 % hat auf den Wert von Fleisch z. B. keinen Einfluss. Die geforderten sechs Argumente sind vor allem aus den ersten drei Kategorien (Eiweiß, Vitamine, Mineralstoffe) zu wählen.*

Nährstoffe	ernährungsphysiologische Bedeutung
Eiweiß	– Hauptbestandteil von Fleisch ist wertvolles Eiweiß. – Fleisch enthält lebenswichtige essenzielle Aminosäuren. – Tierisches Eiweiß (Protein) hat eine hohe biologische Wertigkeit, was gut für den Aufbau von körpereigenem Eiweiß ist.
Vitamine	– Enthalten sind die fettlöslichen Vitamine A und D sowie die wasserlöslichen Vitamine der B-Gruppe. – Besonders nennenswert ist das Vitamin B12, da es fast ausschließlich in tierischen Lebensmitteln, vor allem in Fleisch, vorkommt.
Mineralstoffe	– Fleisch ist reich an Kalium, Phosphor und Selen. – Vor allem in rotem Fleisch kommt reichlich Eisen vor, welches vom Körper besonders gut verwertbar ist.
Fett	– Fleisch liefert gesättigte und ungesättigte Fettsäuren, die wichtig für den Fettstoffwechsel sind.
Kohlenhydrate	– Kohlenhydrate sind in Fleisch nicht enthalten, was z. B. bei Diäten eine Rolle spielt.

5. *Die Empfehlungen können nach unterschiedlichen Gesichtspunkte erfolgen; sie können z. B. ethische oder ökologische Kriterien berücksichtigen (Einkauf), Hygienemaßnahmen zum Gesundheitsschutz beinhalten (Lagerung) oder die Gesundheit bzw. Fitness miteinbeziehen (Zubereitung).*

Einkauf:

- Bevorzugt sollten Produkte von artgerecht gehaltenen und biologisch gefütterten Tieren gekauft werden.
- Fleisch, das aus dem regionalen Umfeld stammt, erspart Tieren und der Umwelt lange Transportwege.
- Weil Fleisch ein leicht verderbliches Lebensmittel ist, darf die Kühl- bzw. Gefrierkette nicht unterbrochen werden (*dies wäre auch unter dem Punkt „Lagerung" zutreffend*).
- Tiefgefrorenes Fleisch muss einwandfrei verpackt sein, auch darf auf der Verpackung kein Gefrierschnee zu sehen sein.
- Bei Tiefkühlware sollte das Mindesthaltbarkeitsdatum geprüft werden.

Lagerung:

- Tiefkühlware muss im Kühlschrank auftauen.
- Hackfleisch und Rohwürste sollten erst am Tag der Verwendung eingekauft oder am Tag des Einkaufs tiefgefroren werden.
- Generell gilt, Fleisch- und Wurstwaren stets hygienisch und getrennt von anderen Lebensmitteln zu lagern.

Zubereitung:

- Die Hygieneregeln sind generell zu beachten, ganz besonders aber bei der Zubereitung von Geflügel. Dabei muss z. B. das Auftauwasser weggegossen, Geräte sowie Hände müssen gleich sorgfältig gespült werden.
- Fleisch sollte am besten mit Küchenkrepp abgetupft werden.
- Salz sollte sparsam verwendet werden.
- Fettarme Zubereitungsarten sind zu bevorzugen.
- Außerdem ist auf die Verwendung von geeignetem Bratfett zu achten.

II. Arbeitsmaterialien für die Küche – modern und zweckmäßig!

1.

Kunststoffart	Beschreibung	Beispiele
Thermoplaste	Thermoplaste haben eine fadenartige Molekularstruktur. Sie werden bei Erwärmung weich und verformbar. Bei Abkühlung erhärten sie wieder.	Schüsseln Salatbesteck, Messbecher, Eimer …
Duroplaste	Die Molekularstruktur von Duroplasten ist quervernetzt. Sie werden erst bei höheren Temperaturen verformbar. Nach dem Abkühlen behalten sie ihre Form dauerhaft.	Tabletts Mikrowellengeschirr, Messergriffe …
Elastomere	Ihre Molekularstruktur ist verknäuelt. Sie lassen sich dehnen und stauchen. Elastomere sind hitzebeständig bis ca. 100 °C.	Schwämme, Schwammtücher
Silikone	Silikone sind polymere Verbindungen. Sie sind sehr hitzebeständig und vertragen auch große Temperaturwechsel. Sie behalten ihre Form dauerhaft bei. Silikone sind antihaftend, wasserabweisend und beständig gegen Oxidation und Säuren.	Backformen Teigschaber, Schöpflöffel, Pfannenwender …

2. *Die Nummer 18/10 in der Bezeichnung bedeutet, dass es sich um eine Metalllegierung mit einem Chromanteil von 18 % und einem Nickelanteil von 10 % handelt. Dies ist wichtig für die Beantwortung der Frage, denn andere Zusammensetzungen bei den Metallanteilen haben andere Produkteigenschaften (z. B. hinsichtlich Rosten oder Lebensmitteleignung).*

- Edelstahl ist ein Material, das nicht nur funktionell, sondern auch **ästhetisch ansprechend** verarbeitet werden kann.
- Edelstahl ist glatt und ohne Poren und kann deshalb **leicht gereinigt** werden.
- Er ist **unzerbrechlich**.
- Produkte aus Edelstahl 18/10 **rosten nicht** und sind **spülmaschinenfest**.
- Sie sind **unempfindlich gegen Säuren und Laugen**.
- Edelstahl 18/10 nimmt von Lebensmitteln **keinen Geruch oder Geschmack** an.
- Er ist **temperaturunempfindlich**, d. h., er hält Hitze und Kälte aus.
- Aufgrund der **langen Lebensdauer** kann man Produkte aus Edelstahl deshalb als **umweltfreundlich** bezeichnen.
- Bei Edelstahl handelt es sich um ein **robustes Material**, welches sogar nach Jahren noch ordentlich aussieht.

3. *Es müssen lediglich die Vor- und Nachteile der beiden Materialien gegenübergestellt werden. Eine begründete Entscheidung für eines davon ist nicht notwendig. Bei der Darstellung ist darauf zu achten, dass ausdrücklich eine Tabelle gefordert ist.*

	Glas	**Holz**
Vorteile	– sehr hygienisch, Keime können sich nicht festsetzen – nimmt keine Fremdgerüche an – schnittfest (es bilden sich keine Schnittfurchen) *Weitere Lösungsvorschläge:* – kann leicht gereinigt werden – spülmaschinengeeignet – recycelbar	– im Holz enthaltene Harze töten Keime ab, d. h., es ist hygienisch – nachwachsender Rohstoff, d. h., es ist umweltfreundlich – Messer bleiben länger scharf als bei Glas *Weitere Lösungsvorschläge:* – natürliches Material, wirkt edel – günstiger als Glas
Nachteile	– Messer stumpfen sehr schnell ab – zerbrechlich – teurer als Holz *Weitere Lösungsvorschläge:* – schwerer als Holz – Quietschgeräusche beim Schneiden, was von vielen Menschen als sehr unangenehm empfunden wird – Messerklinge kann auf der glatten Glasoberfläche leichter abrutschen, d. h. höhere Unfallgefahr	– Schnittfurchen entstehen, in denen sich Ablagerungen ansammeln können – keine Spülmaschineneignung (quillt auf und kann sich verziehen) – nimmt Gerüche an *Weitere Lösungsvorschläge:* – muss an der Luft nachtrocknen – kann sich durch Lebensmittel verfärben (z. B. Rote Bete) – kann durch Hitze und Feuchtigkeit reißen bzw. sich wölben

I. Eiweiß – ein Verkaufsschlager?

> Produzenten von Eiweißdesignerpulvern werben mit durchtrainierten Körpern. Hinter der schicken Verpackung und dem trendigen Namen verbirgt sich Molkeneiweißpulver – ein Kilogramm für 21,79 Euro.
> Aus früheren Abfallprodukten wie Molke sind heiß begehrte Superfoods geworden, die nicht mehr nur in Fitnessstudios das Geschäft aufbessern. Eine Entwicklung, die Eiweißprodukte in den verschiedensten Variationen auf den Markt spült, von deren Sinn viele Gesundheits- und Sportexperten allerdings nicht überzeugt sind.

© Max Zimmermann, Selbstoptimierung treibt Deutsche in den Eiweiß-Rausch, Die WELT vom 14.04.2016, https://www.welt.de/wirtschaft/article154337524/Selbstoptimierung-treibt-Deutsche-in-den-Eiweiss-Rausch.html

1. Proteinprodukte sollen den Muskelaufbau besonders anregen.

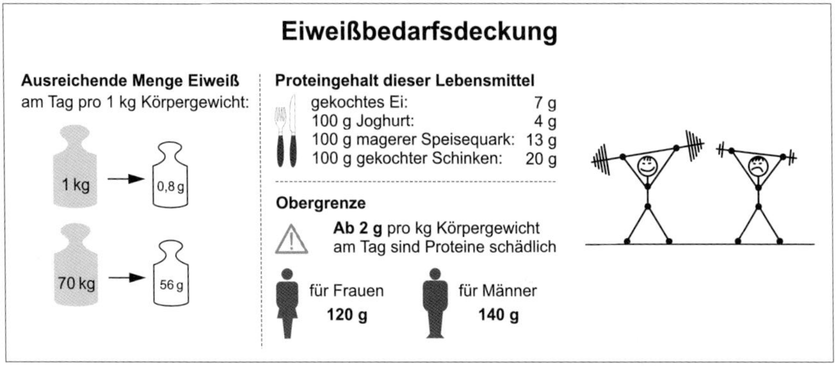

© eigene Darstellung nach Welt.de

1.1 Entnehmen Sie der Grafik relevante Aussagen.

1.2 Erläutern Sie die ernährungsphysiologische Bedeutung von Kuhmilch.

2. Milch und Milchprodukte werden unterschiedlichen Bearbeitungsverfahren unterzogen. Erklären Sie die Verfahren Pasteurisieren, Ultrahocherhitzen und Homogenisieren.

3. Beim Muskelaufbau spielt die Eiweißqualität, die durch die biologische Wertigkeit und den Ergänzungswert beurteilt wird, eine große Rolle. Definieren Sie diese Begriffe.

4. Damit Eiweiß dem Körper z. B. zum Wachstum zur Verfügung stehen kann, muss es abgebaut werden. Beschreiben Sie Verdauung, Resorption sowie Zell- und Energiestoffwechsel von Eiweiß.

5. Eine dauerhafte Proteinüberversorgung ist gesundheitlich nicht unbedenklich. Eine Folge davon kann die Stoffwechselerkrankung Gicht sein. Stellen Sie diese Krankheit vor und geben Sie Tipps zur passenden Diät.

II. Verpackung – Müll

© dpa-infografik

1. Im Jahr 2015 wurden in Deutschlands Haushalten 37,3 Millionen Tonnen Abfälle eingesammelt. Umgerechnet entspricht das einer durchschnittlichen Menge von 454 Kilogramm pro Einwohner. Geben Sie zehn Tipps, wie Sie beim Einkauf und bei der Weiterverarbeitung von Lebensmitteln Verpackungen vermeiden bzw. sinnvoll weiterverwenden können.
2. Verpackungen sind allerdings in vielen Bereichen unerlässlich. Beschreiben Sie drei Verpackungsarten und erläutern Sie die Funktion von Verpackung für den Handel und die Verbraucher.
3. Bewerten Sie Papier, Kunststoff und Aluminium als Verpackungsmaterial für Lebensmittel hinsichtlich der Umweltverträglichkeit und nennen Sie je zwei entsprechende Verwendungsbeispiele.

Lösungsvorschlag

I. Eiweiß – ein Verkaufsschlager?

1.1 *In der Grafik werden verschiedene Informationen zum täglichen Eiweißbedarf miteinander kombiniert. Die Aussagen sind relativ pauschal und differenzieren nicht, z. B. nach Lebensalter oder Tätigkeiten (Babys und Kinder benötigen pro Kilogramm Körpergewicht z. B. deutlich mehr Eiweiß, dies gilt ebenso für Sportler). Die in die Grafik integrierte Strichzeichnung greift inhaltlich die Überschrift der Aufgabe auf und kann ebenfalls in die Antwort miteinbezogen werden. Die Aufgabenstellung verlangt, aus der Grafik wesentliche Informationen zu entnehmen, eine Interpretation der Aussagen ist jedoch nicht gefordert.*

- Die Grafik liefert verschiedene Aussagen zur Eiweißbedarfsdeckung: Sie gibt Auskunft über den täglichen Eiweißbedarf pro Kilogramm Körpergewicht, gibt den Proteingehalt von vier ausgewählten Nahrungsmitteln (je 100 g) an und informiert darüber, ab welcher Aufnahmemenge pro Tag Protein schädlich ist.
- Pro Kilogramm Körpergewicht benötigt der Mensch 0,8 g Protein täglich, das entspricht bei 70 kg Körpergewicht einer Menge von 56 g.
- Je 100 g Joghurt, magerer Quark und gekochter Schinken sowie ein Ei liefern zusammen 44 g Protein.
- Eine zu hohe Eiweißaufnahme kann schädliche Auswirkungen haben; der Grenzwert liegt bei 2 g pro Kilogramm Körpergewicht am Tag.
- Die Obergrenze für Frauen liegt bei 120 g Eiweiß täglich, für Männer bei 140 g (hier wird kein Bezug auf das Körpergewicht genommen, sondern lediglich nach Geschlecht unterschieden).
- Die Strichzeichnung spielt auf die Überschrift der Aufgabe an (und auch auf die Aussagen im Kasten darüber): Eiweiß spielt beim Muskelaufbau eine wichtige Rolle.

1.2 *Milch ist eine Nährflüssigkeit, die dazu dient, junge Säugetiere (zu denen auch der Mensch gehört) aufzuziehen. Sie ist daher besonders nährstoffreich. Aufgrund ihrer Zusammensetzung, die aber von Tierart zu Tierart variiert, gilt Milch nicht als Getränk, sondern als Nahrungsmittel.*

Inhaltsstoffe der Milch	Ernährungsphysiologische Bedeutung
Eiweiß	Milcheiweiß ist reich an essenziellen (= unentbehrlichen) Aminosäuren und hat dadurch eine hohe biologische Wertigkeit. Es steht dem Körper zum Aufbau und Erhalt der Zellen zur Verfügung, dient also als Baustoff für Organe, Muskeln, Haut, Knochen, Blutkörperchen etc.
Fett	Milchfett hat einen hohen Anteil an kurz- und mittelkettigen Fettsäuren, daher ist es gut verdaulich. Es liefert dem Körper Energie für Stoffwechselvorgänge und Arbeitsleistungen.
Kohlenhydrate	Kohlenhydrate liegen in Form von Milchzucker (= Lactose) vor und sind ebenfalls Energiespender. Milchzucker wirkt verdauungsfördernd und erhöht die Aufnahme von Calcium im Blut.

Mineralstoffe und Spurenelemente	Calcium und Phosphor sind in Milch reichlich enthalten; sie sind wichtig für den Aufbau von Knochen und Zähnen. Darüber hinaus liefert Milch Magnesium (Zellregeneration, Energiegewinnung), Kalium (Funktion von Muskeln und Nerven) und Jod (Bestandteil der Schilddrüsenhormone).
Vitamine	Milch enthält eine Vielzahl an Vitaminen: A, D, E, K (fettlöslich), außerdem viele Vitamine der B-Gruppe (wasserlöslich).
Wasser	Der Hauptbestandteil von Milch ist Wasser (ca. 87 %). Es wird vom Körper für den Aufbau der Zellen benötigt, zur Regulation der Körpertemperatur sowie als Lösungs- und Transportmittel bei der Verdauung.

2. *Bevor Milch in den Handel kommt, wird sie üblicherweise vorbehandelt, um sie haltbarer und „konsumententauglicher" zu machen. Drei dieser Verfahren sollen hier, auf die Milch bezogen, vorgestellt werden. Sie werden aber auch bei anderen Lebensmitteln angewendet, die konserviert werden müssen (z. B. Fertigsuppen, Fruchtsäfte, Konservengemüse).*

Pasteurisieren
Die Milch wird für 15 bis 30 Sekunden auf eine Temperatur von 72–75 °C erhitzt, um vorhandene Mikroorganismen wie Schimmelpilze oder Hefen abzutöten. Damit wird die Milch haltbarer gemacht (gekühlt ca. 7 bis 10 Tage), sie ist jedoch nicht komplett keimfrei. Durch das kurze und schonende Erhitzen bleiben die meisten Nährstoffe und Vitamine erhalten. Auch der Geschmack ist nach dem Pasteurisieren kaum verändert.

Ultrahocherhitzen
Bei diesem Verfahren wird die Milch für wenige Sekunden auf 135–150 °C erhitzt und anschließend stark heruntergekühlt. Sämtliche Keime werden dadurch vernichtet. Mit den hohen Temperaturen gehen jedoch auch viele Vitamine und Mineralstoffe verloren, der Geschmack verändert sich durch die Denaturierung des Molkeneiweißes ebenfalls stark. Ultrahocherhitzte Milch („H-Milch") ist mehrere Wochen bis Monate haltbar.

Homogenisieren
Bei Rohmilch setzen sich nach einiger Zeit die Fetttröpfchen an der Oberfläche ab, die Milch rahmt auf. Um dies zu verhindern, wird die Milch unter hohem Druck durch feinste Düsen gepresst und auf eine Metallplatte gespritzt, wobei die Fetttröpfchen stark zerkleinert werden. In dieser Form können sie sich mit der übrigen Milchflüssigkeit verbinden, es gibt kein Absetzen des Rahmes mehr.

3. **Biologische Wertigkeit:** Sie gibt Aufschluss darüber, wie gut ein Nahrungsprotein in körpereigenes Protein umgewandelt werden kann. Bestimmend ist hier die Zusammensetzung der Aminosäuren: die am wenigsten enthaltene (= limitierende) essenzielle Aminosäure bestimmt die Höhe der biologischen Wertigkeit. Als Referenzgröße wurde das Hühnervollei bestimmt, dem der Wert 100 zugeschrieben wird. Je höher die Maßzahl für ein Protein ist, desto weniger benötigt der Körper davon zur Bedarfsdeckung.

   Ergänzungswert: Die essenziellen Aminosäuren verschiedener Nahrungsproteine können sich, zusammen oder zeitnah aufgenommen, ergänzen und dadurch insgesamt eine höhere biologische Wertigkeit ergeben. Dies lässt sich durch eine geschickte Kombination von eiweißhaltigen Nahrungsmitteln bei einer Mahlzeit erreichen. Vor allem bei einer vegetarischen oder veganen Kost lässt sich der Proteinbedarf auf diese Weise – trotz niedrigerer biologischer Wertigkeit von pflanzlichen Proteinen – gut abdecken.

4. *Nahrung liefert dem Körper die Stoffe, die er benötigt, um den Organismus aufzubauen und zu erhalten. Sie muss dafür jedoch erst „aufbereitet“ und in ihre molekularen Bestandteile zerlegt werden, damit sie verwertet werden kann. Verschiedene Organe und deren Verdauungssäfte übernehmen diese Aufgabe. Dieser Prozess, bezogen auf die Eiweißverdauung, soll hier beschrieben werden,*

Verdauungsorgane Verdauungssäfte	**Stufen des Eiweißabbaus**	**beteiligte Enzyme**
Mund Mundspeichel	– Die Nahrung wird durch Kauen zerkleinert. – Dabei wird sie mit Speichel vermischt und gleitfähig gemacht.	keine Enzyme beteiligt
Magen Magensaft	– Die langen Eiweißketten werden zunächst in kürzere Ketten zerlegt. – Anschließend beginnt die Spaltung eines kleinen Teils der Eiweiße in Polypeptide.	Salzsäure Pepsin
Zwölffingerdarm Bauchspeichel **Dünndarm** Dünndarmsaft	– Die restlichen Eiweißstoffe werden zu Polypeptiden abgebaut. – Danach setzt die Spaltung in Aminosäuren ein: sämtliche Polypeptide werden in Aminosäuren aufgespalten.	Endo-/ Exopeptidasen

Resorption:
Die so entstandenen freien Aminosäuren werden durch die Darmwand ins Blut abgegeben und gelangen von dort in die Leber und in die Zellen.

Zell- und Energiestoffwechsel:
In der Leber und den Körperzellen bilden die aus der Eiweißverdauung gewonnenen freien Aminosäuren einen sogenannten Aminosäuren-Pool. Auch die durch den Abbau von körpereigenen Substanzen frei gewordenen Aminosäuren gelangen in diesen Pool. Zusammen liefern sie die Bausteine für die Synthese von neuem Körpereiweiß oder Bluteiweißstoffen. Allerdings werden die Aminosäuren im Pool nur wenige Stunden gespeichert. Aminosäuren, die nicht für den Aufbau von körpereigenem Protein genutzt wurden, dienen stattdessen der Energiegewinnung (daher macht Nahrungseiweiß auch satt). Im Energiestoffwechsel entstehen jedoch auch schädliche Stoffe wie z. B. Ammoniak, das von der Leber in Harnstoff umgewandelt und von den Nieren ausgeschieden wird.

5. *Zum Begriff „Diät“: Dieser wird häufig nur in Bezug auf eine bestimmte Ernährungsweise – sei es zur Gewichtsveränderung oder zur Behandlung von Krankheiten – verwendet. Er schließt im weiteren Sinne aber auch die Lebensführung mit ein.*

Gicht ist eine **Stoffwechselkrankheit**, die auf einer zu hohen Konzentration an **Harnsäure** im Blut beruht. Dadurch können sich Harnsäurekristalle bilden, die sich in Gelenken, Haut und Knorpeln ablagern und dort Entzündungen, die mit starken Schmerzen verbunden sind, verursachen. Auch die Nieren können von solchen Ablagerungen betroffen sein.

Harnsäure entsteht im Körper u. a. beim Abbau von **Purinen**. Diese sind einerseits normaler Bestandteil der Zellen und werden bei Abbauvorgängen im Körper freigesetzt. Purine sind jedoch auch in der Nahrung enthalten, vor allem in **Lebensmitteln tierischer Herkunft**, wie Fleisch oder Wurst.

Ist der Harnsäurespiegel im Blut erhöht, gibt es dafür drei mögliche Ursachen:
a) Die Nieren können nicht genügend Harnsäure ausscheiden,
b) im Körper entsteht zu viel Harnsäure (z. B. weil zu viele Zellen abgebaut werden) oder
c) der Körper nimmt über die Nahrung zu viele Purine auf.

Die Neigung zu einem erhöhten Harnsäurespiegel kann genetisch bedingt oder durch andere Krankheiten erworben sein. Gicht-Patienten sollten in jedem Fall ihre **Nahrung und Lebensführung auf die Krankheit abstimmen** und folgende Punkte befolgen:

- Purinreiche Nahrung reduzieren! Vor allem eiweißreiche Nahrungsmittel sollten gemieden werden, z. B. Fleisch und Wurst, bestimmte Fischsorten, aber auch Hülsenfrüchte wie Erbsen oder Linsen.
- Stattdessen viel frisches Obst, Gemüse und Vollkornprodukte verzehren! Auch Milch und Milchprodukte sowie Eier sind erlaubt, da diese zwar eiweißreich, jedoch purinarm sind.
- Ausreichend trinken! Täglich sollten 2–3 Liter Flüssigkeit aufgenommen werden, geeignet ist Wasser, Fruchtsaft, Tee oder Kaffee.
- Dafür auf Alkohol unbedingt verzichten! Dieser lässt allgmein den Harnsäurespiegel ansteigen und ist daher für Gicht-Patienten Gift.
- Auf ein normales Körpergewicht achten, aber nur langsam abnehmen! Bei Nulldiät oder strengem Fasten werden in kurzer Zeit zu viele Körperzellen abgebaut, was wiederum den Harnsäurespiegel ansteigen lässt und sogar einen akuten Gichtanfall auslösen kann.
- Sich regelmäßig bewegen! Sportliche Betätigung ist wichtig, um die Gelenke funktionsfähig zu halten. Durch Schmerzen in den betroffenen Gliedmaßen wird oft eine Schonhaltung eingenommen, die die Symptome letztlich jedoch nur verstärkt.

II. Verpackung – Müll

1. *Müll kann in allen Bereichen des Haushalts vermieden werden, sei es bei Reinigungs-, Wasch- oder Kosmetikartikeln, bei der Küchenausstattung, bei Windeln oder Haushaltsgeräten. In dieser Aufgabe stehen speziell die Verpackungen von Lebensmitteln im Fokus, die einen Großteil des Haushaltsmülls ausmachen. Auch bei Verpackungen zur Aufbewahrung oder Zubereitung („Weiterverarbeitung …") von Lebensmitteln kann Müll vermieden werden.*

- Nur das kaufen, was man braucht (eventuell Einkaufsliste anlegen).
- Lebensmittel möglichst unverpackt kaufen oder (Um-)Verpackung im Laden lassen (die Geschäfte sind zur Rücknahme verpflichtet).
- Beim Direkterzeuger, auf dem Wochenmarkt oder in verpackungsfreien Läden (die es in vielen Städten bereits gibt) einkaufen, wo man lose Ware bekommt.
- Stofftaschen oder Körbe für den Einkauf benutzen.
- Mehrwegflaschen bevorzugen, am besten aus Glas.
- Keine Einzelabpackungen oder Mini-Einheiten kaufen.
- Produkte mit Mogelpackung boykottieren.
- Wenig im Online-Handel kaufen – hier fällt besonders viel Verpackungsmüll an.
- Keine Kaffeekapseln kaufen.
- Auf To-go-Becher verzichten, Getränke stattdessen in eigene Behältnisse füllen lassen.
- Brotzeiten in Frischhaltedosen aufbewahren, nicht in Folien verpacken.
- Leere (Senf- oder Konserven-)Gläser als Vorratsbehälter weiterverwenden; sie eignen sich auch zum Einfrieren.

2. *Bei der Beschreibung der Verpackungsarten muss auch deren unterschiedliche Funktion angesprochen werden, da sie ein Unterscheidungsmerkmal darstellt. Daher kann es zu Überschneidungen mit dem zweiten Teil der Frage („erläutern Sie die Funktion von Verpackung …“) kommen.*

Verpackungsart	Beschreibung	Beispiele
Verkaufsverpackung	– fällt beim Endverbraucher an (d. h., muss von diesem entsorgt werden) – umhüllt die Ware direkt – schützt das Produkt vor Verunreinigung, verlängert seine Haltbarkeit – ermöglicht die Übergabe an den Endverbraucher und einen sicheren Transport der Ware	Karton, Glas, Becher *aber auch:* Einkaufstüte, Papiertüte beim Bäcker, Einweggeschirr an einem Imbiss
Umverpackung	– zusätzliche Hülle um die Verkaufsverpackung – dient dem Schutz oder der komfortableren Handhabung (z. B. Bündelung von Einzelportionen) – fällt beim Endverbraucher an, der Handel unterliegt aber einer Rücknahmepflicht	Schachtel um Parfümflakon, Sektkarton, Zahnpastaschachtel
Transportverpackung	– fällt beim Transport zwischen Hersteller und Händler an – schützt die Ware beim Transport vor Schäden – meist Mehrwegsysteme, die immer wieder eingesetzt werden können	Transportkarton für große Einheiten, Holzpalette, Schrumpffolie

Funktion von Verpackung

Schutzfunktion:
- Verpackte Produkte sind vor Verunreinigung, Mikroorganismen (z. B. Schimmel) oder Umwelteinflüssen (Hitze, Nässe etc.) geschützt.
- Eine Verpackung schützt auch die Umgebung vor Verschmutzung, Beschädigung oder Gefährdung durch die Produkte.
- Transportschäden (Zerbrechen, Zerdrücken etc.) können vermieden werden.
- Kleinere oder zusammengehörende Einheiten können verpackt besser vor Verlust oder Diebstahl geschützt werden.

Transport- und Lagerfunktion:
- Viele Produkte, vor allem Lebensmittel, können nur verpackt befördert werden (Mehl, Cornflakes, Getränke etc.).
- Verpackung macht Produkte unterschiedlichster Form und Konsistenz stapelbar und ermöglicht dadurch eine Lagerung in größerer Menge.

Informationsfunktion:
- Die Verpackung informiert über Inhalt(sstoffe), Menge, Eigenschaften etc. der Ware.

Werbefunktion:
- Eine ansprechende Verpackung kann zum Kauf animieren.

3. *Die Verpackungsmaterialien Papier, Kunststoff und Aluminium haben unter verschiedenen Gesichtspunkten Vor- und Nachteile für den Handel und die Verbraucher. Hier ist jedoch ausdrücklich nach dem Aspekt der Umweltverträglichkeit gefragt. Umweltverträglich ist streng genommen kaum ein Verpackungsmaterial, da vieles aufwändig hergestellt wird, oft aber nur eine sehr kurze Verwendungsdauer hat. Manche Materialien sind jedoch umweltfreundlicher als andere, bei den Vorteilen ist daher immer ein „im Vergleich zu anderen Materialien" mitzudenken.*

Papier (Karton)

- Für die Rohstoffgewinnung (Zellstoff aus Holz) werden große Waldflächen gerodet.
- Zur Papierherstellung wird viel Chemie benötigt, die die Umwelt stark belastet.
- Der Energieverbrauch bei der Herstellung ist sehr hoch.

Was spricht dafür?

- Das Ausgangsmaterial Holz ist ein nachwachsender Rohstoff.
- Papier ist umweltschonend wiederverwertbar (Schreibpapier, Toilettenpapier etc.).
- Papier, das nicht mehr recycelt wird, ist bei der Verbrennung sauberer als z. B. Materialien aus Erdöl.

Verwendung: Schachteln, Tüten, Eierkartons …

Kunststoff

- Das Ausgangsmaterial Erdöl ist nicht nachhaltig (endlicher Rohstoff, umweltbelastende Fördermethoden).
- Kunststoff verrottet nicht, sondern wird mechanisch zerrieben; das dadurch entstehende „Mikroplastik" belastet die Umwelt, vor allem die Gewässer und Ozeane.
- Wird Kunststoff bei der Entsorgung verbrannt, entsteht ein Cocktail an Giftstoffen.
- Viele Kunststoffe sind nicht lebensmitteltauglich; chemische Bestandteile aus der Verpackung können in Lebensmittel übergehen und über diesen Weg auch allgemein in die Nahrungskette und in die Umwelt gelangen (Beispiel: Bisphenol A, das in der Innenbeschichtung von Konservendosen vorkommt, gilt als hormonschädigende Substanz).

Was spricht dafür?

- Kunststoff ist relativ leicht, d. h. der Energieaufwand beim Transport ist geringer.
- Sortenreiner Kunststoff ist einfach zu recyceln.

Verwendung: Joghurtbecher, PET-Flaschen, Folien …

Aluminium

- Die Herstellung von Aluminium ist aufwändig und umweltproblematisch (hoher Rohstoff-, Wasser- und Energieverbrauch).
- Das Metall schädigt das Nervensystem und steht im Verdacht, Krebserkrankungen und Alzheimer zu fördern. Aluminium sollte daher nicht zum Verpacken von salz- oder säurehaltigen Lebensmitteln verwendet werden, da sich das Metall lösen und in die Nahrung gelangen kann.

Was spricht dafür?

- Durch das geringe Gewicht des Leichtmetalls wird für den Transport weniger Energie benötigt.
- Reines Aluminium kann vollständig und energieschonend recycelt werden.

Verwendung: Dosen, Tuben, Kaffeekapseln, Kronkorken, Grillschalen …

I. Übergewicht – eine Zivilisationserscheinung mit gravierenden Folgen

1. Die Statistik bringt es ans Tageslicht. Treffen Sie die wesentlichen Aussagen zu der nachfolgenden Grafik.

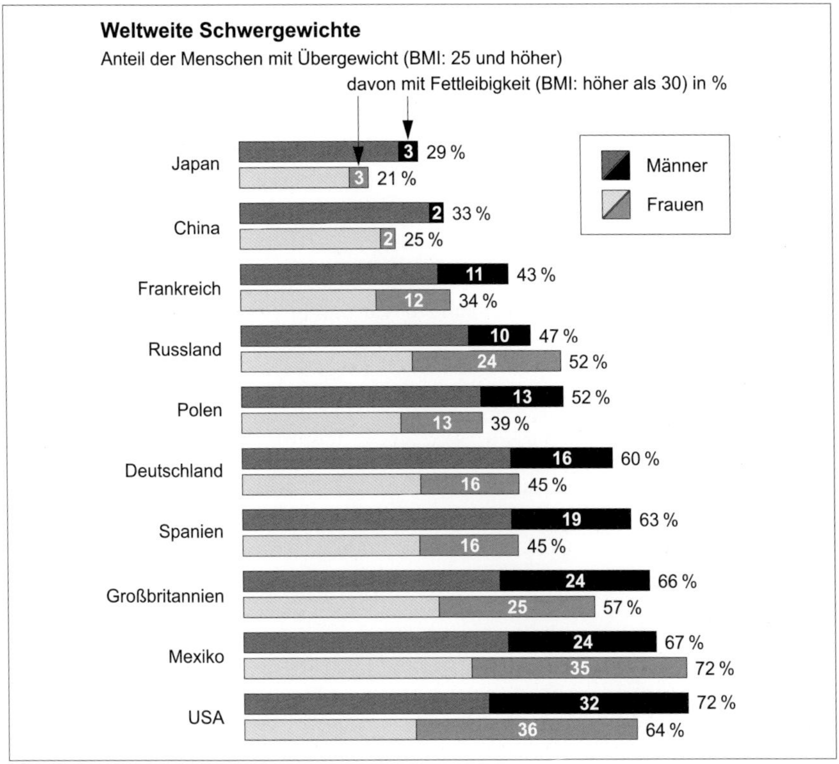

2. Zu dick oder zu dünn? Um zu erfahren, ob das eigene Körpergewicht der Norm entspricht, gibt es verschiedene Möglichkeiten. Stellen Sie zwei verschiedene Methoden vor, anhand derer man das Körpergewicht eines Menschen beurteilen kann.

3. Starkes Übergewicht ist auf Dauer nicht gesund, das belegen inzwischen viele medizinische Studien. Die Gründe, die Übergewicht auslösen, können vielfältig sein. Beschreiben Sie sechs Ursachen von Übergewicht und erläutern Sie sechs mögliche körperliche Folgeerscheinungen.

4. Mediziner empfehlen ein Körpergewicht im Normalbereich, um sich seine Gesundheit bis ins hohe Alter zu erhalten. Erstellen Sie einen Maßnahmenkatalog für Übergewichtige, wie diese ihr Gewicht nachhaltig reduzieren können.

5. Grundumsatz und Leistungsumsatz beeinflussen das Körpergewicht des Menschen. Definieren Sie die beiden Begriffe.

II. Convenience – im modernen Leben nicht mehr wegzudenken

> Convenience-Produkte haben Einzug in einen Großteil der Haushalte gehalten. Über die Hälfte der Deutschen geben an, manchmal (37,5 %) oder häufig (16 %) Fertigmahlzeiten zu kaufen, statt selbst zu kochen. Nur 8 % verwenden diese nie. Im internationalen Vergleich entspricht Deutschland weitgehend dem europäischen Durchschnitt. Im asiatischen Raum sind Fertigmahlzeiten noch stärker verbreitet.
>
> Quelle: Claudia Weiß, Ernährungsumschau 7/2011, S. B25, 13.07.2011, https://www.ernaehrungs-umschau.de/print-artikel/13-07-2011-convenience-lebensmittel-teil-2/

1. Definieren Sie den Begriff Convenience-Produkt und geben Sie einen Überblick über die verschiedenen Arten mit je einem Beispiel.

2. Max und Toni, zwei Studenten, leben in einer Wohngemeinschaft (WG) und kochen auch gerne gemeinsam. Bei der Auswahl der Lebensmittel und vor allem beim Einsatz von Convenience-Produkten geraten sie in Diskussion. Erläutern Sie je vier Vor- und Nachteile dieser Produkte.

3. Selbstgemachte Convenience-Produkte aus dem eigenen Haushalt oder Garten! Geben Sie eine Anleitung zum sachgerechten Tiefkühlen von erntefrischen Bohnen und erklären Sie die Bedeutung des Blanchierens.

Lösungsvorschlag

I. Übergewicht – eine Zivilisationserscheinung mit gravierenden Folgen

1. *Das Balkendiagramm zeigt den Anteil der Menschen (unterteilt in Frauen und Männer) mit Übergewicht (BMI von 25 und höher) und Fettleibigkeit (BMI von 30 und höher) in Prozent in zehn ausgewählten Ländern. Die Auflistung erfolgt aufsteigend nach dem Übergewicht der Männer. Die Aufgabe verlangt, die wesentlichen Aussagen der Grafik zu benennen; dies sollte natürlich auch unter Berücksichtigung der Werte für Deutschland geschehen. Eine Bewertung der Aussagen (z. B. Rückschlüsse ziehen) ist nicht erforderlich.*

   - In Japan ist der Anteil an Übergewichtigen am geringsten. Nur 29 % der Männer und 21 % der Frauen sind übergewichtig, jeweils 3 % davon sind fettleibig.
   - Der Anteil übergewichtiger Männer ist in den USA am höchsten: 72 % der Männer und 64 % der Frauen sind übergewichtig, davon sind 32 % der Männer und sogar 36 % der Frauen fettleibig.
   - Übergewicht ist in fast allen Ländern unter Männern weiter verbreitet als unter Frauen (Ausnahmen: Russland und Mexiko).
   - In Mexiko und in den USA ist die Quote an Fettleibigen bei Frauen höher als bei Männern.
   - Deutschland liegt in dieser Auswahl knapp über der Mitte: Der Anteil übergewichtiger Männer beträgt 60 %, der Anteil der Frauen 45 %. Dabei sind jeweils 16 % der Männer und Frauen fettleibig.

2. *Es gibt verschiedene Verfahren, um das Körpergewicht eines Menschen zu beurteilen. Hier empfiehlt es sich, sich für die Methode des BMI (der bereits in der ersten Aufgabe erwähnt wurde) und die Berechnung nach Broca zu entscheiden, um möglichst viele Aussagen sammeln zu können. Natürlich sind andere Verfahren genauso möglich.*

   BMI (Body-Mass-Index)

   Bei der Beurteilung des Körpergewichts mithilfe des BMI werden Körpergewicht und Körpergröße zueinander in Relation gesetzt. Dazu wird folgende Formel verwendet:

$$\text{BMI} = \frac{\text{Körpergewicht in Kilogramm}}{(\text{Körpergröße in Metern})^2}$$

   Das Ergebnis dieser Berechnung ist ein grober Richtwert, der zur Einordnung in Gewichtsklassen in einer Beurteilungstabelle dient.

   <u>Beurteilungstabelle</u>:

Untergewicht	= BMI unter 18,5
Normalgewicht	= BMI 18,5 – 24,9
Übergewicht	= BMI 25 – 29,9
Adipositas Grad 1	= BMI 30 – 40
Adipositas Grad 2	= BMI über 40

   Für eine genauere Bestimmung sollten noch das Alter und das Geschlecht berücksichtigt werden (Männer haben in der Regel einen größeren Anteil an Muskelmasse als Frauen, daher liegen ihre BMI-Richtwerte höher).

   Broca-Index

   Bei der Beurteilung des Körpergewichts mithilfe des Broca-Index wird das Normalgewicht in Abhängigkeit zur Körpergröße ermittelt. Das Geschlecht spielt dabei keine Rolle.

Die Formel lautet: Normalgewicht = Körpergröße in cm – 100

Umgerechnet bedeutet dies, dass bei einer Person mit einer Körpergröße von 170 cm das **Normal**gewicht 70 Kilogramm beträgt.

Erst bei der Beurteilung des **Ideal**gewichts wird zwischen weiblich und männlich unterschieden.

weiblich: vom Normalgewicht werden 15 % abgezogen
→ 70 kg Normalgewicht – 15 % = 59,5 kg Idealgewicht

männlich: vom Normalgewicht werden 10 % abgezogen
→ 70 kg Normalgewicht – 10 % = 63 kg Idealgewicht

Übergewichtig ist man nach dieser Methode dann, wenn man mindestens 10 % über dem errechneten Normalgewicht wiegt; Untergewicht besteht, wenn der Wert mindestens 10 % unter dem Idealgewicht liegt.
Der Vorteil der Gewichtsbestimmung nach dem Broca-Index ist die einfache Berechnung, allerdings gilt die Berechnung nur für mittlere Körpergrößen von 160–180 cm. Bei größeren oder kleineren Personen werden die Werte zu groß bzw. zu klein.

3. *Die Aufgabe besteht aus zwei Teilen: Zum einen sollen Ursachen von Übergewicht beschrieben, zum anderen körperliche Folgeerscheinungen erläutert werden. Auf mögliche psychische Auswirkungen von Übergewicht (z. B. geringes Selbstwertgefühl, Depressionen) muss nicht eingegangen werden.*

Ursachen von Übergewicht

Grundsätzlich lassen sich die Ursachen in zwei Gruppen einteilen:

Verhaltensbedingte/psychische Ursachen:

Falsche Ernährungsgewohnheiten:
- Die Ernährung ist nicht ausgewogen und durch einen hohen Zuckeranteil und/oder hohen Fettanteil der Nahrungsmittel insgesamt zu energiereich (z. B. bei regelmäßigem Verzehr von Convenience-Produkten).
- Seelische Belastung wie Stress, Frust oder Liebeskummer führt häufig zu unkontrolliertem Essverhalten (zu häufiges Essen, zu große Mengen).

Falsche Lebensgewohnheiten:
- Ein Mangel an Bewegung, z. B. durch sitzende Tätigkeit, zu wenig Sport und Trägheit im Alltag, verringert den Energieverbrauch; wird die Kalorienzufuhr nicht angepasst, entsteht meist Übergewicht.
- Anerzogenes schlechtes Essverhalten wie z. B. „den Teller leer essen“, obwohl man satt ist, führt häufig zu einer zu hohen Kalorienzufuhr.

Physiologische Ursachen:
- Ungünstige genetische Faktoren (z. B. verringerter Energieverbrauch, erhöhtes Hungergefühl) können das Gewicht negativ beeinflussen.
- Verschiedene Medikamente wirken sich nachteilig auf das Körpergewicht aus (Beispiel: Kortison oder die „Antibabypille“).
- Stoffwechselerkrankungen wie z. B. Diabetes, Hormonschwankungen durch Schwangerschaft oder Wechseljahre sowie Schilddrüsenunterfunktion können ebenfalls Übergewicht zur Folge haben.

Körperliche Folgen von Übergewicht
- Die dauerhafte Überbelastung des Knochengerüstes kann zu Arthrose in den Knien und Gelenken führen.

- Veränderungen in der Wirbelsäule, bedingt durch das hohe Gewicht, lösen oft Rückenschmerzen aus.
- Bluthochdruck belastet das Herz-Kreislauf-System und verursacht oft Atembeschwerden und Atemnot.
- Außerdem erhöht Bluthochdruck das Risiko, einen Herzinfarkt oder einen Hirnschlag zu erleiden.
- Die Gefahr, an Diabetes mellitus Typ 2 zu erkranken, steigt mit Übergewicht stark an und tritt bei übergewichtigen Personen über 40 Jahre vermehrt auf.
- Stoffwechselerkrankungen wie Gicht oder ein erhöhter Cholesterinspiegel sind Folgen falscher und übermäßiger Ernährung.
- Auch Gallensteine und Nierensteine sind Stoffwechselerkrankungen aufgrund von Übergewicht.

4. *Hier sollen Maßnahmen zusammengestellt werden, die Übergewichtigen helfen können, ihr Gewicht zu reduzieren. Eine konkrete Anzahl an Antworten ist nicht vorgegeben, es könnten jedoch – in Anlehnung an die 10 Regeln der DGE (Deutsche Gesellschaft für Ernährung) – ebenfalls 10 Maßnahmen genannt werden.*

- Die **Energiezufuhr senken**; sie sollte zwischen 500 und 1000 kcal unter dem Energiebedarf liegen.
- Energiereiche und fettreiche Nahrungsmittel, vor allem in Form von **versteckten Fetten**, vermeiden.
- Auf **nährstoffschonende und fettarme Garmethoden** achten, denn kohlenhydratreiche Lebensmittel wie Kartoffeln werden durch fettreiches Garen zu Kalorienbomben.
- **Ballaststoffreiche** Nahrungsmittel wie Vollkornprodukte und Gemüse bevorzugen; sie sorgen für ein lang anhaltendes Sättigungsgefühl und liefern wenig Energie.
- Für eine **ausreichende Flüssigkeitszufuhr** von 1,5–2 Litern pro Tag sorgen und dabei auf **kalorienarme** Getränke achten, wie z. B. Mineralwasser oder ungesüßten Kräuter- oder Früchtetee.
- Mehrmals in der Woche **Sport treiben**; das baut Muskulatur auf und verbrennt Energie. Langsam beginnen und die Leistung allmählich steigern.
- Mehr **fettarme und eiweißreiche Lebensmittel** in den Speiseplan einbauen, dabei Nahrungsmittel mit wertvollem Eiweiß bevorzugen. Dies fördert auch den Muskelaufbau.
- Die **Bewegung im Alltag** steigern, d. h. lieber Treppensteigen statt Rolltreppen oder Aufzüge nutzen. Für kurze Wege das Auto stehen lassen und Fahrrad fahren oder laufen.
- **Gruppendynamik** nutzen, z. B. Abnehmkurse der Volkshochschule besuchen und damit die Motivation unterstützen.
- **Fünf kleine Mahlzeiten** helfen dabei, Heißhungerattacken zu vermeiden. Dabei sollte man darauf achten, auf Kohlenhydrate am Abend zu verzichten. Die letzte Mahlzeit sollte nicht nach 19.00 Uhr eingenommen werden.

5. *Bei einer Definition geht es darum, einen Begriff (hier: zwei Begriffe) knapp und präzise zu erklären bzw. Begriffe voneinander abzugrenzen.*

Grundumsatz und Leistungsumsatz werden zum Gesamtenergiebedarf zusammengefasst, also der Energiemenge, die ein Organismus pro Tag verbraucht. Sie wird in den Einheiten kJ (Kilojoule) oder kcal (Kilokalorien) gemessen.

Grundumsatz
Der Grundumsatz umfasst die Energie, die ein Körper benötigt, um grundlegende Körperfunktionen wie Atmung, Herzschlag, Stoffwechsel und die Körpertemperatur aufrechtzuerhalten. Dabei sind folgende Voraussetzungen notwendig:

- völlige Ruhe
- Raumtemperatur von 20 °C
- letzte Nahrungsaufnahme 12 Stunden zurückliegend
- Liegeposition

Der Grundumsatz beträgt durchschnittlich 1 kcal (~ 4,2 kJ) pro Kilogramm Körpergewicht pro Stunde.

Leistungsumsatz
Der Leistungsumsatz ist die Energiemenge, die der Körper für zusätzliche Leistungen über den Grundumsatz hinaus verbraucht. Je nach Art der Arbeit werden unterschiedliche Energiemengen umgesetzt. Dazu gehören:
- Muskelarbeit durch körperliche Betätigung in der Arbeit oder beim Sport
- Energieverbrauch durch geistige Leistung
- Energie, die beim Wachstum verbraucht wird
- Energie, die zur Wärmeregulation beim Ausgleich unterschiedlicher Umgebungstemperaturen benötigt wird

Der Leistungsumsatz wird ebenfalls in den Einheiten kcal oder kJ angegeben und auf den Grundumsatz addiert.

II. Convenience – im modernen Leben nicht mehr wegzudenken

1. *Bei der Definition des Begriffs „Convenience-Produkt" ist die Übersetzung des englischen Bestandteils hilfreich. Die Einteilung in unterschiedliche Arten von Convenience-Produkten ergibt sich aus der Anzahl der Bearbeitungsschritte, die diese Nahrungsmittel durchlaufen haben. Oder umgekehrt: je weniger der Verbraucher ein Produkt selbst noch bearbeiten muss, um es verzehrfertig zu machen, umso höher ist die Verarbeitungsstufe.*

Definition
Der Begriff Convenience kommt aus dem Englischen und bedeutet „Annehmlichkeit", „Bequemlichkeit". Convenience-Produkte sind industriell hergestellte und vorgefertigte Nahrungsmittel, mit deren Hilfe Mahlzeiten schneller und ohne großen Aufwand zubereitet werden können. Convenience-Produkte werden, je nach Verarbeitungsgrad, in unterschiedliche Stufen eingeteilt.

Stufe 1 – küchenfertig:
Lebensmittel, die vor dem Garen noch vorbereitet werden müssen
Beispiel: Schnitzelfleisch

Stufe 2 – garfertig:
Lebensmittel, die nur noch gegart werden müssen
Beispiel: Tiefkühl-Pommes frites

Stufe 3 – aufbereitfertig:
Lebensmittel, für deren Fertigstellung noch eine weitere Komponente wie z. B. Wasser hinzugefügt werden muss
Beispiel: Instant-Kartoffelpüree

Stufe 4 – regenerierfertig:
Lebensmittel, die zum Verzehr lediglich erwärmt/erhitzt werden müssen
Beispiel: Dosenravioli

Stufe 5 – verzehr- bzw. tischfertig:
Lebensmittel, die sofort zum Verzehr geeignet sind
Beispiel: Vanillepudding

2. *Die „Diskussion" von Max und Toni steht dafür, dass es beim Thema Convenience-Produkte unterschiedliche Meinungen gibt, denn diese Nahrungsmittel haben sowohl Vor- als auch Nachteile. Je vier davon sollen hier erläutert werden.*

Vorteile von Convenience-Produkten

- Der größte Vorteil von Convenience-Produkten liegt sicherlich in der **Zeit- und Arbeitsersparnis** bei der Nahrungszubereitung. Vorbereitungsarbeiten wie das Putzen und Schneiden von Gemüse oder das zeitaufwändige Marinieren von Fleisch entfallen ebenso wie anschließende Reinigungsarbeiten.
- Viele Convenience-Produkte überzeugen durch eine **längere Haltbarkeit** und können deshalb gut bevorratet werden. Auf diese Weise spart man häufige Einkäufe und kann Sonderangebote nutzen.
- Auch im Kochen unerfahrene Personen sind mithilfe von Convenience-Produkten in der Lage, **schmackhafte Speisen** zuzubereiten; sie können zudem auf eine **große Auswahl** in den Supermärkten zurückgreifen.
- Vor allem durch Tiefkühlprodukte ist es möglich, Gerichte **saisonunabhängig** auf den Speiseplan zu bringen. Tiefkühlobst und -gemüse ist dabei nicht weniger vitamin- und mineralstoffreich als frische Produkte.

Nachteile von Convenience-Produkten

- Convenience-Produkte enthalten oft **viele Zusatzstoffe**, um zum einen durch Konservierungsstoffe eine lange Haltbarkeit, zum anderen mithilfe von Farb- und Aromastoffen den gewünschten Geschmack zu erreichen. Diese Stoffe sind jedoch nicht unbedenklich, da sie Lebensmittelunverträglichkeiten und **Allergien auslösen** können.
- Fertigprodukte enthalten einen **hohen Anteil an Zucker und Salz**. Da sich die Geschmacksrezeptoren im Mund an überwürzte Speisen gewöhnen, schmecken normale Gerichte dazu im Vergleich bald fad.
- Convenience-Produkte sind meist **aufwändig verpackt**, das Müllaufkommen wird damit unnötig erhöht.
- Sowohl die industrielle Herstellung von Fertigprodukten als auch die Lagerung von Tiefkühlprodukten erfordert einen **großen Energieaufwand**.

Weitere Nachteile sind:

- Ein Großteil der Convenience-Produkte ist **teurer**, als es die Zubereitung der Speisen mit frischen Zutaten wäre.
- Man verlernt, Speisen auf traditionelle Art herzustellen; wer immer auf Convenience-Produkte zurückgreift, kennt weder den ursprünglichen Geschmack noch die Zubereitung eines Gerichtes. Die Kunst des Kochens geht verloren.

3. *Bohnen kann man als Convenience-Produkt tiefgekühlt im Supermarkt kaufen oder, wenn man die Möglichkeit dazu hat, erntefrisch aus dem Garten selbst verarbeiten, tiefkühlen und bevorraten. Die zusätzliche Aufgabe, hier auch den Garvorgang des Blanchierens zu erklären, ist ein Hinweis darauf, dass dieses Verfahren bei der Anleitung zum sachgerechten Tiefgefrieren von frischen Bohnen eine Rolle spielt.*

Anleitung zum Tiefkühlen von Bohnen

- Im ersten Schritt die frischen Bohnen mit kaltem Wasser gründlich waschen, danach putzen, Schadstellen entfernen, Stiele und Blütenansatz abschneiden und den seitlich verlaufenden Faden abziehen. Anschließend werden die Bohnen erneut gewaschen.
- Je nach Größe und Sorte die Bohnen in Stücke schneiden.
- Für das Blanchieren eine große Menge Wasser mit Salz zum Kochen bringen, um die Bohnen im Wasser schwimmend garen zu können.
- Die Bohnen in das kochende Wasser tauchen; der Garvorgang sollte nach dem Eintauchen ca. 1–4 Minuten, je nach Gargutgröße, andauern.

- Die Bohnen mit einem Schaumlöffel herausnehmen und sofort in Eiswasser abschrecken. Danach das Gemüse gut abtropfen lassen.
- Die Bohnen in geeignete Tiefkühlbehälter oder Gefrierbeutel füllen und diese mit den Angaben zu Menge, Inhalt und Einfrierdatum beschriften.
- Das Gemüse im Tiefkühlgerät bei ca. –24 °C schockgefrieren.

Bedeutung des Blanchierens
Die Bezeichnung Blanchieren kommt aus dem Französischen (blanchir = weiß machen) und wird auch als Überbrühen, Brühen oder Abwällen bezeichnet; es ist eine Garmethode in Wasser.

- Der Garvorgang ist sehr kurz und bewirkt, dass Enzyme deaktiviert und eine weitere Reifung sowie Farbveränderungen unterbunden werden. Vorhandene Keime werden abgetötet und das Gemüse behält seine natürliche Farbe.
- Das Tauchen in Eiswasser unterbricht den Garvorgang.
- Hitzeempfindliche Vitamine (z. B. Vitamin C) und Mineralstoffe bleiben weitgehend erhalten.

Abschlussprüfung 2019 an den Realschulen in Bayern
Haushalt und Ernährung: Aufgabengruppe A I/II

I. Zucker – die süße Verführung

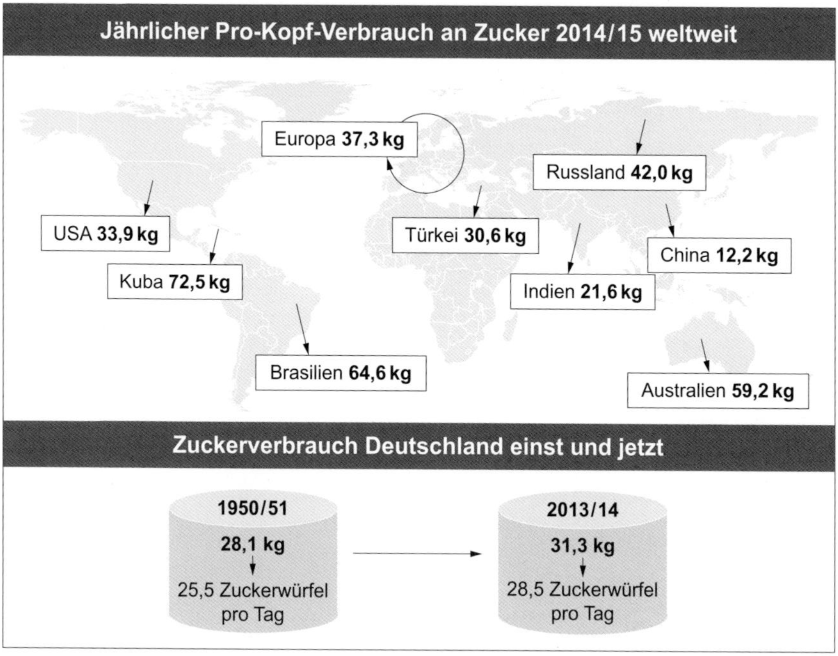

1. Die Vorliebe für Zucker ist uns angeboren. Bei einem Großteil der Weltbevölkerung ist der Konsum von Zucker zu einer Sucht geworden. Entnehmen Sie der Grafik relevante Aussagen.

2. Zucker – unser süßes Gift! Zeigen Sie die langfristigen Folgen eines überhöhten Zuckerkonsums auf und formulieren Sie acht Möglichkeiten, wie sich vor allem bei Kindern und Jugendlichen der hohe Zuckerkonsum reduzieren lässt.

3. Zucker gehört zur Gruppe der Kohlenhydrate. Beschreiben Sie die Verdauung, Resorption und den Energie- und Zellstoffwechsel der Kohlenhydrate.

4. Die Getränkewerbung spricht besonders Jugendliche mit „coolen Drinks“ an. Doch die richtige Wahl der Getränke ist entscheidend. Erstellen Sie eine Tabelle mit jeweils zwei gesunden Durstlöschern sowie zwei weniger geeigneten Getränken und bewerten Sie Ihre Auswahl.

5. Die meisten zuckerhaltigen Lebensmittel und Speisen enthalten kaum Ballaststoffe. Erläutern Sie fünf Vorteile einer ballaststoffhaltigen Ernährung.

II. Bedürfnisorientiert wirtschaften!

© eigene Darstellung

1. Die Bedürfnisse des Menschen sind individuell und vielfältig. Der amerikanische Psychologe Abraham Maslow teilt die menschlichen Bedürfnisse in fünf Stufen ein. Zeichnen Sie die Bedürfnispyramide, beschriften Sie diese und erläutern Sie die einzelnen Stufen anhand konkreter Beispiele.

2. Um seine Bedürfnisse angemessen befriedigen zu können, wird ein effizienter Umgang mit Geld vorausgesetzt. Geben Sie acht Empfehlungen, wie Sie beim Lebensmitteleinkauf sinnvoll Geld sparen können.

3. Gewusst wie – Minimal- und Maximalprinzip gelten als Basis wirtschaftlichen Handelns. Erklären Sie diese ökonomischen Prinzipien anhand eines Beispiels.

Lösungsvorschlag

I. Zucker – die süße Verführung

1. *Folgendes sollte aus der Grafik, die aus zwei Teilen besteht, herausgearbeitet werden:*
   - *der Zeitraum/Zeitpunkt, auf den sich die Grafik bezieht, sowie deren Kerninhalt/Thema*
   - *die Länder mit dem weltweit höchsten sowie niedrigsten Zuckerverbrauch*
   - *die Einordnung Europas im weltweiten Vergleich*
   - *der Zuckerverbrauch Deutschlands im Vergleich zum europäischen Durchschnitt*
   - *die Gegenüberstellung des Zuckerverbrauchs in Deutschland 1950/51 und 2013/2014*

   Beachten Sie: Eine reine Nennung der Länder mit ihrem jeweiligen Zuckerverbrauch ist nicht ausreichend!

   - Im oberen Teil der Grafik wird der jährliche Zuckerverbrauch 2014/2015 pro Kopf ausgewählter Staaten und Regionen weltweit verglichen.
   - Weltweit wird in Kuba mit 72,5 kg und in Brasilien mit 64,6 kg pro Kopf jährlich am meisten Zucker konsumiert, Chinas Bevölkerung hingegen verbraucht mit 12,2 kg am wenigsten. Auch Indien zeichnet sich durch einen relativ niedrigen Zuckerverbrauch (21,6 kg) aus.
   - Im Vergleich zum Spitzenreiter Kuba wird in Europa mit 37,3 kg etwa nur die Hälfte verbraucht; die USA liegen mit einem Pro-Kopf-Verbrauch von 33,9 kg etwas unter dem europäischen Durchschnitt.
   - Insgesamt lässt sich Europa im globalen Vergleich im Mittelfeld einordnen.
   - Der untere Teil der Grafik bezieht sich nur auf Deutschland und stellt den Pro-Kopf-Verbrauch 1950/51 und 2013/2014 gegenüber. Der Pro-Kopf-Verbrauch ist in diesen gut 60 Jahren von 28,1 kg auf 31,3 kg gestiegen. Dies entspricht einer Steigerung von umgerechnet drei Zuckerwürfeln auf 28,5 Zuckerwürfel pro Tag. Deutschland liegt damit aber immer noch unter dem europäischen Durchschnitt.

2. *Hier sollen Sie alle Ihnen bekannten langfristigen Folgen anführen. Geben Sie auch an, ab wann man von einem überhöhten Zuckerkonsum sprechen kann. Die WHO gibt hierzu Empfehlungen. Kurzfristige Folgen sind hier nicht relevant. Hinsichtlich der Möglichkeiten der Zuckerreduzierung reichen acht Empfehlungen. Diese müssen sich vor allem auf das Ernährungsverhalten von Kindern und Jugendlichen beziehen.*

   Die WHO empfiehlt, nicht mehr als 5 % des Kohlenhydratbedarfs über Zucker zu decken. Das entspricht in etwa max. 25 g pro Tag.

   Langfristige Folgen eines überhöhten Zuckerkonsums
   - Der übermäßige Verzehr von Zucker als Geschmacksträger kann süchtig machen.
   - Wer viele Süßigkeiten isst, hat meist kaum mehr Appetit auf Nahrungsmittel mit einer hohen Nährstoffdichte. Es kann als Folge zu einem Mangel an Vitaminen und Mineralstoffen kommen.
   - Zucker liefert als reines Kohlenhydrat ca. 17 kJ Energie pro Gramm. Wenn diese Energie vom Körper nicht verbraucht wird, lagert er sie in Form von Körperfett an. Übergewicht kann die Folge sein, ebenso steigt das Risiko, an Diabetes Typ 2 zu erkranken.
   - Zucker beeinflusst den Säure-Basen-Haushalt ungünstig, weil er sich negativ auf die Darmflora auswirkt (Gefahr der Übersäuerung).
   - Zucker wird vom Körper sehr schnell abgebaut. Die gewonnene Energie steht daher nur sehr kurz zur Verfügung. Dies bewirkt große und zu schnelle Schwankungen des Blutzuckerspiegels. Ein Auf und Ab in der Leistungsfähigkeit sind die Folge.
   - Hoher Zuckerkonsum kann Karies und Parodontose verursachen, da sich durch Zucker eine Säure produzierende Mundflora bildet, die den Zahnschmelz angreift.
   - Zucker beeinflusst die Haut negativ und kann Akne verstärken.

Möglichkeiten zur Zuckerreduzierung insbesondere bei Kindern und Jugendlichen

- Eltern sollten mit gutem Beispiel vorangehen und Zucker maßvoll verzehren (z. B. kein Nachsüßen bei Tisch). Außerdem sollten sie mit ihren Kindern frühzeitig über gesunde Ernährung sprechen.
- Dem Verlangen der Kinder nach Süßem kann man mit natürlich-süßen Alternativen entgegenkommen (z. B. mit süßen Früchten und daraus zubereiteten Speisen/Getränken).
- Eltern sollten die Süßigkeitenmenge bestimmen, die die Kinder jeden Tag essen dürfen.
- Süßigkeiten sind ein Genussmittel und dürfen entsprechend auch in Maßen verzehrt werden. Kleine Mengen sollten langsam und genussvoll gegessen werden. Ein generelles Verbot ist nicht angebracht. Nachspeisen wie Obstsalat oder Quarkcremes runden ein Menü ab und befriedigen die Lust auf Süßes.
- Getrocknete Früchte haben durch ihren geringen Wassergehalt eine hohe Konzentration an Fruchtzucker und stillen das Verlangen nach Süßem.
- Ein plötzlicher Entzug von Zucker ist nicht sinnvoll. Besser ist es, den Körper stufenweise an wenig Zucker zu gewöhnen.
- Zuckerfreie Getränke wie Wasser und ungesüßte Tees sind zuckerhaltigen Soft-Drinks unbedingt vorzuziehen.
- Auch in vielen Fertigprodukten wie z. B. Ketchup, Müsli etc. ist viel Zucker versteckt. Daher sollten Speisen am besten aus frischen Zutaten zubereitet werden.

Weitere Möglichkeiten sind:

- Eltern sollten Gemüsesticks und Obst statt Süßigkeiten oder Chips anbieten.
- Süßigkeiten sollten nicht als Belohnung eingesetzt werden.
- Eltern sollten ihren Kindern aufzeigen, unter welchen Begrifflichkeiten Zucker auf der Zutatenliste versteckt ist (z. B. Glucose, Fructose).
- Gäste sollten lieber keine Süßigkeiten als Mitbringsel verschenken, sondern auch hier auf gesunde Naschereien, Spielsachen, Gebrauchsartikel o. Ä. setzen.

3. *Hier sollen Sie die Prozesse im Körper darstellen, die die in den Nahrungsmitteln enthaltenen Kohlenhydrate verwerten. Gehen Sie dabei schrittweise vor. Beginnen Sie mit den Prozessen, die bereits bei der Nahrungsaufnahme im Mund eingeleitet werden, und folgen Sie der Nahrung vom Mund über den Magen hin zum Darm, in dem letztlich auch die Resorption stattfindet. Erst dann setzt der Energie- und Zellstoffwechsel ein. Die Darstellung in Tabellenform dient der Veranschaulichung.*

Verdauung	
Mund	– Einfachzucker gelangt zum Teil über die Mundschleimhaut sofort in die Blutbahn bzw. wird ohne Veränderung in den Verdauungstrakt befördert. – Vielfachzucker (z. B. Stärke) wird zum Teil durch das Enzym Amylase, welches sich im Speichel befindet, zu Doppelzucker aufgespalten und zusammen mit dem noch ungespaltenen Anteil in den Verdauungstrakt transportiert.
Magen	Hier findet keine Aufspaltung der Kohlenhydrate statt. Die Amylase aus der Mundschleimhaut wirkt jedoch bis zur Durchsäuerung des Speisebreis durch den Magensaft spaltend weiter.
Zwölffingerdarm	Amylasen aus der Bauchspeicheldrüse spalten nun mithilfe des Enzyms Glukosidase Vielfachzucker in Doppelzucker und in Einfachzucker. Außerdem produziert die Bauchspeicheldrüse Insulin, mit dessen Hilfe die Zellen den Zucker als Energielieferant aufnehmen können.

Dünndarm	Der Speisebrei verbleibt so lange im Dünndarm, bis alle Kohlenhydrate vollständig unter der Einwirkung aller Enzyme zu Einfachzucker abgebaut sind.
Resorption	
– Die Einfachzucker sind nun klein genug, um über die Darmzotten ins Blut resorbiert und zu den Zellen weitergeleitet zu werden. – Der Blutzuckerspiegel wird von den Hormonen Insulin und Glukagon möglichst konstant gehalten.	
Energie- und Zellstoffwechsel	
– In den Zellen wird Einfachzucker zu Energie umgewandelt, dabei werden Wasser und Kohlenstoffdioxid ausgeschieden. Die zur Verfügung stehende Energie verwendet der Körper für die Erhaltung der Körpertemperatur sowie für die Muskeltätigkeit. – Einfachzucker, die der Körper nicht verbraucht, werden in Form von Glykogen in der Leber als kurzfristige Energiespeicher eingelagert (70–80 g). – Einfachzucker, die danach noch übrig sind, wandelt der Körper in Fett um und speichert dieses im Fettgewebe. Es kommt zu einer Gewichtszunahme. – Die Hormone Insulin und Glukagon sind auch an diesem Energie-Fett-Umbau beteiligt.	

4. *Bei der Beantwortung dieser Frage ist eine Tabelle zwingend vorgeschrieben. Sie können auch andere als die hier vorgeschlagenen Getränke angeben und bewerten! Werden Energy-Drinks gewählt, so müssen unbedingt deren typische Inhaltsstoffe (z. B. Koffein, Taurin etc.) aufgelistet werden.*

Zwei geeignete Durstlöscher	**Mineralwasser, Kräuter-/Früchtetees (ungesüßt)**
Bewertung	– Zuckerfrei, energiefrei – Enthaltene Begleitstoffe (z. B. Mineralstoffe, sekundäre Pflanzenstoffe u. ä.) versorgen den Körper – Flüssigkeit steht dem Körper ohne Verluste für die Deckung des Flüssigkeitshaushalts zur Verfügung – Tee kann geschmacklich variiert werden und hat außerdem positive Auswirkungen auf den Körper
Zwei ungeeignete Durstlöscher	**Soft-Drinks, Kaffeegetränke**
Bewertung	– Oft sehr energiereich aufgrund des Zuckergehalts – Enthaltener Zucker begünstigt Karies – Süßstoffe liefern zwar keine Energie, könnten aber allergieauslösend sein – Zusatz von künstlichen Aromen, Farbstoffen o. Ä. – Kaffee, aber auch manche Soft-Drinks (z. B. Cola-Getränke) enthalten zudem Koffein, welches negative Begleiterscheinungen hervorrufen kann

5. *Hier reicht eine einfache Nennung der Vorteile nicht aus. Erläutern Sie, worin genau die Vorteile bestehen. Die Erläuterung von fünf Vorteilen ist gefordert.*

- Ballaststoffreiche Nahrung erfordert stärkeres Kauen und unterstützt somit die Zahngesundheit. Gleichzeitig wird durch die vermehrte Speichelproduktion die Kariesbildung gehemmt.
- Ballaststoffreiche Nahrung bleibt länger im Magen und verhindert so Überernährung.
- Die Verdauung sowie die Bildung und Absonderung von Verdauungssäften wird durch eine ballaststoffreiche Ernährung positiv beeinflusst.
- Die Gesundheit des Darms wird unterstützt, weil sich ballaststoffreiche Nahrung positiv auf die Darmflora und die Darmperistaltik auswirkt. Dadurch wird die Darmpassage verkürzt, einer Verstopfung vorgebeugt und vor Darmkrebs geschützt.
- Organische Substanzen wie Cholesterin werden gebunden, wodurch das Risiko für Herz-/Kreislauferkrankungen sowie für die Bildung von Gallensteinen sinkt.

Weitere Vorteile sind:
- Ballaststoffe binden Schadstoffe wie Schwermetalle, Pestizide oder krebserregende Substanzen. Dadurch verringert sich das Krebsrisiko generell.
- Durch ballaststoffreiche Nahrung kann der Körper Mineralstoffe leichter aufnehmen.
- Ballaststoffe sind zur Gewichtsreduktion geeignet, weil deren Quellvermögen für ein gutes Sättigungsgefühl sorgt. Außerdem liefern sie nur wenig Energie (Kalorien).

II. Bedürfnisorientiert wirtschaften!

1. *Die Pyramidenform, die die Hierarchie menschlicher Bedürfnisse darstellt, sollte zunächst kurz begründet werden. Ordnen Sie dann den einzelnen Stufen der Bedürfnispyramide neben einer allgemeinen Erläuterung konkrete Beispiele zu. Achten Sie dabei auf eine übersichtliche Darstellung.*

Maslow stellt die Bedürfnishierarchie des Menschen in Form einer Pyramide dar. Die Stufen bauen aufeinander auf. Je niedriger eine Stufe liegt, desto wichtiger sind die ihr zugeordneten Bedürfnisse für das Überleben. Der Mensch strebt die nächste Stufe an, wenn die Bedürfnisse der vorherigen gestillt sind. Die jeweils folgende Stufe wirkt dann als Motivation für das eigene Handeln.

Stufe 1: Grundbedürfnisse
Der untersten Stufe sind vor allem grundlegende, existenzsichernde Bedürfnisse zuzuordnen, z. B. Nahrung, Schlafen, Kleidung, Wohnung, Sexualität.
Hierunter fallen aber auch sogenannte „Wahlbedürfnisse“, die grundlegend, aber nicht lebensnotwendig sind, z. B. Fernsehen, Internet.

Stufe 2: Sicherheitsbedürfnisse
Neben dem Bedürfnis nach physischer Sicherheit (z. B. Geborgenheit, Gesundheit, Schutz der Person) steht hier auch das Bedürfnis nach beruflicher und materieller Sicherheit (z. B. Wohnen, Arbeit, Kündigungsschutz).

Stufe 3: Soziale Bedürfnisse
Hierzu zählt das Bedürfnis nach sozialer Zugehörigkeit durch soziale Beziehungen und Kontakte (z. B. Partnerschaft/Liebe/Familie sowie Freundschaften, Zugehörigkeit zu sozialen Netzwerken/Cliquen).

Stufe 4: Soziale Anerkennung
Hierunter fallen die „Ich-Bedürfnisse“. Sie beziehen sich auf zwei Bereiche: den inneren Bereich, z. B. Selbstachtung, Selbstvertrauen, und den äußeren Bereich, z. B. Anerkennung durch andere Personen.

Stufe 5: Selbstverwirklichung
Erst wenn die Bedürfnisse der anderen Ebenen weitgehend erfüllt sind, erkennt der Mensch seine Individualität und verwirklicht sich selbst, er entwickelt Gerechtigkeitssinn und die Bereitschaft, z. B. mit anderen zu teilen.

2. *Bei der Beantwortung dieser Frage ist eine einfache Auflistung ausreichend.*

- Keine (Plastik-)Taschen vor Ort kaufen, sondern eigenes Behältnis (z. B. Korb/Tasche) mitbringen
- Speiseplan erstellen und Bedarf festlegen
- Einkaufsliste schreiben, um unbedachte Spontankäufe zu vermeiden
- Nach Saison einkaufen
- Regionale Produkte bevorzugen
- Haushaltsbuch führen, um Überblick zu bewahren und Einsparpotenziale zu erkennen
- Im Supermarkt nicht nur auf Augenhöhe und Griffhöhe Waren entnehmen; unten und oben liegen oft günstigere Waren
- Hausmarken bevorzugen

Weitere Empfehlungen sind:

- Süßigkeiten und Kaugummis in Kleinpackungen nicht an der Kasse kaufen, dort sind sie meist teurer
- Bei Sonderangeboten und Großpackungen die Preise vergleichend überprüfen
- Leicht verderbliche Waren ggf. spätnachmittags/abends kaufen, da sie vor Ladenschluss häufig zu günstigeren Preisen angeboten werden
- Lebensmittel kaufen, deren Mindesthaltbarkeitsdatum (MHD) bald erreicht ist; sie sind in der Regel noch weit darüber hinaus genießbar und können vergünstigt erworben werden
- Nicht hungrig zum Einkaufen gehen, das verleitet zum Mehreinkauf
- Rest- und Sonderposten kaufen, wenn die Ware noch lange genug haltbar ist
- Rabatte aushandeln und Sparcoupons verwenden

3. *Ökonomisches Handeln kann entweder nach dem Minimal- oder Maximalprinzip erfolgen. Zu beachten ist, dass die Erklärungen beider Prinzipien ganz allgemein vorgenommen und in das konkrete Beispiel eingebettet werden müssen.*

Beispiel: Omas 70. Geburtstag, Organisation der Geburtstagsfeier

Minimalprinzip (= auch Sparsamkeitsprinzip)
Ein **festgelegtes Ziel**, z. B. 20 geladene Gäste zum Abendessen, soll mit dem geringsten Aufwand und Einsatz von **variablen Mitteln** erreicht werden. So soll für das Abendessen möglichst günstig eingekauft werden.

Maximalprinzip (= auch Ergiebigkeitsprinzip)
Die **Mittel** sind hierbei **vorgegeben**, es steht z. B. ein bestimmter Geldbetrag für die Organisation des Geburtstagsessens zur Verfügung.
Das **Ziel ist variabel**, d. h., je nachdem wie viel Geld zur Verfügung steht, wird entschieden, ob ein Restaurantbesuch möglich ist, ob ein Caterer gebucht werden kann oder ob die Speisen selbst vorbereitet werden. Dabei steht im Vordergrund, dass der **höchste Nutzen**, also ein möglichst hochwertiges Abendessen, erreicht wird.

I. Fehlernährung trotz Wohlstand?

1. Essstörungen: Ein Phänomen unserer Zeit. Treffen Sie wesentliche Aussagen zur Grafik.

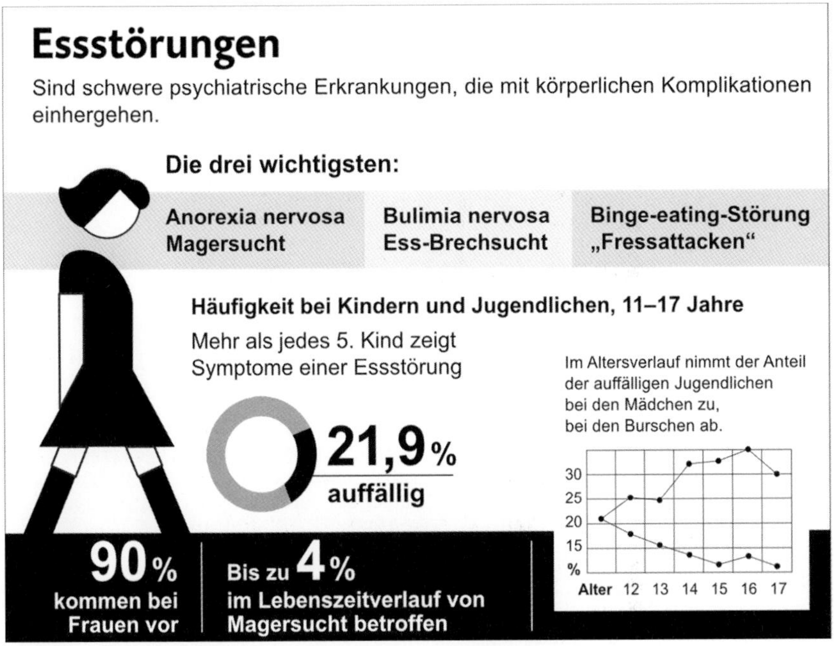

© Grafik: Eber, Quellen: Univ.-Prof. Andreas Karwautz, Bella-Studie Deutschland

2. Im medizinischen Sinne sind Essstörungen psychosomatische Krankheiten. Man unterscheidet dabei im Wesentlichen drei Formen. Beschreiben Sie diese jeweils anhand von vier typischen Merkmalen genauer.

3. Die Entstehung einer Essstörung ist sehr komplex und kann vielfältige Ursachen haben. Formulieren Sie acht Gründe, die dabei eine Rolle spielen können.

4. Jeder Vierte trinkt zu wenig und vernachlässigt damit seine Gesundheit. Erläutern Sie die Aufgaben von Wasser im menschlichen Körper.

II. Vorrat – Lebensmittelverderb

© Andrey / AdobeStock

1. Die Warn-App NINA (Notfall-Informations- und Nachrichten-App) warnt deutschlandweit vor Gefahren. Die App wird vom Bundesamt für Bevölkerungsschutz und Katastrophenhilfe (BBK) bereitgestellt. Unter anderem empfiehlt sie das Anlegen eines Notvorrats. Eine zeitgemäße Vorratshaltung im Haushalt kann aber auch helfen, unseren Alltag zu vereinfachen. Benennen Sie die Vorteile einer gut durchdachten Vorratshaltung.

2. Bevorratete Lebensmittel verlieren durch falsche Lagerung an Qualität. Geben Sie einen Überblick über vier Vorratsarten und beschreiben Sie die notwendigen Lagerbedingungen.

3. Zu viele Lebensmittel im Haushalt werden leichtfertig weggeworfen. Nach einer Studie der Gesellschaft für Konsumforschung (GfK) von 2017, gefordert durch das Bundesministerium für Landwirtschaft und Ernährung, wirft jeder Verbraucher pro Jahr mindestens 55 Kilogramm Lebensmittel weg. Eine sorgfältige Vorratshaltung verhindert Nahrungsmittelverderb und Nahrungsmittelverlust. Erstellen Sie einen Maßnahmenkatalog zur sachgerechten Vorratshaltung.

4. Auch die beste Vorratshaltung zeigt gelegentlich Schwächen. Der Verderb von Lebensmitteln wird durch verschiedene Ursachen ausgelöst. Beschreiben Sie drei toxische Mikroorganismen und stellen Sie jeweils mögliche gesundheitliche Gefahren sowie entsprechende Schutzmaßnahmen dar.

Lösungsvorschlag

I. Fehlernährung trotz Wohlstand?

1. *Die Grafik besteht aus mehreren Einzelgrafiken, die verschiedene Aussagen zu Essstörungen enthalten. Stellen Sie alle dargestellten Fakten zusammen, eine Beurteilung ist nicht erforderlich.*

 - Die Grafik basiert auf Daten der Bella-Studie Deutschland, erstellt durch Univ.-Prof. Andreas Karwautz.
 - Essstörungen sind definiert als schwere psychiatrische Erkrankungen, die mit körperlichen Komplikationen einhergehen.
 - Zu den wichtigsten Essstörungen zählen Anorexia nervosa (Magersucht), Bulimia nervosa (Ess-Brechsucht) und die Binge-eating-Störung („Fressattacken").
 - 21,9 % und damit mehr als jedes fünfte Kind der Altersgruppe zwischen elf und 17 Jahren sind auffällig und zeigen Symptome einer Essstörung.
 - Der Anteil auffälliger Mädchen steigt im Altersverlauf zwischen elf und 16 Jahren von ca. 21 % auf 35 %, in der Gruppe der 17-Jährigen liegt der Anteil wieder auf einem niedrigeren Niveau von 30 %. Im Unterschied zu diesem Entwicklungsverlauf nimmt bei den Jungen der Anteil im Zeitraum von elf bis 17 Jahren nahezu kontinuierlich ab, die Zahl der auffälligen Jugendlichen sinkt von ca. 21 % in der Altersgruppe der 11-Jährigen auf ca. 12 % in der Altersgruppe der 17-Jährigen.
 - Essstörungen kommen zu 90 % bei Frauen vor, dabei sind bis zu 4 % im Lebensverlauf von Magersucht betroffen.

2. *Bei psychosomatischen Krankheiten wie Essstörungen sind es seelische Belastungen, die die körperlichen Beschwerden hervorrufen. Die drei Formen einer Essstörung werden in der Aufgabenstellung zwar nicht benannt, sind aber aus Aufgabe 1 bereits bekannt. Zur näheren Beschreibung sind je vier typische Merkmale aufzuführen. Achten Sie darauf, dabei tatsächlich auf die wesentlichen Charakteristika einzugehen.*

 Magersucht (Anorexia nervosa, „nervlich bedingte Appetitlosigkeit")
 - Magersüchtige leiden unter dem krankhaften Bedürfnis, ihr Gewicht zu vermindern. Dies versuchen sie durch verminderte Nahrungsaufnahme, übertriebene körperliche Aktivitäten und den Einsatz von Abführmitteln, Appetitzüglern u. ä. zu erreichen.
 - Es wird zum Zwang, trotz Untergewicht immer weiter abzunehmen. Der BMI liegt bei 17,5 und weniger. Jedes Kilo Gewichtsabnahme wird als Erfolg angesehen und motiviert, bis zum lebensbedrohlichen Untergewicht weiter zu hungern.
 - Der Verlust des Körpergefühls und eine verzerrte Wahrnehmung (Körperschemastörung) führen dazu, sich schlecht zu fühlen, wenn keine Gewichtsabnahme erreicht wurde.
 - Das Selbstwertgefühl hängt stark vom Gewicht ab.

 Weitere Merkmale sind:
 - Aus Angst vor einer Gewichtszunahme vermeiden Betroffene hochkalorische Speisen.
 - Eine Folge von Magersucht ist bei Mädchen das Ausbleiben der Regelblutung bis hin zur Unfruchtbarkeit. Niedriger Blutdruck, Schädigung von Herz und Nieren, Magen- und Darmprobleme sowie Entkräftung bis zum Tod sind weitere körperliche Folgen.
 - Betroffene befinden sich auf sozialem Rückzug und haben Kontaktschwierigkeiten. Depressionen und Selbstmordgedanken sind häufige psychische Begleiterscheinungen.

Ess-Brechsucht (Bulimia nervosa, „Ochsenhunger")

- Personen, die an Ess-Brechsucht leiden, sind meist normal- bis übergewichtig, haben aber eine übersteigerte Furcht davor, zuzunehmen. Sie fühlen sich zu dick.
- Sie erleiden Heißhungerattacken, bei denen sie in kurzer Zeit große Mengen an Nahrung aufnehmen. Dabei sind Nahrungsmengen von 3 000–10 000 kcal keine Seltenheit. Nach einer „Attacke" fühlen sie sich schlecht und es folgt erzwungenes Erbrechen.
- Auch weitere Maßnahmen wie die Einnahme von Abführmittel, gesteigerte körperliche Aktivitäten und strenge Diäten sollen die Nahrungsaufnahme „ungeschehen" machen. Die verminderte Nahrungsaufnahme löst häufig eine erneute Heißhungerattacke aus.
- Solche Essattacken und die entsprechenden kompensatorischen Maßnahmen erfolgen mindestens zwei Mal wöchentlich über einen Zeitraum von ca. drei Monaten.

Weitere Merkmale sind:

- Betroffene Personen schämen sich, haben Schuldgefühle und ein mangelndes Selbstwertgefühl.
- Sie versuchen, ihre Erkrankung vor anderen zu verheimlichen, und vermeiden deshalb gemeinsame Mahlzeiten mit Familie und Freunden.
- Folge einer Bulimia nervosa ist eine Mangelernährung, dabei fehlen vor allem Mineralstoffe und Vitamine, was zu Herzrhythmusstörungen und Nierenschäden führen kann. Außerdem kommt es zu Magengeschwüren, Verätzungen der Speiseröhre und zu Zahnschäden durch die Magensäure.

Ess-Sucht (Binge-eating-Störung, engl. binge = Gelage)

- Bei häufig auftretenden suchtartigen Heißhungerattacken werden große Nahrungsmengen auch ohne Hunger in kurzer Zeit zu sich genommen. Das Sättigungsgefühl tritt deshalb erst spät ein und es entsteht ein unangenehmes Völlegefühl.
- Im Gegensatz zur Bulimia nervosa wirken die betroffenen Personen einer Gewichtszunahme nicht durch körperliche Betätigung oder andere Maßnahmen entgegen, weswegen sie häufig adipös werden.
- Nach einer „Fressattacke" empfinden Erkrankte Ekel vor sich selbst, Schuldgefühle und auch Depressionen.
- Ähnlich wie bei Bulimia nervosa treten die Essattacken mindestens zwei Mal wöchentlich und über einen Zeitraum von drei Monaten auf. Dabei werden besonders kalorienreiche Speisen bevorzugt.

Weitere Merkmale sind:

- Körperliche Folgen sind ein starkes Übergewicht und damit eine Überbelastung der Gelenke wie z. B. Wirbelsäule, Knie und Füße, ein erhöhtes Risiko für Schlaganfall und Herz-Kreislauferkrankungen, Bluthochdruck sowie Stoffwechselerkrankungen.
- Psychische Folgen sind Schamgefühle, mangelndes Selbstwertgefühl und Depressionen sowie die Angst vor Zurückweisung durch Familie und Freunde. Daraus können auch Zwangsstörungen entstehen.

3. *Unabhängig von der Art der Essstörung haben die betroffenen Personen eines gemeinsam: Ihr Leben dreht sich ständig um Nahrung und Gewicht. Dieses Symptom kann nicht auf eine einzige Ursache zurückgeführt werden, die Hintergründe sind komplex. Hier sollen acht verschiedene Ursachen für die Entstehung von Essstörungen formuliert werden.*

- Durch Werbung, soziale Netzwerke und Fernsehen wird jungen Mädchen und Frauen vermittelt, dass Schönheit, gutes Aussehen und eine schlanke Figur die beste Voraussetzung für ein glückliches und erfolgreiches Leben sind. Auch der berufliche Erfolg wird unmittelbar mit dem Aussehen in Zusammenhang gebracht.

- In der Familie von Betroffenen sind psychische Störungen wie Depressionen und Essstörungen, aber auch Alkoholmissbrauch in Eltern- und Großelterngenerationen nicht selten anzutreffen.
- Schwierige Lebenssituationen wie der Tod eines Angehörigen, die Trennung der Eltern oder die Trennung vom Partner wurden nicht richtig verarbeitet.
- Dem Leistungsdruck, den vor allem Eltern, Schule und die Gesellschaft ausüben, wird nicht standgehalten.
- Es mangelt an familiärem Verständnis und Harmonie in der nach außen hin intakten Familie.
- In der Kindheit erlittene schlimme Erlebnisse oder Missbrauch können nicht verarbeitet werden.
- Die Betroffenen sind sehr ehrgeizig und haben einen Hang zur Perfektion, die nicht erreicht werden kann.
- Die biologische sexuelle Entwicklung wird unterdrückt, um das Erwachsenwerden zu verhindern und um in der Kinderwelt zu verharren.

4. *Wasser ist für den Menschen lebensnotwendig, trotzdem trinken wir davon oft zu wenig. Im Folgenden werden die verschiedenen Aufgaben von Wasser im Hinblick auf unseren Körper genannt und beschrieben. Eine genaue Anzahl ist nicht gefordert. Gehen Sie daher auf alle Ihnen bekannten Aufgaben des Wassers ein.*

- Wasser als **Baustoff:**
  Unser Körper besteht je nach Lebensalter zu 60 % bis 70 % aus Wasser. Es ist damit das wichtigste Bauelement aller Zellen und Bestandteil von Blut, Muskeln, Organen und Verdauungssäften.
- Wasser als **Lösungsmittel:**
  Sämtliche Körperflüssigkeiten bestehen hauptsächlich aus Wasser und sie enthalten darin gelöste wichtige Stoffe, wie z. B. Enzyme, Hormone oder Nährstoffe, die durch Verdauungssäfte aus der Nahrung gelöst wurden.
- Wasser als **Transportmittel:**
  Über das Blut oder die Lymphe werden verschiedenste Stoffe wie Nährstoffe, Sauerstoff, Kohlenstoffdioxid und Abfallstoffe zu den Zellen transportiert bzw. abtransportiert, um sie auszuscheiden.
- Wasser als **Wärmeregler:**
  Bei größerer Hitze, Anstrengung oder Fieber sondert der Körper über die Haut Schweiß ab, der dort verdunstet und dabei den Körper abkühlt (Verdunstungskälte). Die Wärme wird so nach außen abgeleitet.
- Wasser als **Verdünnungsmittel:**
  Der Wasseranteil in den Körperflüssigkeiten entscheidet über deren Fließgeschwindigkeit. Ist genügend Wasser enthalten, werden Stoffe schneller transportiert (z. B. Sauerstofftransport über das Blut). Vor allem bei heißen Außentemperaturen und starken Anstrengungen ist es wichtig, genügend zu trinken, um die körperliche und geistige Leistungsfähigkeit aufrechtzuerhalten.
- Wasser als **Reaktionspartner:**
  Viele Stoffe, die der Körper benötigt, werden mit der Nahrung aufgenommen. Einige Stoffe, wie verschiedene Vitamine und Mineralstoffe, können erst dann vom Körper verarbeitet werden, wenn sie mit Wasser reagieren und gespalten werden.
- Wasser als **Verdauungshelfer:**
  Wasser ist der Hauptbestandteil sämtlicher Verdauungssäfte und transportiert die gelösten Nährstoffe zu den Zellen.
- Wasser als elektrolytischer **Puffer für Säuren und Laugen:**
  Wasser reguliert den pH-Wert in unserem Körper und beugt bei ausreichender Menge einer Übersäuerung vor.

II. Vorrat – Lebensmittelverderb

1. *Alle Haushalte sollten einen Notvorrat anlegen, um bei Naturkatastrophen oder anderen Notsituationen abgesichert zu sein. Doch es gibt noch mehr Gründe, die für eine gut durchdachte Vorratshaltung sprechen. Eine genaue Anzahl an Beispielen ist nicht angegeben.*

   - Vorräte geben Sicherheit und Gelassenheit in unvorhergesehenen Situationen wie z. B. bei Krankheit, Naturkatastrophen oder auch bei unerwartetem Besuch.
   - Vorräte helfen, Geld zu sparen, indem Sonderangebote in größeren Mengen gekauft und gelagert oder Obst und Gemüse aus dem eigenen Garten verarbeitet und konserviert werden.
   - Vorräte, die selbst produziert wurden, sind meist gesünder, da sie keine Geschmacksverstärker oder Aroma- und Farbstoffe enthalten.
   - Vorratshaltung spart Zeit, wenn ein Wochenplan erstellt wird und dafür nur ein Großeinkauf pro Woche nötig ist statt mehrerer kleiner Einkäufe.
   - Die Zubereitung von Speisen in größeren Mengen, die dann portioniert eingefroren werden, erleichtert die Arbeit bei der täglichen Speisenzubereitung.
   - Vorräte fördern die Kreativität beim Zubereiten von Speisen und Ausprobieren eigener Rezeptideen.
   - Eine gute Vorratshaltung und Planung machen unabhängig von Ladenöffnungszeiten.

2. *Die Vorratshaltung ist abhängig von den räumlichen und technischen Gegebenheiten des Haushalts. Für die Bearbeitung dieser Aufgabe eignet sich eine Auflistung in tabellarischer Form. Es werden nur vier Vorratsarten gefordert, hier werden zur Vollständigkeit alle Vorratsarten genannt und beschrieben.*

Vorratsart	Lebensmittelbeispiele	Lagerbedingungen
Trockenvorräte	Reis, Nudeln, Zucker, Mehl	In Vorratsschränken und Regalen, dunkel und trocken bei Temperaturen von 15–18 °C aufbewahren. Die Lebensmittel bleiben ohne Energieaufwand sechs Monate bis zwei Jahre haltbar.
Frischvorräte	Obst, Gemüse, Milch und Milchprodukte, Fleisch, Wurst und Fisch	Im Kühlschrank je nach Lebensmittel in der entsprechenden Kühlzone bei Temperaturen von 2–8 °C und hoher Luftfeuchtigkeit aufbewahren. Die Lebensmittel bleiben ein bis 20 Tage haltbar.
Tiefkühlvorräte	Fleisch, Fisch, Gemüse, Backwaren und Fertiggerichte	In Gefriertruhe oder -schrank sowie Gefrierfach bei –18 °C in geeigneter Verpackung aufbewahren. Die Lebensmittel bleiben sechs Monate bis ein Jahr haltbar.
Saisonvorräte	Äpfel, Kartoffeln, Karotten	Im Keller kühl, trocken, dunkel, luftig und frostfrei aufbewahren. Bei Temperaturen von 8–12 °C, mittlerer Luftfeuchtigkeit und unter regelmäßiger Kontrolle bleiben die Lebensmittel mehrere Wochen und Monate ohne Energieaufwand haltbar.

Konserven	Gurken, Obst, Gemüse, Fertiggerichte	Im Vorratsschrank und Regalen, dunkel und trocken bei Temperaturen zwischen 15–18 °C bis zu vier Jahre ohne Energieaufwand haltbar.
Halbkonserven	Wurst- und Fischkonserven und konservierte Salate	Im Kühlschrank bei Temperaturen von 2–8 °C zwei Wochen bis zwei Monate haltbar
Getränke	Mineralwasser, Limonaden, Säfte, Bier und Wein	Im Keller, dunkel bei Temperaturen von 8–12 °C lagern. Getränke sind sechs Monate bis zwei Jahre haltbar.

3. *Zur optimalen Vorratshaltung gehört es nicht nur, Lebensmittel sachgerecht einzulagern, sondern sie auch regelmäßig sorgfältig zu überprüfen, damit sie nicht verderben und entsorgt werden müssen. Für eine sachgerechte Vorratshaltung sollen hier möglichst viele Maßnahmen zusammengestellt werden, die einem Nahrungsmittelverderb entgegenwirken.*

- Eine stets aktuelle Auflistung der Vorräte gibt Auskunft darüber, was eingelagert ist.
- Neue Lebensmittel werden in Schränken und Regalen hinten eingeordnet, damit zuerst die älteren Lebensmittel entnommen und verbraucht werden.
- Nicht nur beim Einkauf sollte auf das Mindesthaltbarkeitsdatum geachtet werden, sondern auch bei der Verwendung der Lebensmittel.
- Die Lebensmittel müssen je nach Vorratsart entsprechend richtig eingelagert werden. Dabei kommt es auf den Lagerort, aber auch auf seine klimatischen Bedingungen an.
- Selbst verarbeitete Lebensmittel, z. B. aus dem eigenen Garten, müssen sachgerecht verarbeitet, verpackt und entsprechend mit Inhalt, Erstellungsdatum und Menge etikettiert sein.
- Geöffnete Lebensmittelverpackungen sollten in geeignete Vorratsbehälter umgefüllt werden.
- Eingelagertes Obst und Gemüse müssen regelmäßig auf Verderb hin überprüft und ggf. entsorgt werden. Trockenvorräte können von Schädlingen wie z. B. Lebensmittelmotten oder Käfern befallen werden, deshalb müssen auch sie regelmäßig inspiziert werden.
- Bestimmte Obst- und Gemüsesorten sollten nicht nebeneinander gelagert werden, da sie durch die Absonderung von Reifegasen andere Sorten schneller reifen lassen.
- Verdorbene Lebensmittel müssen entfernt und Vorratsbehälter sowie Lagerort gründlich gereinigt werden.
- Lagerstellen, insbesondere auch Kühl- und Gefriergeräte, müssen generell regelmäßig umfassend gereinigt werden.
- Es soll nur so viel eingekauft werden, wie auch wirklich benötigt wird und sachgerecht eingelagert werden kann. Am besten funktioniert dies mit einem Einkaufszettel.
- Auch Konserven müssen von Zeit zu Zeit überprüft werden. Aufgewölbte Konservendosen (Bombagen) müssen unbedingt entfernt werden, da ihr Inhalt verdorben und giftig sein kann.
- Beim Einkauf von Frischvorräten sollte darauf geachtet werden, dass die Lebensmittel und deren Verpackungen unbeschädigt sind.

4. *Trotz sorgfältiger Vorratshaltung kann es vorkommen, dass Lebensmittel mit toxischen (giftigen) Mikroorganismen wie Schimmel, Botulinus, Eitererregern, Salmonellen oder Fäulniserregern befallen werden. Neben einer kurzen Beschreibung der Mikroorganismen sollen gesundheitliche Gefahren und entsprechende Schutzmaßnahmen dargestellt werden. Hier werden mehr als die drei geforderten toxischen Mikroorganismen aufgeführt.*

	Beschreibung	Gesundheitliche Gefahren	Schutzmaßnahmen
Schimmelpilze	– Sie vermehren sich durch Sporen über die Luft – Sie bilden ein Fadengeflecht, das das ganze Lebensmittel durchdringt – Besonders wasserhaltige Lebensmittel sind gefährdet	– Erkrankungen durch Schimmel entstehen nicht unmittelbar nach Kontakt – Es können Mykotoxine entstehen, die Organe schädigen und krebserregend sind – Schimmelsporen können Allergien und Erkrankungen der Atemwege auslösen	– Befallene Lebensmittel unbedingt vollständig entsorgen – Lebensmittel auf Befall kontrollieren, besonders Nüsse, Backwaren, Obst und Milchprodukte – Behälter gut reinigen und mit Essigwasser auswaschen
Salmonellen	– Sie leben im Dickdarm von Menschen und Tieren und kommen in verschiedenen Lebensmitteln vor – Sie können nicht am Geschmack oder Geruch der Lebensmittel erkannt werden – Besonders gefährdet sind Speisen mit rohem Ei, Geflügelfleisch und Hackfleisch – Eine Erkrankung ist meldepflichtig	– Zwölf bis 36 Stunden nach Verzehr infizierter Lebensmittel treten Fieber, Kopfschmerzen, Magenschmerzen, Durchfall, Übelkeit und Erbrechen auf – Salmonellen sind leicht übertragbar – Eine Infektion kann für Kleinkinder und alte Menschen tödlich enden	– Salmonellen sind nicht hitzestabil, deshalb Hackfleisch und Geflügelfleisch vollständig durchgaren (zehn Minuten bei 80 °C Kerntemperatur) – Speisen mit rohem Ei gut kühlhalten und am Zubereitungstag verzehren – Auftauwasser von Geflügel sofort wegschütten – Arbeitsgeräte und Arbeitsflächen gründlich mit heißem Wasser reinigen und Hände umfassend waschen – Warmhalten von Speisen vermeiden – Fleisch und Gemüse auf unterschiedlichen Brettern schneiden

	Beschreibung	Gesundheitliche Gefahren	Schutzmaßnahmen
Botulinustoxin	– Bodenbakterien, die sich auf infizierten Lebensmitteln schnell vermehren – Besonders gefährdet sind unsachgemäß haltbar gemachte saure Wurst- und Fischwaren sowie Obst- und Gemüsekonserven – Sie vermehren sich unter Luftabschluss (anaerob) – Vergiftungen mit Botulinustoxin sind meldepflichtig	– Botulinustoxine gehören zu den stärksten Giften und enden unbehandelt oft tödlich – nach ein bis drei Tagen treten Übelkeit, Kopfschmerzen und Doppelsehen, danach Lähmungen, Schluckbeschwerden und Sprechschwierigkeiten auf – bis zu 70 % der Infizierten versterben, wenn keine Behandlung eingeleitet wird	– Beim Einkochen Lebensmittel gründlich von Bodenspuren reinigen – Die Einkochtemperatur über 100 °C wählen – Gewölbte Konservendosen (Bombagen) und aufgeblähte Wurst- und Fischverpackungen entsorgen – Entweichen beim Öffnen von Gläsern Gase oder unangenehmer Geruch muss das Lebensmittel unbedingt entsorgt werden
Eitererreger	– Sie kommen in eiternden Wunden, Nasen- und Rachenschleimhäuten und Speichel vor – Übertragung durch mangelnde Hygiene – Besonders gefährdet sind Fleisch und Wurstwaren sowie Lebensmittel, die Eier und Milch enthalten	– Nach zwei bis sechs Stunden Erbrechen, Durchfall, Magenschmerzen – Die Erkrankung klingt nach zwei bis 24 Stunden ab	– Eiternde Wunden gut abdecken – Hände gründlich waschen – Nicht auf Speisen niesen oder husten – Probierlöffel verwenden – Speisen ausreichend erhitzen – Fertige Speisen nicht lange warmhalten
Fäulniserreger	– Anaerobe Bakterien, die im Darm von Menschen leben können – Übertragung auf Lebensmittel durch unzureichende Hygiene – Sie vermehren sich besonders rasch bei 12–30 °C – Besonders gefährdet sind eiweißreiche Lebensmittel wie Fleisch und Fisch – Lebensmittel werden ungenießbar	– Durch Zersetzung organischer Eiweißstoffe entstehen meist übelriechende giftige Abbauprodukte – Es können Magenschmerzen, Übelkeit, Durchfall und Erbrechen, Fieber, Schüttelfrost, Seh- und Hörstörungen auftreten sowie Hautrötungen entstehen	– Faule oder angefaulte Lebensmittel nicht mehr verwenden und aussortieren – Gefährdete Lebensmittel in kleinen Mengen bevorraten – Auf richtige Lagertemperatur achten

I. Gesund und nachhaltig: Lebensmittelauswahl – nicht nur Geschmackssache, sondern auch Lebensqualität!

Kräuter: © Alexandra Giese. 123rf.com; Hülsenfrüchte: © Iaroshenko Maryna. Shutterstock; Beeren: © lola1960. Shutterstock; Steaks: © Jag_cz. Shutterstock

Die Ernährungsgewohnheiten unterliegen einem ständigen Wandel, der von gesellschaftlichen Entwicklungen geprägt wird. Rund 9 % der Deutschen entscheiden sich für eine vegetarische Ernährung, die man in unterschiedliche Formen einteilen kann.

1.1 Beschreiben Sie wesentliche Aspekte der ovo-lakto-vegetarischen, der lakto-vegetarischen sowie der veganen Ernährung.

1.2 Bewerten Sie die vegane Ernährungsweise aus ernährungsphysiologischer Sicht.

2. Kräuter werten nicht nur vegetarische Gerichte auf. Sie bereichern nahezu jede Speise. Zeigen Sie sechs allgemeine Wirkungsweisen bzw. die ernährungsphysiologische Bedeutung von Kräutern auf und nennen Sie dazu jeweils ein typisches Kräuterbeispiel.

3. Hülsenfrüchte haben in der Ernährung einen besonderen Stellenwert. Erläutern Sie dies anhand der Inhaltsstoffe.

4. Für viele Rezepte werden Geliermittel benötigt. Gliedern Sie die verschiedenen Arten von Geliermitteln und beschreiben Sie ein Geliermittel ausführlich.

5. Trotz einer steigenden Anzahl von Vegetariern ist die Begeisterung für Fleisch ungebrochen. Stellen Sie fünf Vorteile dieses Lebensmittels aus ernährungsphysiologischer Sicht dar.

II. Glas – ein nachhaltiges Material in der modernen Küche?

1. In Zeiten problematisch hohen Müllaufkommens gewinnen recyclebare Materialien wie Glas wieder an Bedeutung. Das Angebot an Glaswaren in unterschiedlicher Qualität ist sehr groß. Beschreiben Sie drei Glasarten und nennen Sie mögliche Verwendungszwecke.

2. Unsere Ökosysteme werden durch den Einsatz von Plastik in allen Lebensbereichen stark belastet. Kann Glas im Lebensmittelbereich eine nachhaltige Alternative sein? Bewerten Sie Glas als Verpackungsmaterial anhand von acht Argumenten.

3. Glas eignet sich sehr gut für die Verwendung in einem Mikrowellengerät. Erklären Sie die Funktionsweise und nennen Sie vier Einsatzmöglichkeiten dieses Gerätes.

Lösungsvorschlag

I. Gesund und nachhaltig: Lebensmittelauswahl – nicht nur Geschmackssache, sondern auch Lebensqualität!

1.1 *Beschränken Sie sich bei der Beschreibung auf die zentralen Aspekte der jeweiligen Ernährungsweise. Es ist sinnvoll, zunächst die Gemeinsamkeit und dann die spezifischen Unterschiede aufzuzeigen. Die Wortbestandteile „ovo" und „lakto" leiten sich aus dem Lateinischen „ovum" (das Ei) und „lac" (die Milch) ab.*

Bei allen vegetarischen Kostformen wird auf Produkte von einem toten Tier (z. B. Fleisch und Wurst, Gelatine, Fisch, Meeresfrüchte) verzichtet. Unterschiede zeigen sich beim Verzehr von Lebensmitteln, die von lebenden Tieren stammen (z. B. Eier, Milch, Honig). Dabei gilt:
- **Veganer** essen keinerlei tierische Produkte, auch keinen Honig.
- **Lacto-Vegetarier** verzehren Milch und Milchprodukte, verzichten aber auf Eier.
- **Ovo-Lacto-Vegetarier** nehmen neben allen pflanzlichen Produkten auch Milch und Milchprodukte sowie Eier zu sich.

1.2 *„Bewerten" bedeutet, einen Sachverhalt anhand von Fachwissen wertend zu beschreiben. Die Aufgabenstellung verlangt von Ihnen, aufzuzeigen, inwieweit die vegane Ernährung mit den ernährungsphysiologischen Bedürfnissen des Menschen übereinstimmt und inwieweit sie diesen gegebenenfalls nicht gerecht wird. Dabei können Sie Vor- und Nachteile/ Gefahren einander gegenüberstellen.*

Grundsätzlich gilt: Bevor man auf eine vegane Ernährung umstellt, ist es sehr wichtig, sich das nötige Wissen anzueignen bzw. mit dem Arzt Rücksprache zu halten.
Für alte Menschen, Schwangere, Stillende, Säuglinge und Kleinkinder gilt die vegane Ernährung als ungeeignet.

Die vegane Ernährung birgt aus ernährungsphysiologischer Sicht einige Gefahren:
- Bei einer einseitigen und nicht bewusst vielseitigen Ernährung kann es zu einem Mangel im Hinblick auf die Mineralstoffe Zink, Jod, Kalzium und Eisen sowie hinsichtlich der Vitamine D und B 12 kommen. Diesen Defiziten kann durch die Einnahme von Nahrungsergänzungsmitteln vorgebeugt werden.
- Eisen ist zwar in pflanzlichen Lebensmitteln enthalten, es kann aber schlechter resorbiert werden als Eisen aus tierischen Lebensmitteln. Um einer dadurch bedingten Blutarmut vorzubeugen, ist auf eine ausreichende Kombination mit Vitamin C zu achten, weil dadurch die ernährungsphysiologische Verfügbarkeit von pflanzlichem Eisen erhöht wird.
- Bei der Versorgung mit hochwertigem Eiweiß kann es zu Engpässen kommen, weil der Anteil an essenziellen Aminosäuren in pflanzlichen Lebensmitteln niedrig ist. Hier sollte unbedingt auf den Verzehr von Hülsenfrüchten in Kombination mit Getreideprodukten geachtet werden, um die biologische Wertigkeit von pflanzlichem Eiweiß zu steigern.

Die vegane Ernährung bietet aus ernährungsphysiologischer Sicht aber auch Vorteile:
- Bei einer pflanzlichen Ernährung werden ausreichend wasserlösliche Vitamine sowie sekundäre Pflanzenstoffe durch den Verzehr von Obst und Gemüse aufgenommen.
- Die gleichzeitig sehr ballaststoffhaltigen Nahrungsmittel sättigen lange und tragen generell zur Darmgesundheit bei.
- Eine rein pflanzliche Ernährung ist cholesterinfrei. Das Risiko für einen erhöhten Cholesterinspiegel und in der Folge für Arteriosklerose ist deutlich niedriger. Dadurch kommt es auch viel seltener zu Herzinfarkten und Schlaganfällen.

2. *Das Wort „bzw."(„beziehungsweise") in der Aufgabenstellung zeigt an, dass Sie sowohl „allgemeine Wirkungsweisen" als auch „die ernährungsphysiologische Bedeutung" von Kräutern aufzeigen sollen. In welchem Verhältnis die beiden Teilbereiche innerhalb der sechs geforderten Aspekte abgedeckt werden, können Sie selbst bestimmen. Da Kräuter jeweils über mehrere Eigenschaften verfügen, ist es möglich, ein Kraut öfter zu nennen.*

Allgemeine Wirkungsweisen:
- Kräuter wirken sich positiv auf den Geschmack von Speisen aus, z. B. Schnittlauch, Rosmarin, Thymian.
- Der Anteil von Salz in Gerichten kann zum Teil durch den Einsatz von Kräutern reduziert werden, z. B. durch Maggikraut.
- Die in Kräutern enthaltenen sekundären Pflanzenstoffe (Aroma, Geschmack, Farbe) regen den Appetit an, z. B. Kapuzinerkresse, Petersilie, Dill.
- Die sekundären Pflanzenstoffe wirken entzündungshemmend sowie cholesterinsenkend und schützen vor freien Radikalen, z. B. Minze, Kapuzinerkresse.
- Kräuter sind Mineralstofflieferanten (v. a. Phosphor, Eisen und Magnesium), z. B. Petersilie, Rosmarin, Schnittlauch.
- Außerdem sind Kräuter reich an ätherischen Ölen, die verdauungsfördernd wirken und Blähungen entgegenwirken, z. B. Anis, Kümmel.

Weitere Wirkungsweisen:
- Schwer verdauliche Speisen werden durch den Zusatz bestimmter Kräuter leichter bekömmlich, z. B. durch Beifuß.
- Kräuter mit einem hohen Anteil an Bitterstoffen unterstützen die Gallentätigkeit, z. B. Koriander, Löwenzahn.
- Viele Kräuter werden aufgrund ihrer heilenden bzw. gesundheitsförderlichen Wirkung häufig in der Hausapotheke auch anstelle von Medikamenten eingesetzt. So hilft z. B.
  - Fenchel gegen Husten und Übelkeit,
  - Salbei gegen Halsschmerzen,
  - Anis gegen Krämpfe,
  - Brennnessel gegen Verstopfung,
  - Rosmarin gegen Kreislaufbeschwerden etc.

3. *„Erläutern" bedeutet, über einen Sachverhalt nachvollziehbar und verständlich zu informieren. Sie können den Stellenwert von Hülsenfrüchten in der Ernährung anhand von Beispielen, Querverbindungen, Folgeerscheinungen etc. verdeutlichen. Hier wird also der Sachverhalt tiefergehend durchdrungen. Achten Sie darauf, den Stellenwert von Hülsenfrüchten speziell anhand ihrer Inhaltsstoffe zu erläutern.*

- Hülsenfrüchte enthalten sehr viel Eiweiß, nämlich 18–20 %; dies spielt besonders bei einer vegetarischen Ernährungsform eine große Rolle.
- Die biologische Wertigkeit von Hülsenfrüchten ist nicht besonders hoch, lässt sich jedoch in Kombination mit Milch, Fleisch, Fisch, Ei sowie Getreide deutlich erhöhen.
- Hülsenfrüchte enthalten wenig Fett. Die Sojabohne ist hier eine Ausnahme, verfügt jedoch über ein positives Fettsäure-Muster und ist zudem (wie alle pflanzlichen Lebensmittel) cholesterinfrei.
- Der Vielfachzucker Stärke ist reichlich vorhanden; Stärke lässt den Blutzuckerspiegel langsam ansteigen und sorgt somit für ein langfristig gleichbleibendes Energielevel.
- Der Vielfachzucker Ballaststoffe ist ebenso reichlich enthalten. Der hohe Ballaststoffanteil wirkt sich positiv auf die Darmgesundheit und auch auf den Cholesterinspiegel im Blut aus. Wegen des hohen Ballaststoffanteils sind Hülsenfrüchte jedoch schwer verdaulich, weswegen es zu Blähungen kommen kann.
- Die Vitamine A, E sowie der Vitamin-B-Komplex sind in beachtlicher Menge enthalten.
- Außerdem liefern Hülsenfrüchte vor allem die Mineralstoffe Kalzium, Magnesium, Phosphor und Eisen.

4. *Die Einteilung sollte nach der Herkunft vorgenommen werden. Die Geliermittel lassen sich demnach in tierische und pflanzliche Geliermittel einteilen. Das zu beschreibende Geliermittel kann frei gewählt werden. Hier sind zur Veranschaulichung alle geläufigen Geliermittel genauer beschrieben.*

Tierisches Geliermittel	
Gelatine	– Gelatine wird aus Knochen und Bindegewebe von Rindern und Schweinen gewonnen. – Sie besteht zu einem sehr hohen Prozentsatz aus tierischem Eiweiß und ist frei von Konservierungs- und Zusatzstoffen sowie von Fett, Cholesterin und Purinen. – Gelatine quillt im Wasser und lässt sich bei Wärme (50 Grad Celsius) auflösen, darf aber nicht überhitzt werden. – Geschmacklich ist sie neutral und kann somit für süße und pikante Speisen verwendet werden. – Gelatine wird bei der Lebensmittelkennzeichnung als Zutat angesehen und hat deshalb keine E-Nummer, sondern muss namentlich genannt werden. – Sie ist in Blattform oder pulverförmig sowie in Rot und Weiß erhältlich. – Anwendung: z. B. Wackelpudding, Tortenfüllungen, Marmelade
Pflanzliche Geliermittel	
Agar-Agar	– Agar-Agar wird aus Algen hergestellt. – Es besteht hauptsächlich aus quellfähigen Ballaststoffen und wirkt verdauungsfördernd; ein übermäßiger Verzehr kann abführend wirken. – Agar-Agar enthält pflanzliches Eiweiß sowie Vitamine (B-Vitamine, Beta-Carotin, Vitamin K, Vitamin C) und Mineralstoffe (Natrium, Magnesium, Kalzium). – Es ist geschmacksneutral und kann für süße und pikante Speisen verwendet werden. – Agar-Agar quillt und kann nur in kochender Flüssigkeit aufgelöst werden. Somit ist es für kalt gerührte Speisen ungeeignet. – Es gilt als Lebensmittelzusatzstoff mit Kennzeichnungspflicht auf der Verpackung als E 406. – Agar-Agar wird in Pulverform angeboten. – Anwendung: z. B. Desserts, Marmeladen
Pektine	– Pektine gehören zu den Ballaststoffen und bilden zusammen mit der Zellulose das Zellgerüst der Pflanze. – Sie sind wasserlöslich. – Als Ballaststoffe tragen sie zur Darmgesundheit bei – Pektine werden aus sauren Früchten wie z. B. Quitten, Äpfeln sowie aus Zitronen- und Orangenschalen gewonnen. – Sie gelten als Lebensmittelzusatzstoff und müssen auf der Verpackung mit E 440 gekennzeichnet werden. – Sie werden in pulvriger oder flüssiger Form angeboten. – Anwendung: z. B. Bestandteil von Gelierzucker für Konfitüren, Marmeladen, Gelees

Johannisbrot-kernmehl	– Die Früchte des Johannisbrotbaumes enthalten Kerne, woraus das Johannisbrotkernmehl gewonnen wird. – Es enthält ein Kohlenhydrat, welches vom Menschen nicht verdaut werden kann. Deshalb ist es für Diabetiker besonders gut geeignet. – Johannisbrotkernmehl quillt im Darm und kann leicht abführend wirken. – Es ist geschmacksneutral und somit für süße und pikante Speisen verwendbar. – Es enthält kein Gluten. – Kalt gerührte Cremes mit Johannisbrotkernmehl brauchen genügend Zeit zum Quellen. Warme Speisen sollte man unter Rühren aufkochen lassen. – Johannisbrotkernmehl gilt als Lebensmittelzusatzstoff und muss auf der Verpackung mit E 410 gekennzeichnet werden. – Anwendung: z. B. Speiseeis, Backwaren

5. *Der Verzehr von Fleisch ist mit verschiedenen positiven Effekten verbunden, dennoch sollte auf einen mäßigen Fleischkonsum geachtet werden, da ein übermäßiger Verzehr diverse Krankheiten hervorrufen oder begünstigen kann (z. B. Bluthochdruck, Gicht). Darüber hinaus belastet die Fleischproduktion die Umwelt durch Emissionen und verursacht Tierleid.*
Bei dieser Aufgabe ist es wichtig zu erkennen, dass die Fragestellung nur die Vorteile umfasst. Nachteilige oder nicht-positive (neutrale) Informationen über Fleisch können nicht bewertet werden. Die Darstellung hier geht über die geforderten fünf Vorteile hinaus.

Hoher Eiweißgehalt:
- Fleisch besteht, je nach Sorte, zu ca. 20 % aus Eiweiß.
- Fleischeiweiß ist besonders hochwertig, weil das Aminosäuremuster so beschaffen ist, dass es vom Körper gut aufgenommen werden kann. Wegen der hohen biologischen Wertigkeit muss weniger tierisches Eiweiß verzehrt werden als pflanzliches, um dem Körper ausreichend Eiweiß zur Verfügung zu stellen.

Unterschiedlicher Fettgehalt:
- Fleisch enthält, je nach Sorte, zwischen 1–30 g Fett pro 100 g mit einem entsprechend hohen Cholesteringehalt (je höher der Fettanteil, desto höher auch der Cholesterinanteil).
- Dabei sind sowohl gesättigte als auch ungesättigte Fettsäuren enthalten. Letztere spielen im Fettstoffwechsel eine bedeutende Rolle. Generell gilt, dass mit steigendem Fettgehalt auch das Fettsäure-Muster schlechter wird.

Wichtige Vitamine:
- In Bezug auf den Vitamingehalt von Fleisch ist vor allem der Vitamin-B-Komplex zu nennen:
  - Vitamin B1 (besonders hoch in Schweinefleisch)
  - Vitamin B6
  - Vitamin B12, das für die Blutbildung benötigt wird und fast ausschließlich über tierische Lebensmittel aufgenommen werden kann
- Einen besonders hohen Vitaminanteil haben Innereien.

Niedriger Anteil an Kohlenhydraten:

- Fleisch ist komplett oder nahezu frei von Kohlenhydraten, weswegen es zum einen in der Diabetes-Ernährung und zum anderen bei Diäten (z. B. Atkins, Low Carb) zum Einsatz kommt.
- In der Reduktionskost sollten nur magere Fleischsorten zur Verwendung kommen.

Wichtige Mineralstoffe:

- Fleisch ist reich an wichtigen Mineralstoffen, vor allem Kalium, Phosphor, Selen, Zink, Eisen.
- Eisen aus Fleisch ist vom Körper sehr gut zu verwerten, besser als aus pflanzlichen Lebensmitteln. Bei gleichzeitigem Verzehr von Vitamin-C-haltigen Lebensmitteln wird die Bioverfügbarkeit von Eisen noch verbessert.
- Fleisch ist außerdem arm an Natrium-Chlorid, das in hohen Dosen blutdrucksteigernd wirkt.

Verdaulichkeit:

- Mageres Fleisch ist leicht verdaulich und liefert wenig Energie.
- Mit zunehmendem Fettgehalt nimmt die Verdaulichkeit ab und der Energiegehalt zu.

II. Glas – ein nachhaltiges Material in der modernen Küche?

1. *Die Glasarten können frei gewählt werden. Eine Darstellung in Tabellenform ist nicht zwingend erforderlich, bietet sich bei dieser Aufgabe jedoch an. Im Folgenden sind zur Veranschaulichung fünf statt der geforderten drei Glasarten dargestellt.*

Generell gilt, dass Glas keine hohe Wärmeleitfähigkeit besitzt und zerbrechlich ist.

Glasart	Beschreibung	Verwendungszwecke
Kalknatronglas	– Das benötigte Flussmittel ist Soda (Natriumcarbonat). – Das Glas ist dickwandig und somit stabil. – Es ist leicht gräulich, stumpf und ohne Lichtbrechung und Glanz. – Kleine Bläschen und Streifen können im Glas eingeschlossen sein. – Das Glas verträgt keine Temperaturschwankungen. – Die Qualität ist aufgrund der oben genannten Merkmale niedrig.	Diese Glasart wird bei Schraubgläsern, die für Marmeladen, Essiggurken, Senf etc. verwendet werden, bei Einweckgläsern, billigen Trinkgläsern und Flaschen eingesetzt.
Kalikalkglas = Kristallglas	– Das verwendete Flussmittel ist Pottasche (Kaliumcarbonat). – Es handelt sich um ein hochwertiges Glas, das meist maschinell geblasen wird. – Das Glas ist härter als Kalknatronglas und somit weniger anfällig. – Es können sehr reine, dünne und klingende Formen hergestellt werden. – Gläser aus diesem Material haben einen schönen Glanz und eine hohe Lichtbrechung. – Auch dieses Glas ist empfindlich gegenüber Temperaturschwankungen.	Kristallglas wird für Spiegel, Weingläser, Karaffen und Ziergegenstände der mittleren Preisklasse verwendet.
Kalibleiglas = Bleikristallglas	– Das benötigte Flussmittel heißt Menninge (Bleioxid). – Diese Glasart ist sehr hochwertig und entsprechend hochpreisig. – Es glänzt wunderbar und hat eine exzellente Lichtbrechung. – Durch die Zugabe von Bleioxid hat Bleikristallglas ein deutlich höheres Gewicht, klingt sehr rein und lässt sich zudem durch Einschliffe verzieren. – Bleikristallglas muss über den Restmüll entsorgt werden, da es sich nicht wie andere Gegenstände aus Glas recyceln lässt.	Bleikristallglas wird für Ziergegenstände, Schmuck, Weingläser der gehobenen Preisklasse sowie Kronleuchter verwendet.

Borosilicatglas = feuerfestes Glas	– Verschiedene Zusätze (Bortrioxid, Natriumoxid, Aluminiumoxid) sind für die Temperaturbeständigkeit verantwortlich. Eine Temperaturwechselbeständigkeit kann nicht erzielt werden. – Feuerfestes Glas kann in der Mikrowelle verwendet werden, ist jedoch nicht für die Herdplatte oder den Gasherd geeignet. – Aufgrund der ansprechenden Optik eignet sich dieses Material als Serviergeschirr.	Das feuerfeste Glas wird für Auflaufformen, Teekannen, Teegläser und Kaffeekannen verwendet.
Glaskeramik	– Glaskeramiken werden aus Glasschmelzen durch gesteuerte Kristallisation hergestellt. – Durch das spezielle Herstellungsverfahren wird neben der Hitzebeständigkeit auch die Temperaturwechselbeständigkeit erreicht, weil sich der Werkstoff bei unterschiedlichen Temperaturen kaum ausdehnt. – In der Verbindung mit Keramik verliert das Material seine Durchsichtigkeit, hat eine höhere mechanische Festigkeit und ist somit kratzfest.	Glaskeramik wird bei Kochgeschirr und Ceran-Kochfeldern eingesetzt.

2. *Der Operator „bewerten“ verlangt tiefgehendes Fachwissen. Eine fundierte Bewertung erfordert die Darstellung von Vor- und Nachteilen. Weil innerhalb des Arbeitsauftrags zusätzlich eine Frage gestellt wird, ist ein zusammenfassendes Fazit nötig. Zur Veranschaulichung sind hier mehr als acht Vor- bzw. Nachteile aufgeführt.*

- Glas ist durchsichtig. Somit ist der in Glas verpackte Inhalt beim Einkauf für den Kunden direkt sichtbar.
- Die Rohstoffe zur Glasherstellung sind günstig, außerdem ist Glas sehr gut zu recyceln.
- Pfandflaschen aus Glas müssen nicht eingeschmolzen werden. Man kann sie sehr leicht reinigen, was jedoch mit einem hohen Verbrauch an Wasser, Reinigungsmitteln und Energie verbunden ist.
- Das Material kann vielseitig und mehrmals eingesetzt werden.
- Glas ist sehr hygienisch und lebensmittelecht, außerdem geruchs- und geschmacksneutral. Fremdgerüche können in Glasverpackungen nicht eindringen, der Eigengeschmack des Inhalts kann sich nicht verflüchtigen.
- Sind Lebensmittel in dunkel gefärbte Glasverpackungen verpackt, so werden Inhaltsstoffe geschont (z. B. Öl, Saft, Milch).
- Schraubgläser können in der Regel gut gestapelt werden.
- Glas ist hitzebeständig, sodass Lebensmittel bereits in ihrer Verpackung gegart bzw. haltbar gemacht werden können (z. B. Kompotte, Sauergemüse).
- Schöne Glasverpackungen eignen sich als Geschenke (z. B. bei Likör, Wein).
- Glas an sich ist jedoch schwer. Dies wirkt sich ungünstig auf die Transportkosten der kommerziellen Zulieferer sowie auf den privaten Transport nach Hause aus. Besonders für alte Menschen und Menschen mit Behinderung ist das relevant.
- Glas ist zerbrechlich und Scherben können zu Schnittverletzungen führen.

Vorschlag für ein Fazit:
Wie oben dargestellt ist die Verwendung von Glas als Verpackungsmaterial mit einigen Nachteilen verbunden. Es handelt sich dabei jedoch ohne Zweifel um ein nachhaltiges Material, das aufgrund seiner Eigenschaften besonders im Bereich der Lebensmittel zum Einsatz kommt und auch weiterhin kommen sollte.

3. *Die Aufgabenstellung ist klar formuliert und strukturiert: Zunächst soll die Funktionsweise eines Mikrowellengerätes erklärt werden und anschließend sind vier Einsatzmöglichkeiten aufzuzeigen.*

Funktionsweise:
Mikrowellen sind elektromagnetische Wellen. Das Magnetron im Mikrowellengerät erzeugt diese Wellen, die in den Garraum des Gerätes geleitet werden. Dort sorgen ein rotierender Flügel sowie reflektierende Wände und meist auch ein Drehteller für eine gleichmäßige Verteilung der Wellen. Die Mikrowellen dringen in das Lebensmittel ein und bringen die einzelnen Moleküle in Schwingung. Dadurch entsteht Reibung, welche wiederum Wärme erzeugt. Bei Mikrowellengeräten können verschiedene Leistungsstufen eingestellt werden.

Einsatzmöglichkeiten:
- Gefrorene Lebensmittel können schonend aufgetaut werden.
- Speisereste können schnell und energiesparend erwärmt werden (z. B. Suppe).
- Convenience-Produkte können unproblematisch zubereitet werden.
- Kuvertüre kann in der Verpackung geschmolzen werden (Wasserbad und zusätzliches Geschirr können eingespart werden).

Weitere Einsatzmöglichkeiten:
- Auch Röststoffe können erzeugt werden, sofern es sich um ein Gerät mit integrierter Zusatzfunktion handelt (z. B. Backen, Braten, Grillen).
- In speziellen Kochgeschirren können auch Lebensmittel, z. B. Kartoffeln und Eier, gegart werden.

Abschlussprüfung 2020 an den Realschulen in Bayern
Ernährung und Gesundheit: Aufgabengruppe B I/II

I. Diabetes: Wenn zu viel Zucker gefährlich wird

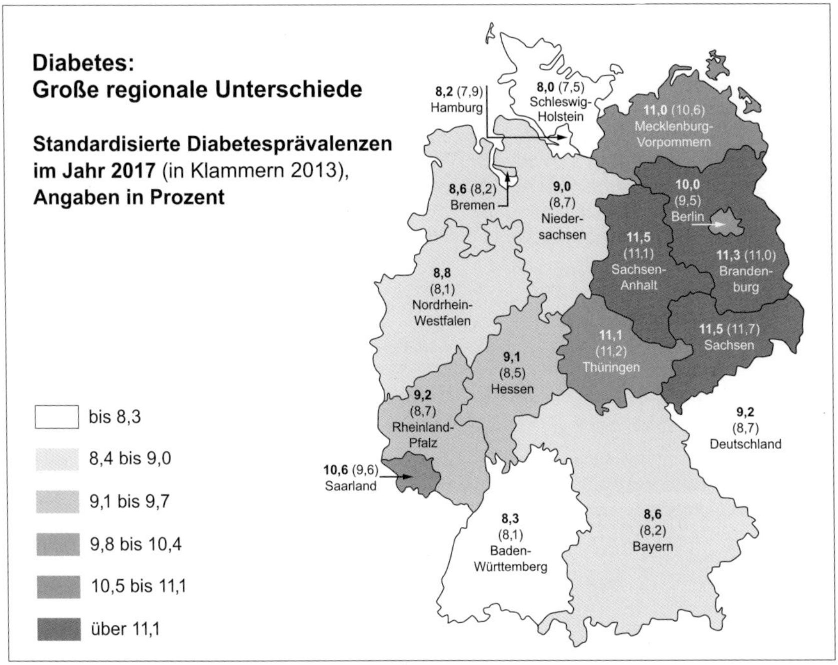

BARMER Internetredaktion

1. Diabetes zählt zu den ältesten bekannten Volkskrankheiten. In Deutschland ist die Zuckerkrankheit heute weiter verbreitet denn je. Entnehmen Sie der Grafik vier relevante Aussagen.

2. In der Medizin wird Diabetes in zwei Arten eingeteilt. Beschreiben Sie diese.

3. Durch medizinisches Fachpersonal erhalten Diabetiker eine kompetente Ernährungsberatung. Sie erfahren, welche Lebensmittel sie bevorzugt essen und welche Speisen und Getränke sie eher selten oder nur in kleinen Portionen verzehren sollten. Führen Sie sechs Ernährungsempfehlungen für Diabetiker aus.

4. Wer als Diabetiker Nachtisch oder Kuchen genießen will, kann auch auf Zuckeralternativen in verschiedenen Varianten zurückgreifen. Stellen Sie je ein natürliches und ein künstliches Süßungsmittel vor und erläutern Sie deren ernährungsphysiologische Bedeutung.

5. Eine gezielte Ernährung hilft vielen Diabetikern ihren Gesundheitszustand deutlich zu verbessern. Vollkornmehle können dabei eine wichtige Rolle spielen. Skizzieren Sie den Querschnitt eines Getreidekorns und benennen Sie die Bestandteile. Vergleichen Sie Brot aus Vollkornmehl und Auszugsmehl aus ernährungsphysiologischer Sicht.

II. Arbeitsplatz Küche – Planung und Hygiene

© Pablo Scapinachis. Shutterstock

1. In einer Küche fallen sehr viele unterschiedliche Tätigkeiten an, die in vier Arbeitsbereichen ausgeführt werden. Beschreiben Sie die Arbeitsbereiche mit den dazugehörigen Einrichtungsgegenständen bzw. Großgeräten.

2. Die neue Küche Ihrer Familie wird geplant. Für die Arbeitsflächen sind Holz und Granit in der engeren Wahl. Beraten Sie Ihre Eltern indem Sie je fünf spezifische Materialeigenschaften vorstellen. Berücksichtigen Sie dabei mögliche Vor- und Nachteile.

3. Ähnlich wie in der Lebensmittelindustrie erfordert auch das Arbeiten in der Küche die Einhaltung grundlegender Hygienestandards. Formulieren Sie je vier Regeln zur persönlichen Hygiene, zur Hygiene im Umgang mit Lebensmitteln und zur Hygiene am Arbeitsplatz.

Lösungsvorschlag

I. Diabetes: Wenn zu viel Zucker gefährlich wird

1. *Wesentliche Aussagen können sich auf die geografische Verteilung der Erkrankung, auf auffallende Besonderheiten oder aber auch auf die grundsätzliche Bedeutung der Grafik beziehen. Die Überschrift weist bereits darauf hin, dass große regionale Unterschiede bestehen. Eine Beurteilung der Darstellung ist nicht erforderlich. Ihre Aussagen können aber durchaus weitergehende Überlegungen beinhalten.*

   - Die Grafik stellt, aufgeschlüsselt nach Bundesländern, den prozentualen Anteil der Diabeteserkrankungen in Deutschland der Jahre 2013 und 2017 dar.
   - Der Anteil der Diabeteserkrankten in der gesamten Bundesrepublik lag 2017 bei 9,2 %; 2013 lag er noch bei 8,7 %.
   - In den Bundesländern Sachsen und Sachsen-Anhalt gibt es mit 11,5 % die meisten Diabeteserkrankungen im Verhältnis zur Landesbevölkerung. Dabei hat sich in Sachsen der Anteil von 11,7 % (2013) auf 11,5 % (2017) vermindert, in Sachsen-Anhalt hingegen von 11,1 % (2013) auf 11,5 % (2017) erhöht.
   - Insgesamt fällt auf, dass der Anteil an zuckererkrankten Bewohnern in Ostdeutschland den bundesdeutschen Durchschnitt sowohl 2017 als auch bereits 2013 bei Weitem übertrifft.

   Weitere relevante Aussagen:
   - Schleswig-Holstein ist mit 8,0 % (2017) und 7,5 % (2013) das Bundesland mit den wenigsten Diabeteserkrankungen in Relation zur Bevölkerung.
   - Insgesamt fällt auf, dass außer in Sachsen und Thüringen der Anteil an Diabeteserkrankungen von 2013 bis 2017 in allen Bundesländern gestiegen ist.
   - Mit 8,6 % (2017) Diabetikern liegt Bayern, wie auch im Jahr 2013, unterhalb des bundesdeutschen Durchschnitts von 9,2 % (2017).

2. *Bei dieser Aufgabe werden die richtige Bezeichnung beider Arten von Diabeteserkrankungen, die jeweiligen Ursachen und Folgen, der Verlauf sowie mögliche Therapiemaßnahmen der Stoffwechselerkrankung erwartet. Für die gegenüberstellende Beschreibung eignet sich die Darstellung in Tabellenform.*

Diabetes mellitus Typ 1	Diabetes mellitus Typ 2
– Absoluter Insulinmangel aufgrund einer Autoimmunerkrankung, die bewirkt, dass die für die Produktion von Insulin benötigten Zellen (Langerhanssche Inseln) in der Bauchspeicheldrüse zerstört werden. Dadurch wird nur wenig oder kein Insulin mehr hergestellt und der Blutzuckerspiegel steigt. – Diese Autoimmunerkrankung kann genetisch bedingt sein. – Mögliche Folgen sind u. a.: Muskelschwund, Schäden an Blutgefäßen, Nervenschäden und Sehstörungen.	– Relativer Insulinmangel aufgrund verschiedener Faktoren wie z. B. erblicher Veranlagung, ungesunder Ernährung und Bewegungsmangel. Es kommt zu einer Insulinresistenz. Diese bewirkt, dass Körperzellen schlechter auf das Hormon Insulin reagieren und der Zuckerspiegel im Blut steigt. – An Diabetes Typ 2 erkrankte Personen sind meist übergewichtig. – Mögliche Folgen sind u. a.: Organschäden, Schädigungen von Haut und Augenlicht, Herzinfarkt.

Diabetes mellitus Typ 1	Diabetes mellitus Typ 2
– Tritt meist schon im Kindes- und Jugendalter auf. – Die Krankheitsform entwickelt sich sehr rasch.	– Die Erkrankung beginnt meist ab dem 40. Lebensjahr. Inzwischen erkranken auch immer mehr stark übergewichtige Jugendliche mit großem Bewegungsmangel. – Die Krankheitsform entwickelt sich meist langsam über mehrere Jahre.
– Die Erkrankung ist nicht heilbar. Der Blutzuckerspiegel muss lebenslang durch Messung kontrolliert und durch die Gabe von Insulin eingestellt werden.	– Typ-2-Diabetiker können mit einer gesunden Ernährung, Bewegung und Verringerung des Körpergewichts weitere Spätfolgen verhindern. Bei manifestierter Diabetes-Typ-2-Erkrankung müssen Medikamente eingenommen werden. Eine Insulingabe ist nicht ausgeschlossen.

3. *Diabetes ist eine Erkrankung, die durch eine ausgewogene und angepasste Ernährung positiv beeinflusst werden kann. Die Aufgabenstellung enthält bereits Hinweise auf die erwarteten Ernährungsempfehlungen.*

   - **Körpergewicht und Ernährungsgewohnheiten:** Das Körpergewicht muss über einen längeren Zeitraum auf das Normalgewicht reduziert und langfristig gehalten werden. Die Mahlzeiten sollten abwechslungsreich und ausgewogen gestaltet sein und gleichmäßig über den Tag verteilt werden.
   - **Nährstoffbedarf:** Auch für Diabetiker setzt sich die empfohlene Nährstoffzufuhr aus 15 % Eiweiß, 30 % Fett und 55 % Kohlenhydraten zusammen.
   - **Kohlenhydratanteil:** Der Kohlenhydratanteil sollte vor allem aus komplexen Kohlenhydraten wie z. B. Vollkornprodukten bestehen. Nudeln, Reis oder Brot aus Vollkornmehl lassen den Blutzuckerspiegel langsam ansteigen und sättigen dabei auch länger als Weißmehlprodukte. Kartoffeln, Hülsenfrüchte und Gemüse sind weitere Lebensmittel, deren hoher Ballaststoffanteil sich positiv auf den Blutzuckerspiegel auswirkt.
   - **Blutzuckerspiegel:** Das regelmäßige Überprüfen des Blutzuckerspiegels ist lebensnotwendig. Die richtige Einschätzung des Kohlenhydratanteils in der Nahrung hilft, die benötigte Insulinmenge in einer Insulintherapie zu überschlagen und zu berechnen. Die Menge an Kohlenhydraten in einem Lebensmittel wird in der Einheit BE (= Broteinheit) angegeben, diese entspricht 12 g Kohlenhydraten. Diabetiker müssen regelmäßig ihren Blutzuckerwert überprüfen, um eine Unter- oder Überzuckerung zu verhindern und um weiteren Spätfolgen wie z. B. Nierenschäden, Augenproblemen und Störungen der Wundheilung vorzubeugen.
   - **Eiweißaufnahme:** Bei einer bestehenden Nierenerkrankung soll die Menge an Eiweiß möglichst nicht 0,8 g je Kilogramm Körpergewicht überschreiten. Bei der Auswahl eiweißhaltiger Lebensmittel tierischen Ursprungs werden von Diabetologen vor allem Milch und Milchprodukte, Fisch und Geflügel empfohlen. Bei den eiweißhaltigen Nahrungsmitteln pflanzlichen Ursprungs sind Kartoffeln, Hülsenfrüchte, Getreide und Gemüse zu bevorzugen. Fleisch- und Wurstwaren sollten vermieden werden.
   - **Fette:** Pflanzliche Fette enthalten ungesättigte und mehrfach ungesättigte Fettsäuren und sind den tierischen Fetten vorzuziehen. Dies senkt den Blutfettspiegel (Cholesterin) und vermindert damit das Risiko für Herz-Kreislauf-Erkrankungen.

Weitere Ernährungsempfehlungen:

- **Alkohol:** Alkohol sollte nur in Maßen konsumiert werden. Ein regelmäßiger Genuss schädigt die Organe. Gegen einen gelegentlichen Genuss ist jedoch nichts einzuwenden. Aber Achtung: Da Alkohol über die Leber abgebaut wird, ist die Freisetzung von Zucker durch die Leber vermindert. Dies kann zu Unterzucker führen.
- **Obst und Gemüse:** Täglich drei Portionen Gemüse und ein bis zwei Portionen Obst sichern die Zufuhr von Vitaminen, Mineralstoffen und Ballaststoffen. Süße Früchte wie Trauben und Bananen lassen den Blutzuckerspiegel rasch ansteigen und sollten besser mit Milchprodukten wie z. B. Joghurt oder Quark kombiniert werden.
- **Süßungsmittel:** Getränke und Süßspeisen sollten nicht mit Zucker, sondern mit alternativen Süßungsmitteln gesüßt werden.
- **Bewegung:** Körperliche Aktivität und Bewegung verbraucht Energie und verbessert die Insulinempfindlichkeit der Zellen. Typ-2-Diabetiker können durch Sport die benötigte Medikamentenmenge vermindern.

4. *Die Auswahl an künstlichen und natürlichen Süßstoffen ist groß. Speziell bei natürlichen Süßstoffen gibt es solche, die für die Ernährung von Diabetikern besonders geeignet sind, da für ihre Verdauung kein Insulin benötigt wird. Obwohl es in der Aufgabenstellung nicht klar ersichtlich ist, soll genau auf diese Süßstoffe eingegangen werden. Hier sind mehrere natürliche und künstliche Süßstoffe aufgeführt. Sie müssen jedoch nur jeweils ein Beispiel vorstellen und dessen ernährungsphysiologische Bedeutung erläutern.*

	Künstliche Süßstoffe	**Natürliche Süßstoffe**
Beschreibung	– Aspartam, Cyclamat, Saccharin, Acesulfam und Thaumatin sind zugelassene Zusatzstoffe, die bei der Lebensmittelherstellung verwendet werden. – Sie werden aus chemischen Substanzen hergestellt und verfügen über eine überdurchschnittlich hohe Süßkraft, die die Süßkraft von Haushaltszucker um ein Vielfaches übersteigt. – Aufgrund der hohen Süßkraft werden Süßstoffe nur in geringen Mengen in Getränken oder Speisen verwendet. – Da künstliche Süßstoffe oft einen sehr unangenehmen Geschmack haben, werden sie miteinander kombiniert, um einen angenehmen Geschmack zu entwickeln. – Sie werden in verschiedenen Formen angeboten. Man kennt sie in Tablettenform, in flüssiger Form und als Streusüße, je nach Verwendungszweck.	– Zu den natürlichen Süßstoffen zählen Xylit, Erythrit, Maltit, Isomalt, Mannit und Sorbit, die zur Gruppe der Zuckeralkohole gehören, sowie die Zuckerart Fruktose. Diese ist ein in Früchten natürlich vorkommender Zuckeraustauschstoff. – Die Süßkraft von Zuckeralkoholen ist unterschiedlich; Xylit (Birkenzucker) ersetzt den Haushaltszucker 1:1; andere Zuckeralkohole enthalten eine geringere Süßkraft; Fruktose schmeckt süßer als Haushaltszucker. – Alle Zuckeralkohole gehören zu den Zusatzstoffen, die aus natürlichen Stoffen hergestellt werden. Sie sind auf Lebensmitteln zu deklarieren. – Fruktose ist ein Zuckeraustauschstoff, der sowohl in Früchten vorkommt als auch industriell aus Stärke gewonnen werden kann und nicht als Zusatzstoff ausgewiesen werden muss.

Ernährungsphysiologische Bedeutung	– Künstliche Süßstoffe enthalten keine Kalorien. – Bei ihrer Verdauung wird kein Insulin benötigt. – Einzelne Süßstoffe stehen in Verdacht, krebserregend zu sein. – Auch Allergien können durch künstliche Süßstoffe ausgelöst werden. – Ob Süßstoffe sich wirklich zur Gewichtsreduktion eignen, ist fraglich: Saccharin wird z. B. in der Schweinemast eingesetzt, da es appetitanregend wirkt, Aspartam dagegen verhindert das natürliche Sättigungsgefühl.	– Natürliche Süßstoffe aus Zuckeralkoholen enthalten bis zu 50 % weniger Energie als herkömmlicher Haushaltszucker und sind nicht kalorienfrei. – Für ihre Verwertung im Körper wird kein Insulin benötigt, somit beeinflussen sie den Blutzuckerspiegel kaum und sind diabetikergeeignet. – In höheren Dosen wirken Zuckeralkohole blähend und abführend. – Fruktose enthält genauso viele Kalorien wie Haushaltszucker, benötigt aber kein Insulin zur Verwertung.

5. *Eine weitere Ernährungsempfehlung für Diabetiker wird hier näher vorgestellt und begründet – die Bevorzugung von Vollkornmehl gegenüber Weißmehl. Skizzieren Sie zunächst den Querschnitt eines Getreidekorns (mit oder ohne Bärtchen, je nachdem, wie Sie es im Unterricht gelernt haben). Achten Sie darauf, dass die einzelnen Schichten gut zu unterscheiden sind. Vergleichen Sie anschließend die ernährungsphysiologische Bedeutung von Weiß- und Vollkornmehl. Greifen Sie dabei auf die jeweils enthaltenen Bestandteile des Getreidekorns zurück und schließen Sie den Vergleich mit einem Fazit.*

Aufbau eines Getreidekorns (Querschnitt)

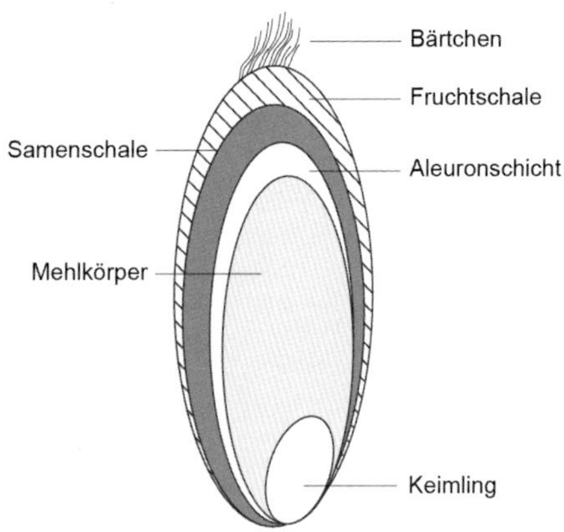

Ernährungsphysiologische Bedeutung von Vollkornmehl im Vergleich zu Weißmehl:

Vollkornmehl	Weißmehl
Kohlenhydrate	
– Für die Herstellung von Vollkornmehl müssen die gesamten Bestandteile des gereinigten Korns verarbeitet werden. Es beinhaltet deshalb Kohlenhydrate in Form von Stärke und Ballaststoffen. – Die Stärke aus dem Mehlkörper wird in Kombination mit den Ballaststoffen langsamer abgebaut und gibt für einen längeren Zeitraum Energie. Der Blutzuckerspiegel bleibt gleichmäßig. – Der hohe Ballaststoffanteil: • erhöht die Verweildauer im Magen und damit das Sättigungsgefühl; • regt die Kautätigkeit an; • mindert den Schadstoffanteil, der über die Nahrung aufgenommen wird, indem Schadstoffe gebunden und ausgeschieden werden; • vermindert durch das Aufquellen der Ballaststoffe im Darm die Gefahr von Verstopfungen und senkt den Cholesterinspiegel.	– Für die Herstellung von Weißmehl wird nur der Mehlkörper des Getreidekorns vermahlen, es enthält vor allem Kohlenhydrate in Form von Stärke. – Ballaststoffe fehlen fast völlig, da Frucht- und Samenschale sowie Aleuronschicht entfernt sind. – Während der Verdauung wird Stärke im Dünndarm schneller in Zucker gespalten und der Blutzuckerspiegel steigt rascher an als bei der Verdauung von Vollkornprodukten.
Eiweiß	
– Das im Mehlkörper enthaltene Eiweiß (Klebereiweiß, Gluten) ist weniger wertvoll und enthält nur wenig essenzielle Aminosäuren. – Die Eiweißstoffe der Aleuronschicht und des Keimlings sind biologisch wertvoller.	– Es enthält nur das weniger wertvolle Klebereiweiß aus dem Mehlkörper.
Fett	
– Der Keimling enthält wertvolle Öle, die einen hohen Gehalt an essenziellen Fettsäuren aufweisen und cholesterinfrei sind.	– Da der Keimling vor dem Mahlen entfernt wurde, ist Fett nur in sehr geringen Mengen enthalten.

Mineralstoffe und Vitamine	
– Der enthaltene Vitaminkomplex ist reich an Vitaminen der B-Gruppe aus der Aleuronschicht und an Vitamin E aus dem Öl des Keimlings: Diese Vitamine wirken sich positiv auf die Gesunderhaltung von Haut, Nerven, Gehirn und auf das Wachstum aus. – Vor allem die Kleie, bestehend aus Frucht- und Samenschale, sowie die Aleuronschicht sind reich an Vitaminen und Mineralstoffen. – Vollkornmehl enthält die Mineralstoffe Eisen, Kalium und Magnesium, die für den Sauerstofftransport im Blut, die Gewebespannung und den Stoffwechsel in den Zellen wichtig sind.	– Da Weißmehl nur aus dem Mehlkörper besteht und die weiteren Bestandteile eines Getreidekorns entfernt wurden, sind Vitamine und Mineralstoffe nur in Spuren vorhanden.

Fazit: Vollkornmehl ist im Gegensatz zu Weißmehl ballaststoffreich, enthält wertvolles Eiweiß und Fett und eignet sich daher besser für eine gesunde, diabetikergeeignete Ernährung.

II. Arbeitsplatz Küche – Planung und Hygiene

1. *Eine Küche besteht aus vier Arbeitsbereichen und den dazugehörigen Einrichtungsgegenständen und Großgeräten. Aus Gründen der Übersichtlichkeit sind hier die jeweiligen Arbeitsbereiche, Einrichtungsgegenstände und Großgeräte in Tabellenform dargestellt.*

Arbeitsbereich	Einrichtungsgegenstände	Großgeräte
Vorratsbereich	– Im Vorratsbereich befinden sich Vorratsschränke und Regale für Trockenvorräte.	– Mehrzonenkühlschrank für Frischvorräte – Tiefkühlschrank oder -truhe für Tiefkühlvorräte – Kühl-Gefrier-Kombination
Reinigungsbereich	– Im Reinigungsbereich befindet sich eine Spüle mit ein oder zwei Becken sowie eine Abstellfläche. – Der Spülenunterschrank sollte ein Mehrfachabfalltrennsystem für Wertstoffe, Biomüll und Restmüll enthalten.	– Geschirrspüler
Bereich für die Nahrungsvorbereitung	– Um die Nahrung gut vorbereiten zu können, sind eine Arbeitsplatte sowie mit entsprechenden Kleingeräten ausgestattete Unterschränke mit gut organisiertem Auszugsystem erforderlich.	
Bereich für die Nahrungszubereitung	– Neben den entsprechenden Großgeräten werden eine ausreichende Abstellfläche sowie Schubladensysteme und Schränke benötigt.	– Herd mit Ceran-, Induktions- oder Gaskochfeld – Backofen, Gasbackofen – Dunstabzug – Mikrowellengerät – Dampfgarer

2. *In einer modernen Einbauküche kommen verschiedenste Materialien zum Einsatz. Die Materialauswahl für Arbeitsplatten reicht von Holz über Edelstahl, Granit bis hin zu Kunststoff. Im Lösungsvorschlag sind hier für die Materialien Holz und Granit jeweils mehr als fünf spezifische Materialeigenschaften, unterteilt in vorteilige und nachteilige Eigenschaften, dargestellt.*

Werkstoff Holz
Vorteile:

- Für die Herstellung von Arbeitsplatten werden verschiedene Holzarten wie z. B. Buche, Eiche oder Nussbaum verwendet. Hierbei handelt es sich um natürliche und nachwachsende Rohstoffe.
- Holzarbeitsplatten werden sowohl als teure Massivholzplatten als auch als preisgünstigere Echtholzplatten angeboten, in jedem Fall sind sie günstiger als Granitarbeitsplatten.
- Das Material wirkt optisch warm und behaglich und fasst sich angenehm an.
- Beschädigte Stellen können durch Schleifen und anschließende Versiegelung repariert werden.

Nachteile:
- Holz ist empfindlich. Unbehandeltes Holz bekommt Wasser- oder Farbflecken, die sich kaum entfernen lassen. Daher müssen Holzarbeitsplatten behandelt werden: Sie werden entweder lackiert oder gewachst bzw. geölt. Durch die Versiegelung wird das Holz unempfindlicher und kann leichter gereinigt werden.
- Eine fachgerechte Versiegelung sorgt außerdem für Hygiene, da Bakterien der Nährboden entzogen wird.
- Holz ist empfindlich gegenüber Kratzern, Schnitten und Stößen. Heiße Töpfe und Pfannen müssen auf eine Unterlage gestellt werden, um Brandflecken zu verhindern.
- Das Material dunkelt mit der Zeit nach.

Werkstoff Granit
Vorteile:
- Granit ist ein Naturstein und jede Arbeitsplatte ein Unikat.
- Es ist das meistverwendete Gestein für Arbeitsplatten und in vielen verschiedenen Farben erhältlich.
- Das Material ist extrem hart und unempfindlich gegenüber Kratzern und Schnitten.
- Die Oberfläche von Granit ist glatt und kühl und eignet sich damit hervorragend für die Herstellung von Kuchenteigen (z. B. Mürbteig) und Gebäck.
- Eine Arbeitsplatte aus Naturstein ist temperaturwechselbeständig und unempfindlich gegenüber Hitze und Säuren.
- Granit lässt sich leicht reinigen und ist sehr hygienisch.

Nachteile:
- Granit enthält Poren und muss deshalb regelmäßig imprägniert werden, um die Oberfläche zu versiegeln.
- Arbeitsflächen aus Granit sind sehr teuer in der Anschaffung.

3. *Nicht nur in der Schulküche, sondern auch in der privaten Küche sind Hygienevorschriften wichtige Regeln im Umgang mit Lebensmitteln. Diese Regeln betreffen die persönliche Hygiene, den Arbeitsplatz und den Umgang mit Lebensmitteln.*

Persönlicher Hygienebereich
- Saubere und zweckmäßige Arbeitskleidung tragen!
- Lange Haare zusammenbinden oder eine Kopfbedeckung tragen, damit keine Haare ins Gesicht hängen!
- Hände sorgfältig reinigen, Fingernägel kürzen und nicht lackieren!
- Schmuck an Armen und Händen ablegen!

Weitere wichtige Regeln:
- Offene Wunden luft- und wasserdicht verbinden, gegebenenfalls Handschuhe verwenden!
- Beim Niesen oder Husten sich von den Lebensmitteln abwenden!
- Nach dem Toilettenbesuch unbedingt die Hände gründlich waschen!
- Zum Probieren und Abschmecken zwei Probierlöffel verwenden!
- Bei Erkrankungen wie z. B. Durchfall, Übelkeit und Erbrechen nicht mit Lebensmitteln arbeiten!

Hygiene am Arbeitsplatz
- Abfälle in einem Abfallbehälter sammeln und diesen regelmäßig leeren und reinigen!
- Arbeitsplatz auf Sauberkeit kontrollieren und gegebenenfalls reinigen! Nach jedem Arbeitsgang ist eine Reinigung notwendig:
  - Speisereste entfernen und eventuell einweichen,
  - Flächen und Kleingeräte mit heißem Wasser und Spülmittel reinigen,
  - mit heißem Wasser nachspülen!

- Schneidebretter und andere Arbeitsgeräte aus Holz oder Kunststoff vor dem Wegräumen erst gründlich trocknen lassen!
- Den Arbeitsplatz in einen sauberen und einen unsauberen Bereich trennen!

Weitere wichtige Regeln:
- Geschirrtücher, Spüllappen und -bürsten regelmäßig austauschen und waschen!
- Kühlschrank, Küchenfächer sowie Lagerräume regelmäßig reinigen!

Hygiene im Umgang mit Lebensmitteln
- Verdorbene Lebensmittel sofort entfernen und nicht weiterverarbeiten!
- Eiweißhaltige Lebensmittel sind leicht verderblich, deshalb:
  - aus der Verpackung nehmen,
  - kühl und abgedeckt lagern!
- Geflügel in einer Auffangschale auftauen lassen, die Auftauflüssigkeit unbedingt wegschütten!
- Geflügel und Eier an einem separaten Arbeitsplatz verarbeiten!

Eine weitere wichtige Regel:
- Obst und Gemüse vor der Verarbeitung gründlich waschen oder gegebenenfalls sogar schälen!

Abschlussprüfung 2021 an den Realschulen in Bayern
Ernährung und Gesundheit: Aufgabengruppe A I/II

I. Genuss ohne Reue – Gewusst wie!

picture-alliance /dpa-infografik

1. Entnehmen Sie der Grafik wesentliche Aussagen.

2. Die Konsumausgaben der privaten Haushalte in Deutschland für alkoholfreie Getränke betrugen im Jahr 2019 laut Statista 21,2 Milliarden Euro. Geben Sie einen Richtwert für den täglichen Flüssigkeitsbedarf des Menschen an und nennen Sie Situationen, in denen dieser erhöht ist.

3. Der Begriff „Kaffee" leitet sich vom arabischen „Kahwe" oder „Qahwa" ab, was so viel wie Lebenskraft oder Stärke bedeutet. Trotzdem ist der Konsum von Kaffee nicht unumstritten. Zeigen Sie Vorteile und Nachteile auf.

4. Der Alkoholkonsum in Deutschland ist gefährlich hoch. Zählen Sie fünf psychische und fünf physische Auswirkungen des Alkoholgenusses auf.

5. Gicht zählt zu den Wohlstandskrankheiten. Direkter Auslöser gichtbedingter Schmerzattacken kann eine ungesunde Lebensweise sein. Stellen Sie diese Krankheit vor, informieren Sie über die Symptome und formulieren Sie fünf Regeln für eine entsprechende Diät.

II. Das bisschen Haushalt!?

magele-picture /AdobeStock

1. Haushaltsstrukturen haben sich in den letzten Jahrzehnten stark verändert und an die gesellschaftlichen Gegebenheiten angepasst. Die Anforderungen an einen Haushalt sind allerdings weitgehend gleich geblieben. Strukturieren und erklären Sie die unterschiedlichen Aufgaben, die allgemein in einem Haushalt anfallen.

2. Veränderte Familienstrukturen erfordern oft auch Veränderungen bezüglich der Wohnungsausstattung. Bei der Planung einer Küche dürfen vor allem ergonomische Aspekte nicht vernachlässigt werden. Erläutern Sie sechs Anforderungen, die bei einer ergonomisch geplanten Küche zu beachten sind.

3. Familie Meier diskutiert darüber, für ihre neue Küche einen Kaffeevollautomaten anzuschaffen. Beschreiben Sie acht Kriterien für den Kaufentscheid eines Kaffeevollautomaten.

Lösungsvorschlag

I. Genuss ohne Reue – Gewusst wie!

1. *Die Grafik enthält unerwartete und interessante Aussagen, die formuliert werden sollen. Eine Beurteilung der Darstellung ist aber nicht erforderlich. Wesentliche Aussagen können sich z. B. auf die Unterteilung des Verzehrs in alkoholfreie und alkoholische Getränke beziehen.*

   - Die Grafik zeigt in einer **Rangfolge von eins bis zwölf** den **durchschnittlichen Pro-Kopf-Verbrauch** an verschiedenen Getränkearten in Deutschland im Jahr 2017 in der Einheit Liter. **Datenquelle** ist das Bundesministerium für Ernährung und Landwirtschaft.
   - Den **größten Anteil** nimmt mit 162 Liter Kaffee ein. Das Genussmittel übertrifft damit erstaunlicherweise sogar die konsumierte Menge an Mineralwasser, das mit 148 Liter auf Platz zwei liegt, gefolgt von weiteren Erfrischungsgetränken, die mit 116 Liter den dritten Platz einnehmen.
   - Bereits auf Rang vier befindet sich ein **alkoholisches Getränk**, das Bier. Mit 101 Liter ein weiteres Genussmittel, das sich großer Beliebtheit erfreut.
   - Mit 53 Liter Kräuter- und Früchtetee und 26 Liter Schwarztee liegen diese Teesorten auf den Rängen fünf und sechs.
   - Den siebten Platz nimmt das alkoholische Getränk Wein ein. Etwa 21 Liter Wein werden jährlich konsumiert.
   - Fruchtsäfte mit den Geschmacksrichtungen Apfel oder Orange sind mit acht bzw. sieben Liter in etwa gleichermaßen beliebt auf den Plätzen acht und neun.
   - Auch **höherprozentige Spirituosen** findet man unter den **zehn meistkonsumierten** Getränken.
   - Multivitaminsaft und Sekt bilden mit vier Liter das Schlusslicht der dargestellten Statistik.

2. *Der Mensch besteht zu mehr als 50 % aus Wasser, eine ausreichende Flüssigkeitszufuhr ist lebensnotwendig. Für eine optimale Versorgung des Körpers sollte in jedem Fall genau so viel Flüssigkeit zugeführt werden, wie über Prozesse im Körper ausgeschieden wird. Der Bedarf wird durch die Flüssigkeitszufuhr über Getränke und feste Nahrung gedeckt. Die korrekte Unterscheidung zwischen Flüssigkeitszufuhr und Trinkmenge ist wichtig, da die Aussagen sonst falsch sind.*

   Die Deutsche Gesellschaft für Ernährung (DGE) gibt für die **tägliche Trinkmenge** einen **Richtwert von 1,5 Litern** an. **Insgesamt** benötigt ein Erwachsener **1,5–3 Liter** Flüssigkeit. 1,5 Liter sollten laut Empfehlung der DGE über **Getränke** aufgenommen werden, rund ein Liter über eine **ausgewogene Ernährung** (v. a. Obst und Gemüse). Ca. 350 ml entstehen als **Oxidationswasser**, das beim Nährstoffabbau in den Zellen gebildet wird und über Gewebeflüssigkeiten und Blut zur Verfügung steht.
   Die aufgenommene Flüssigkeitsmenge gleicht den Flüssigkeitsverlust durch Schweiß, Urin, Kot, Atemluft und Verdauungssäfte aus.

   Situationen, die den Flüssigkeitsbedarf des Körpers erhöhen:
   - körperliche Aktivitäten im Beruf oder beim Sport, sie erhöhen die Schweißproduktion
   - klimatische Bedingungen wie Hitze oder trockene und kalte Luft
   - Krankheiten in Verbindung mit Erbrechen, Durchfall und Fieber
   - Genuss von stark gewürzten, salzreichen Speisen
   - Verzehr von sehr proteinhaltiger Nahrung, die über die Niere abgebaut wird

3. *Ob sich der Kaffeegenuss positiv oder negativ auf den Körper auswirkt, hängt mit der Menge an Koffein zusammen, die aufgenommen wird. Nehmen Sie daher die Konsummenge als Ausgangspunkt der Darstellung der Vor- und Nachteile.*

Ein maßvoller Genuss von Kaffee wirkt sich positiv auf den Körper aus (Vorteile):
- Das Koffein regt die Herztätigkeit und den Stoffwechsel an.
- Der Kalorienverbrauch wird gesteigert.
- Koffein erhöht den Blutdruck und unterstützt die Nierenfunktion.
- Es fördert die Verdauung und den Harndrang, weshalb ihm eine entwässernde Wirkung nachgesagt wird.
- Koffein erhöht sowohl die körperliche Leistungsfähigkeit als auch die Konzentrationsfähigkeit und die Leistungsfähigkeit des Gehirns (Kurzzeitgedächtnis).
- Das enthaltene Serotonin ist ein Stimmungsaufheller für das Gehirn.
- Durch die enthaltenen Antioxidantien werden freie Radikale gehemmt, dies wirkt sich krebshemmend auf den Organismus aus.
- Kaffee enthält verschiedene Mineralstoffe wie Eisen, Jod, Kupfer, Mangan, Zink und Kalium, außerdem die Vitamine B1 und B2.
- Koffein hat eine wachhaltende Wirkung von begrenzter Dauer auf den Körper.

Ein übermäßiger Genuss von Kaffee wirkt sich dagegen negativ auf den Körper aus (Nachteile):
- Zu viel Koffein lässt das Herz schneller und stärker schlagen, wodurch Puls und Blutdruck stark angeregt werden und sogar Herzrasen verursacht werden kann.
- Es kommt zu Schweißausbrüchen und gesteigerter Erregbarkeit.
- Auch Schlaflosigkeit, Schwindelanfälle, Zittern und Durchfall sind Folgen eines zu hohen Koffeinkonsums.
- Der Genuss größerer Mengen an Koffein über einen längeren Zeitraum kann zu einer Abhängigkeit führen.
- Die entwässernde Wirkung von Kaffee steigt mit der konsumierten Menge und erhöht somit den Flüssigkeitsbedarf.
- Der Säuregehalt des Kaffees kann zu Magenbeschwerden und Sodbrennen führen.
- Schwangere sollten den Genuss von koffeinhaltigen Getränken stark einschränken oder besser vermeiden, um dem Ungeborenen nicht zu schaden.

4. *Alkohol ist ein gesellschaftlich anerkanntes Genussmittel und wird aufgrund seiner Suchtwirkung häufig auch als „Gesellschaftsdroge" bezeichnet. Trotz seiner Anerkennung als Genussmittel ist der Konsum von Alkohol aufgrund seiner Wirkung mit zahlreichen Risiken verbunden. Achten Sie bei dieser Aufgabe darauf, die Auswirkungen in körperliche und seelisch-geistige Folgen zu untergliedern. Die Anzahl der zu nennenden psychischen und physischen Auswirkungen des Alkoholkonsums ist auf jeweils fünf begrenzt.*

Psychische Auswirkungen des Alkoholkonsums:
z. B.
- nachlassende Aufmerksamkeit und schlechteres Reaktionsvermögen
- steigende Risikobereitschaft
- sinkende Hemmschwelle
- Neigung zur Selbstüberschätzung
- teilweise gesteigerte Aggression
- mögliche Stimmungsschwankungen
- Schlafstörungen und Nervosität
- Suchtwirkung und psychische Probleme infolge sozialer Ausgrenzung alkoholkranker Menschen

Physische Auswirkungen des Alkoholkonsums:
z. B.
- Schwierigkeiten bei der Bewegungskoordination und der Einschätzung von Entfernungen
- beeinträchtigte Wahrnehmung
- Orientierungsprobleme und vermindertes Reaktionsverhalten
- Schwierigkeiten beim Sprechen (Lallen)
- Gleichgewichtsprobleme
- Zerstörung von Gehirnzellen, Gehirnschrumpfung
- Leberverfettung und Leberschrumpfung, aber auch Nierenbelastung als häufige Organschäden, die zum Tod führen können
- Magenschleimhautentzündungen und Magengeschwüre
- Entzündungen der Bauchspeicheldrüse und der Darmschleimhaut, die zu Darm- oder Bauchspeicheldrüsenkrebs führen können
- Kreislaufversagen als Folge von Alkoholvergiftungen (u. U. tödlich)
- Risiko von Fehlbildungen und Schädigungen des Ungeborenen bei Alkoholkonsum in der Schwangerschaft

5. *Zur Vorstellung der Wohlstandskrankheit Gicht bzw. Hyperurikämie (griech. „zu viel Harnsäure im Blut") gehört eine Definition und die Erläuterung der beiden Formen von Gicht. Des Weiteren sollen ihre möglichen Symptome beschrieben und fünf Regeln für eine sinnvolle Diät formuliert werden.*

Definition:
Gicht ist eine **Purin-Stoffwechselerkrankung**, die **in Schüben** verläuft. Der medizinische Fachausdruck lautet **Hyperurikämie**, was in der Übersetzung eine **erhöhte Harnsäurekonzentration** im Blut bedeutet. Bei einem erhöhten Bluthamsäurewert lagern sich Harnsäurekristalle im Gewebe und in den Gelenken ab.

Bei der Gichterkrankung sind **zwei verschiedene Arten** bekannt.

Primäre Gicht: Sie ist **angeboren** und damit **erblich bedingt**. Ihr Ausbruch wird durch eine Überernährung begünstigt.

Sekundäre Gicht: Sie wird durch **andere Erkrankungen** wie z. B. eine Nierenerkrankung mit dadurch bedingter verminderter Harnausscheidung ausgelöst.

Symptome:
- Bei einem akuten Gichtanfall kommt es zu Rötungen, Schwellungen und Überwärmung der Gelenke.
- Das am häufigsten betroffene Gelenk ist das Grundgelenk der großen Zehe.
- Auch an Schulter-, Finger-, und Sprunggelenken sowie den Knien können Symptome auftreten.
- Allgemeine Krankheitsanzeichen wie z. B. Kopfschmerzen, Fieber, Übelkeit und Erbrechen begleiten das Krankheitsbild.
- Durch die Ablagerung der Harnsäurekristalle können Gelenkdeformationen entstehen.

Diätregeln bei einer Gichterkrankung:
Neben einer Behandlung mit Medikamenten kann durch eine Diät die **Harnsäurekonzentration im Blut verringert** werden.
Folgende Regeln sollten bei der Ernährung beachtet werden:
- **Purinarme Lebensmittel** bevorzugen, wie etwa Milch und Milchprodukte, Eier, Obst und Gemüse.
- Lebensmittel, durch die **viel Harnsäure im Körper gebildet** wird, sollten gemieden werden. Dazu gehören die **tierischen Lebensmittel** Fleisch, Innereien, Wurst, Meeres-

früchte und verschiedene Fischarten. Aber auch **pflanzliche Lebensmittel** wie Hülsenfrüchte, Spinat, Kohl, Rosenkohl und Spargel enthalten viel Purin und sind deshalb zu meiden.

- **Alkohol** darf nur **in kleinen Mengen** getrunken werden, da er die Harnsäureausscheidung hemmt. Vor allem Bier enthält neben Alkohol auch viel Purin.
- Die **tägliche Flüssigkeitsaufnahme** sollte 1,5 – 2 Liter betragen. Dadurch kann eine Verdünnung der Harnsäure im Blut und eine bessere Ausscheidung erreicht werden.
- Das **Körpergewicht** sollte – falls notwendig – durch eine energiereduzierte Mischkost normalisiert werden. Hierdurch wird eine Senkung des Bluthamsäurespiegels erreicht. Die **Gewichtsreduktion** sollte **langsam** erfolgen, da sonst ein Gichtanfall ausgelöst werden kann.

Weitere Diätregeln:

- **Fette** sollten im Allgemeinen **reduziert** werden; besser Pflanzenfette mit mehrfach ungesättigten Fettsäuren verwenden.
- **Fettarme Garmethoden** wie Dünsten, Dämpfen oder Grillen sind zu bevorzugen.
- Genügend trinken und dabei **zuckerarme** und **alkoholfreie Getränke** wählen.
- Leichter **Sport** an der frischen Luft hilft beim Abbau von Übergewicht.

II. Das bisschen Haushalt!?

1. *In einem funktionierenden Familienhaushalt fallen verschiedene Aufgaben an, die sich in drei Aufgabengruppen unterteilen lassen. Zur Erklärung sollen möglichst viele Beispiele den Aufgabengruppen zugeordnet werden.*

Ökonomische Aufgaben:
- **Beschaffung eines Einkommens** durch Arbeitsentgelt, aber auch durch staatliche Zuwendungen wie z. B. Kindergeld, Wohngeld o. Ä.
- **Planung der Finanzen** durch Kontrolle der Ausgaben (Haushaltsbuch) und **finanzielle Vorsorge** zur Bildung von Rücklagen (Sparplan)
- sinnvolle **Planung der Hausarbeiten**, die auf die Familienmitglieder **verteilt** werden
- Beachtung der **Work-Life-Balance**, d. h., ein Gleichgewicht zwischen Arbeit und Freizeit zu erstreben

Ökologische Aufgaben:
Umweltbewusstes Handeln durch
- **Müllvermeidung** und **Mülltrennung** mit sortenreiner Entsorgung
- **Reduzierung chemischer Substanzen** im Haushalt und Garten
- einen möglichst **geringen Verbrauch wichtiger Ressourcen** wie Wasser und Energie
- Nachhaltigkeit beim Einkauf
- Reinerhaltung von Luft, Boden und Wasser

Soziale Aufgaben:
- **Versorgung** von Kindern sowie von kranken und älteren Haushaltsmitgliedern
- gemeinsame **Erziehung** der Kinder
- Vermittlung von Schutz und Geborgenheit
- gemeinsames Lösen von Problemen
- partnerschaftlicher Umgang miteinander
- Förderung des **Zusammengehörigkeitsgefühls** durch gemeinsame Unternehmungen

2. *Zu einer modernen Einbauküche gehören nicht nur ein ansprechendes Design und die Auswahl bestimmter Materialien. Für ein angenehmes Arbeiten müssen verschiedene ergonomische Anforderungen erfüllt sein. Sie müssen sechs entsprechende Anforderungen erläutern.*

Wesentliche Gesichtspunkte, auf die bei einer ergonomisch geplanten Küche geachtet werden muss:
- Die Arbeitsbereiche und zugehörigen Abstellflächen sollten **sinnvoll angeordnet** werden: Arbeitsbereiche, die gleichzeitig gebraucht werden, sollten nebeneinander liegen. Dabei ist zu berücksichtigen, ob die Arbeitsabläufe für einen Rechts- oder Linkshänder geplant werden müssen.
- Bei der Anordnung der Geräte ist darauf zu achten, dass geöffnete Schränke und Schubladen sich **nicht gegenseitig blockieren**.
- Eine **Arbeitshöhe passend zur Körpergröße** erleichtert die Arbeit und sorgt für eine gesunde Körperhaltung.
- Für die **Arbeitsbereiche** Vorbereiten, Kochen und Spülen ist eine **unterschiedliche Arbeitshöhe** sinnvoll. Die richtige Ausstattung mit hochgesetztem Backofen und Geschirrspüler erlauben ein rückenschonendes Arbeiten.
- Apothekerschränke bieten **optimalen Zugriff** bei schmalen und tiefen Schränken.
- In Schränken mit Vollauszügen ist der Inhalt übersichtlich und griffbereit aufgehoben.
- Der **Mindestabstand zweier Küchenzeilen** beträgt 1,20 Meter, so besteht bei gegenüberliegend geöffneten Schränken immer noch genügend Bewegungsfreiheit zum Arbeiten.

Weitere Aspekte:
- Der **Abstand** zwischen der Arbeitsplatte und den Oberschränken muss mindestens 50 cm betragen, ansonsten ist das Arbeiten mit Elektrokleingeräten problematisch.
- Der Arbeitsplatz muss **optimal ausgeleuchtet** – blendfrei und schattenfrei – sein, um Verletzungen und Ermüdung zu vermeiden. Der Lichteinfall sollte von vorne rechts oder links sein, je nach Ablauf des Arbeitsprozesses.
- Der erhöhte Sauerstoffverbrauch muss durch **regelmäßiges Lüften** ausgeglichen werden. Zu wenig Sauerstoff hemmt das Konzentrationsvermögen. Gute Entlüftung durch einen **effizienten Dunstabzug** sowie Frischluft verhindern hingegen rasche Ermüdung und Verschmutzungen durch Dunst. Dabei muss Zugluft vermieden werden.
- **Lärmeinwirkung** belastet das körperliche Befinden und äußert sich in Nervosität und schlechter Laune. Beim Kauf von Maschinen und Geräten sollte man deshalb auf deren **Betriebslärm** achten.
- Bei der Auswahl des Bodenbelags ist darauf zu achten, dass er **rutschfest** ist.
- Ein individuell ansprechendes Design sowie gefällige Materialien und Farben unterstützen das Wohlbefinden.

3. *Kaffeevollautomaten sind im Trend, ihre Anschaffung ist aber nicht immer sinnvoll. Je nach Bedürfnislage, räumlicher Ausstattung und der Gewichtung ökologischer und ökonomischer Aspekte kann die Entscheidung für oder gegen einen Kaffeevollautomaten ausfallen. Es sollen acht Kriterien genannt und beschrieben werden, die bei der Kaufentscheidung beachtetet werden sollten.*

Haushaltsstruktur
- Für welche **Haushaltsgröße** soll das Gerät verwendet werden bzw. wie viele Tassen Kaffee werden pro Tag gebrüht?
- Welche **Vorlieben** bestehen bei den Haushaltsmitgliedern? Soll das Gerät verschiedene Kaffeegetränke wie z. B. Cappuccino, Latte Macchiato oder weitere herstellen können?

Raumbedarf
- Bietet die Küche den **notwendigen Platz**, um den Kaffeevollautomaten aufstellen zu können?
- Besteht dort ein **Stromanschluss**, der sonst nicht benötigt wird?

Reinigungsaufwand
- Ist das Gerät **leicht zu reinigen** und verfügt es gegebenenfalls über einen Reinigungsmodus, der selbsttätig abläuft? So spart man Zeit und die Maschine ist immer sauber.
- Können Teile der Kaffeemaschine auch in der **Spülmaschine** gereinigt werden?

Umweltverträglichkeit
- Brüht die Maschine den Kaffee mit losem Kaffeepulver, Kaffeebohnen oder Kaffeepads? Wenn ja, so ist das **Müllaufkommen** eher gering.
- Bei der Produktion von Kapseln werden **unnötige Energie und Rohstoffe** verbraucht. Darüber hinaus entsteht bei der Verwendung einer Kapselmaschine Metall- oder Kunststoffabfall, der entsorgt werden muss.
- Wie hoch ist der **Energieverbrauch**? Schaltet die Maschine selbstständig ab oder geht sie in den Stand-by-Modus?
- Welche **Lebensdauer** kann bei dem Gerät erwartet werden?
- Wie kann das Gerät **entsorgt** werden?

Effektivität
- Wie häufig wird das Gerät tatsächlich benutzt und welche Programme und **Möglichkeiten** bietet es?
- Spare ich beim Einsatz **Zeit** und **Kraft**?

Sicherheit
- Erfüllt das Gerät die derzeitigen Sicherheitsrichtlinien?
- Verfügt das Gerät über die **notwendigen Sicherheitssiegel** wie z. B. das GS-Zeichen für Geprüfte Sicherheit oder die CE-Kennzeichnung der EU?
- Bescheinigt der VDE (Verband deutscher Elektrotechnik) die ordnungsgemäße Funktion des Gerätes?

Kosten
- Lohnt sich die Investition in Bezug auf den Nutzen der Maschine? Die Anschaffungskosten eines Kaffeevollautomaten sind **deutlich höher** als die einer herkömmlichen Kaffeebrühmaschine oder einer Kaffeepad-Maschine.
- Welche weiteren Kosten fallen für **Wartung** oder **Reparatur** an?
- Wie teuer ist der **Kaffeerohstoff**, der verwendet wird? Kaffeebohnen oder Kaffeepulver sind kostengünstiger als Pads oder Kapseln.
- Brauche ich besondere teure **Reinigungsprodukte** oder **Entkalker**?

Ergonomie und Ästhetik
- Passt das **Design** der Maschine zu meiner Küche?
- Wirkt die Maschine nicht zu **groß** und zu klobig?
- Ist die **Handhabung** der Maschine einfach und leicht verständlich?
- Gerade Kaffeevollautomaten sind beim Gebrauch sehr laut, da die Kaffeebohnen zuvor noch gemahlen werden. Ist der **Geräuschpegel** zumutbar?

I. Fisch – eine Bereicherung für die Ernährung

Text: Heike Vesper: Was wir tun müssen, um die Meere zu retten – Weggefischt, WWF vom 17.04.2018, https://blog.wwf.de/fischfang-was-wir-tun-muessen-um-die-meere-zu-retten/; Daten Fischbestände nach: FAO; Foto Schiff: Chaikovskiy Igor. Shutterstock; Logo: WWF

1. Ernährungsexperten empfehlen, einmal in der Woche Fisch zu essen. Treffen Sie wesentliche Aussagen zur Grafik.

2. Fisch bringt Abwechslung in den Speiseplan und ist besonders wertvoll für unsere Ernährung. Zeigen Sie die ernährungsphysiologische Bedeutung von Fisch anhand seiner Inhaltsstoffe auf.

3. Eiweiß muss erst abgebaut werden, um vom menschlichen Organismus verwertet werden zu können. Erklären Sie Verdauung und Resorption sowie Zell- und Energiestoffwechsel von Eiweiß im Stoffwechselgeschehen.

4. Fisch ist vielseitig kombinierbar und eine Bereicherung in der Menüplanung. Nennen Sie wesentliche Qualitätsmerkmale von frischem Fisch und formulieren Sie je drei Regeln zur Lagerung und Zubereitung.

5. Je nach Zubereitungsart ist Fisch auch für eine Reduktionskost geeignet. Stellen Sie drei passende Garmachungsarten vor und begründen Sie ihre Wahl.

II. Verpackungen – nützlich und belastend

eigene Darstellung; Abb. Mülltonnen: Leszek Glasner. 123rf.com

1. Im Jahre 2018 entstanden in Deutschland pro Einwohner/-in 68 Kilogramm Verpackungsmüll (Quelle: Stat. Bundesamt). Hierbei wird der Verpackungsmüll privater Haushalte als der Müll definiert, der getrennt vom Restmüll eingesammelt wird. Geben Sie insgesamt zehn praktische Tipps, wie Sie beim Einkauf und bei der Weiterverarbeitung von Lebensmitteln Verpackungen vermeiden bzw. sinnvoll weiterverwenden können.

2. In vielen Bereichen des Lebens sind Verpackungen jedoch unerlässlich. Erläutern Sie die Funktion von Verpackung. Beschreiben Sie die drei Verpackungsarten anhand von Beispielen.

3. Bewerten Sie Aluminium, Kunststoff und Papier als Verpackungsmaterial für Lebensmittel hinsichtlich der Umweltverträglichkeit und nennen Sie je zwei entsprechende Verwendungsbeispiele.

Lösungsvorschlag

I. Fisch – eine Bereicherung für die Ernährung

1. *In der Fragestellung wird nicht ausdrücklich ein Fazit verlangt. Weil jedoch zwischen der Ernährungsempfehlung („Ernährungsexperten empfehlen“) und den Informationen aus der Grafik ein Widerspruch bzw. ein Spannungsfeld entsteht, kann die Notwendigkeit eines Fazits abgeleitet werden.*

- Weil der Mensch seit Jahrzehnten die Meere zu stark befischt, sind Fischbestände gefährdet.
- Weltweit beträgt die jährlich genutzte Fischmenge 90 Mio. Tonnen.
- 7 % der weltweiten Fischbestände sind unterfischt, d. h., man könnte stärker befischen.
- 60 % dürfen nicht stärker befischt werden, um die Bestände nicht zu gefährden.
- 33 % werden zu stark befischt, was bedeutet, dass Fischarten aussterben werden und in der Folge das Öko-System aus dem Gleichgewicht kommen wird.
- Die Übernutzung der Meere ist auch für die 800 Millionen Menschen, die direkt vom Fischfang abhängig sind, problematisch.

Fazit: Die Konsumenten sollten verantwortungsbewusst handeln, indem sie regionale Produkte sowie Produkte aus artgerechter Fischhaltung bevorzugen.

2. *Hier wird eine Auflistung der enthaltenen Inhaltsstoffe erwartet. Gleichzeitig muss deren Nutzen für den Körper möglichst konkret mit Fachwissen dargestellt werden.*

Fett
- Fische enthalten zwischen 3 % (Magerfische) und 18 % (Fettfische) Fett.
- Fett dient dem Körper als Brennstoff und liefert **Energie**.
- Der Gehalt an **ungesättigten Fettsäuren**, v. a. **Omega-3-Fettsäuren**, ist hoch.
- Ungesättigte Fettsäuren senken den Cholesterinspiegel und schützen somit vor Schlaganfall und Herzinfarkt.

Eiweiß
- Fischeiweiß ist **biologisch hochwertig**.
- Es dient als Baustoff für das **Wachstum** sowie die **Neubildung** und die **Wiederherstellung** von Zellen.
- Proteine helfen bei der **Abwehr von Krankheitserregern**.
- Sie sind Bestandteil von Hormonen, die den **Stoffwechsel** steuern.
- Darüber hinaus sind sie ein Brennstoff und liefern **Energie**.
- Fischeiweiß ist **leicht verdaulich**, da im Fisch nur wenig Bindegewebe enthalten ist.

Kohlenhydrate
- Der Kohlenhydratanteil ist bei Fisch sehr **gering**.
- Deshalb ist Fisch geeignet für **Diabetiker** und kohlenhydratarme **Reduktionskost.**

Wasser
- Fisch enthält **sehr viel Wasser** (66–81 %).
- Wasser dient als Baustoff dem **Wachstum** sowie der **Neubildung** und **Wiederherstellung** von Zellen.

Mineralstoffe
- Seefisch enthält so viel **Jod** wie kaum ein anderes Lebensmittel.
- Jod ist in **Schilddrüsenhormonen** enthalten und hält die Schilddrüse gesund.
- Fisch enthält außerdem **Kalium**, **Eisen** und **Selen**.
- Als **Schutz- und Reglerstoffe** schützen die enthaltenen Mineralstoffe den Körper vor Krankheiten und regeln verschiedene Körpervorgänge.

Vitamine

- Enthaltene **B-Vitamine** sind wichtig für **Stoffwechselfunktionen**, für die Funktion des **Nervensystems**, für die **Gesunderhaltung der Haut** sowie für das **Wachstum**.
- Fettlösliche **Vitamine A und D** sind v. a. in Fischen mit **hohem Fettgehalt** enthalten.
- Dabei bewirkt Vitamin A die Stärkung der **Sehkraft** und ist wichtig für die **Gesundheit von Haut**, **Haaren**, **Knochen** und **Geschlechtsorganen**.
- Vitamin D trägt zur **Gesundheit von Knochen und Zähnen** bei und ist außerdem an vielen **Stoffwechselvorgängen** beteiligt.

3. *Die einzelnen Schritte des Verwertungsprozesses müssen in der richtigen Reihenfolge den entsprechenden Organen zugeordnet werden. Verwenden Sie Fachbegriffe und zeigen Sie Zusammenhänge auf.*

Verdauung	
Mund	– Im Mund wird die Nahrung zerkleinert und durch Speichel gleitfähig gemacht. – Eine Aufspaltung findet hier noch nicht statt.
Magen	– Durch die Magensäure gerinnen die Eiweiße. – Die Eiweißketten werden durch das Enzym Pepsin zerkleinert. – Endopeptidasen spalten als Enzyme lange Eiweißketten in kürzere, sogenannte Polypeptide.
Zwölffingerdarm Dünndarm	– Trypsin und Peptidasen bauen die Eiweiße zu Aminosäuren ab: Endo- und Exopeptidasen aus der Bauchspeicheldrüse spalten Eiweiße zuerst in Polypeptide und dann in Aminosäuren.
Resorption	
– Aminosäuren gelangen ins Blut, indem sie durch die Darmwand schlüpfen. – Schädliche Aminosäuren werden in der Leber gefiltert und über die Nieren ausgeschieden.	
Energie- und Zellstoffwechsel	
– Unschädliche Aminosäuren verbleiben in der Leber, wo sie zu Bluteiweißstoffen umgebaut und wieder ans Blut abgegeben werden. – Über das Blut gelangen die Bluteiweißstoffe in die Zellen, wo körpereigene Eiweißstoffe entstehen. Dazu gehören Gewebeeiweiß sowie Enzyme. – Zur selben Zeit findet in den Zellen auch ein Abbau der Eiweißstoffe ab. – Diese Aminosäuren werden freigesetzt und in der Leber zu Bluteiweißstoffen zurückgebildet oder zu Energie umgewandelt.	

4. *Qualitätsmerkmale sind ausdrücklich für Frischfisch verlangt. Lagerung und Zubereitung dürfen sich jedoch sowohl auf Frischfisch als auch auf Fischwaren beziehen. Es sind jeweils drei Regeln zu formulieren.*

Qualitätsmerkmale:

- Augen sind klar
- Haut glänzt
- angenehmer, leichter Fischgeruch
- Kiemen liegen fest an und sind hellrot
- Schuppen sitzen fest, lassen sich nicht herausziehen
- Fleisch ist fest, aber elastisch
- Flossen liegen frei und kleben nicht am Fischkörper

Regeln zur Lagerung:
- aus der Verpackung nehmen, abgedeckt und mit Siebeinsatz kühlen
- Frischfisch am Tag des Einkaufs verwenden
- Tiefkühlfisch auch während des Transports vom Geschäft nach Hause kühlen und zuhause sofort wieder tiefkühlen

Weitere Regeln zur Lagerung:
- bis zum Gebrauch bei – 18 °C lagern
- unbedingt Mindesthaltbarkeitsdatum (MHD) beachten
- Kühlware nach Ablauf des Verbrauchsdatums nicht mehr verzehren
- TK-Fisch im Kühlschrank auftauen lassen

Zubereitung unter Berücksichtigung der 3-S-Regel:
- **Säubern:** Zunächst sind die Eingeweide zu entfernen und ggf. Flossen zu kürzen. Der Fisch sollte dann mit kaltem Wasser kurz abgebraust und mit Küchenrolle abgetupft werden.
- **Säuern:** Der Fisch sollte dann mit Säure (Essig, Zitronensaft) beträufelt werden. → Das Fischeiweiß gerinnt und wird an den Randschichten fester und der Fischgeruch verschwindet weitgehend.
- **Salzen:** Fisch, der zu früh gesalzen wird, zieht Wasser, verliert dadurch Nährstoffe und wird trocken. → Deshalb sollte Fisch unmittelbar vor der Zubereitung gesalzen werden oder erst danach.

5. *Zu beachten ist, dass nur Garmachungsarten gewählt werden, die sowohl für die Zubereitung von Fisch als auch für die Reduktionskost geeignet sind. Es sind nur drei Garmachungsarten vorzustellen.*

Garmittel	Gar-temperatur	Hinweise	Begründung: Eignung für Reduktionskost
Dünsten			
wenig Fett/Flüssigkeit	90–100 °C	– Deckel geschlossen halten, damit Wasser nicht verdampft	– sehr nährstoffschonend – sehr fettarm
Dämpfen			
Wasserdampf	100 °C	– Gargut darf Wasser nicht berühren – Deckel geschlossen halten, damit Dampf nicht entweicht	– sehr nährstoffschonend – sehr fettarm – Gericht schmeckt angenehm nach Fisch
Grillen			
Strahlungshitze bzw. Kontakthitze	bis 300 °C; im Backrohr 160–250°C	– niedrige Garzeit aufgrund hoher Hitze	– sehr nährstoffschonend – kein/sehr wenig Fett nötig

Niedrigtemperaturgaren			
Strahlungshitze oder Flüssigkeit	ca. 80 °C	– längere Garzeit als bei anderen Garmethoden	– besonders schonend – kaum Austrocknen
Garen in Folie			
Kein/kaum Fett; Flüssigkeit	bis zu 220 °C	– geschlossene Bratfolie, die hitzebeständig sein muss	– sehr schonend – kein Fett nötig

II. Verpackungen – nützlich und belastend

1. *Hier geht es um die Vermeidung und sinnvolle Weiterverwendung von Verpackungen beim Einkauf und bei der Weiterverarbeitung von Lebensmitteln. Wie viele der erwarteten zehn Ratschläge sich auf die Vermeidung oder die Weiterverwendung beziehen, liegt in Ihrem Ermessen. Sprechen Sie ggf. mit Ihrer Lehrkraft.*

Tipps zur Vermeidung von Verpackungsmüll

z. B.:

- Korb/Stoffbeutel zum Einkaufen mitnehmen und keine Tüten kaufen
- Obst/Gemüse in Mehrwegbeuteln abwiegen und nicht in Plastiktüten
- Lebensmittel in Mehrweggefäßen/Mehrwegbechern kaufen (z. B. Milch, Joghurt, Mineralwasser, Kaffee)
- Großpackungen kaufen, denn sie benötigen weniger Verpackung als Kleinstpackungen
- Mehrfachverpackungen vermeiden
- Unverpackt-Läden besuchen
- Frischware als lose Ware statt abgepackte Ware kaufen
- Nachfüllpackungen nutzen
- Kaffeekapseln vermeiden
- To-go-Produkte vermeiden
- Convenience-Produkte vermeiden
- auf Einmalgeschirr jeglicher Art verzichten
- Brotzeit in wiederverwendbare Brotzeitdosen packen
- Onlinekäufe einschränken

Tipps zur Weiterverwendung von Verpackungen

z. B.:

- Schraubgläser zum Aufbewahren von Lebensmitteln nutzen
- Verpackungsgläser (z. B. Senf) als Trinkgläser verwenden
- Einkaufstüten/Kartons etc. mehrfach verwenden
- Upcycling praktizieren, z. B. Schraubgläser dekorieren und als Vasen/Tischschmuck verwenden

2. *Die Funktion von Verpackungen ist hier ganz allgemein, unabhängig vom Produkt bzw. der Verpackungsart, darzustellen. Doppelnennungen in den verschiedenen Abschnitten der Lösung werden in der Regel nur einmal bewertet. Sprechen Sie ggf. mit Ihrer Lehrkraft.*

Funktion von Verpackungen

- Verpackungen verzögern den Verderb von Lebensmitteln.
- Sie schützen vor äußeren Einflüssen wie Schimmelsporen, Mikroorganismen sowie vor Umwelteinflüssen wie Einstauben, Durchweichen, Austrocknen.
- Verpackungen ermöglichen unterschiedlichste Portionsgrößen.
- Convenience-Produkte benötigen eine Verpackung (z. B. geschälte Kartoffeln, Eiscreme), anders können sie nicht verkauft werden.
- Verpackungen verhindern ein Zerdrücken des Produkts während des Transports.
- Ansprechend gestaltete Verpackungen dienen als Werbeträger und können somit zum Kauf ermuntern.
- Verpackungen dienen als Träger von Informationen und geben durch Aufdrucke Angaben zu z. B. Inhalt, Menge.
- Verpackungen ermöglichen eine hygienische Selbstbedienung.
- Gerade im Supermarkt kann Verpackung vor Diebstahl schützen.

Verpackungsarten für den Handel und Verbraucher	
Verkaufsverpackung	– Verkaufsverpackungen sind Verpackungen, die das Produkt direkt umhüllen bzw. das verpackte Produkt schützen. – Sie ermöglichen das sichere Transportieren der Ware vom Geschäft nach Hause. – **Beispiele:** Joghurtbecher, Milchkarton, Saftflasche, Semmeltüte, Luftpolsterfolie, Holzwolle
Umverpackung	– Die Umverpackung ist eine Verpackung, die zusätzlich zur Verkaufsverpackung angewendet wird. – Dadurch werden Einzelportionen zu einem Gebinde verpackt. – Die Umverpackung macht die verpackte Ware stapelfähig. – **Beispiele:** Folie um zehn Portionsdöschen Kaffeesahne, Tüte um mehrere Portionstütchen Gummibären, Karton um Parfümflasche
Transportverpackung	– Die Transportverpackung ist eine Verpackung, die zusätzlich zur Verkaufs- und/oder Umverpackung angewendet wird. – Sie fasst Gebinde zu einer großen Einheit zusammen. – **Beispiele:** Holzpalette für in Kartons verpackte Ware, Transportkartons für Milchtüten

3. *Beschränken Sie sich hier konsequent auf die Beurteilung der Umweltverträglichkeit der drei angegebenen Verpackungsmaterialien und vergessen Sie nicht, jeweils zwei Verwendungsbeispiele anzugeben.*

Aluminium
- Aluminium ist eine **begrenzte Ressource**.
- Zum Ressourcenabbau wird **Regenwald** zerstört und somit auch die Lebensgrundlage von Mensch und Tier in Teilen vernichtet.
- Bei der Herstellung von Aluminium entstehen **Giftstoffe**, außerdem wird **viel Wasser und Energie verbraucht**.
- Aluminium kann zwar **bedingt recycelt** werden, allerdings muss dabei sehr viel Energie aufgewendet werden.
- Aluminium ist vermutlich **Auslöser für Krebs und Alzheimer**.
- **Verwendungsbeispiele:** als Alufolie in der Küche, als Tube für Senf oder Tomatenmark, als Deckel für Milchprodukte, als Backbehälter für Fertiggerichte

Kunststoff
- Kunststoff verrottet nur sehr langsam und ist über Jahrzehnte bzw. Jahrhunderte **nicht biologisch abbaubar**.
- Das verwendete Erdöl ist eine **begrenzte Ressource**.
- Durch Schiffsunglücke kommt es beim Transport von Erdöl immer wieder zu **Umweltkatastrophen**.
- Bei sortenreiner Sortierung können Kunststoffe **begrenzt recycelt** werden. Der **Energieverbrauch** ist dabei allerdings **sehr hoch**.
- Bei der Verbrennung von Kunststoffen entstehen **Giftstoffe**.
- Plastik, das in die Natur gelangt,
  - … führt zu **Plastikinseln**,
  - … wird zur **Gefahr für Meerestiere und Vögel**,
  - … wird zu Mikroplastik und gelangt so in unsere **Nahrungskette**.
- **Verwendungsbeispiele:** als Flaschen für Getränke, als Tüten für Chips und Süßigkeiten, für Tiefkühlware, als Netze für Obst und Gemüse

Papier / Karton:

- Papier besteht aus der **nachwachsenden Ressource** Holz.
- Zur Rohstoffgewinnung werden **Waldflächen abgeholzt**, es kann aber auch **Schadholz** (z. B. nach Borkenkäferbefall) verwendet werden.
- Bei der Herstellung von Papier und Karton sind Wasser und Energie sowie **Chemikalien** nötig.
- Die **Umweltverträglichkeit** ist sehr gut, da Papier und Kartons **vollständig recycelt** werden können.
- Mit Ausnahme verwendeter Farb- und Klebstoffe sind Papier und Kartons **voll biologisch abbaubar**.
- **Verwendungsbeispiele:** als Tüte für Knödelbrot, als Karton für Stärkemehl, als Träger für Joghurtbecher

Abschlussprüfung 2022 an den Realschulen in Bayern
Ernährung und Gesundheit: Aufgabengruppe A I/II

I. Bewusst ernähren – Wellness für den Körper!

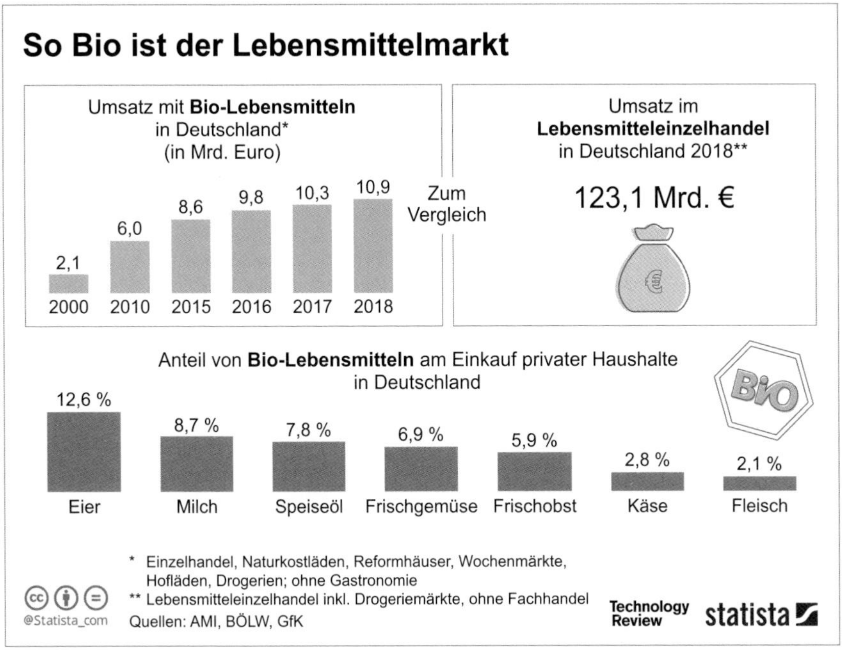

Quelle siehe Abbildung

1. Der Markt für biologisch erzeugte Lebensmittel wächst rasant. Entnehmen Sie der Grafik relevante Aussagen.

2. Bereits 1942 veröffentlichte Werner Kollath sein Hauptwerk „Die Ordnung unserer Nahrung". Er gilt damit als Pionier der Vollwerternährung und auch heute sind seine Regeln noch gültig. Nennen und erklären Sie die Grundsätze der Vollwertkost nach Kollath anhand von Beispielen.

3. Eine Hilfestellung zur gesunden Lebensmittelauswahl geben die Wertstufen der Vollwertkost. Beschreiben Sie diese und nennen Sie je zwei Beispiele.

4. Ballaststoffreiche Kost fördert die körperliche Gesundheit. Definieren Sie den Begriff Ballaststoffe und formulieren Sie fünf Aufgaben, die sie im Körper erfüllen.

5. Neben ihrem hohen Ballaststoffgehalt enthalten Obst und Gemüse weitere Inhaltsstoffe, die für den Menschen ernährungsphysiologisch bedeutsam sind. Erläutern Sie dies anhand der Nährstoffe.

II. Vorrat – für jeden nützlich!

1. Ob 1-Zimmer-Appartment oder großes Haus mit Garten für die Familie – Vorratshaltung ist auf vielfältige Weise möglich und nötig. Stellen Sie vier verschiedene Vorratsarten anhand der Lagerorte und Lagerbedingungen mit entsprechenden Beispielen vor.

2. In vielen Lebenslagen kann ein Vorrat von großem Vorteil sein. Erläutern Sie anhand von fünf Beispielen, weshalb Vorratshaltung sinnvoll ist, und erstellen Sie einen Maßnahmenkatalog zur sachgerechten Bevorratung.

3. Tiefkühlprodukte sind praktisch und zeitsparend in der täglichen Ernährung. Erklären Sie am Beispiel Brokkoli das fachgerechte Vorbereiten und anschließende Tiefgefrieren.

Lösungsvorschlag

I. Bewusst ernähren – Wellness für den Körper!

1. *Wesentliche Aussagen beziehen sich auf die Umsatzzahlen von Bio-Lebensmitteln im Vergleich zu den Gesamtumsatzzahlen im Lebensmitteleinzelhandel in Deutschland. Des Weiteren wird der Anteil von Bio-Lebensmitteln bei verschiedenen Produkten aufgeschlüsselt. Eine Beurteilung der Darstellung ist nicht erforderlich.*

   - Die Online-Plattform Statista ermittelte in Zusammenarbeit mit „Technology Review" den Umsatz von Bio-Lebensmitteln im Jahr 2018 in Deutschland. Er lag bei 10,9 Mrd. Euro.
   - Der Umsatz von Bio-Lebensmitteln hat sich dabei in den Jahren von 2000 bis 2018 von 2,1 Mrd. Euro auf 10,9 Mrd. Euro verfünffacht.
   - Mit 10,9 Mrd. Euro Umsatz entfallen 2018 weniger als 10% des Gesamtumsatzes im Lebensmitteleinzelhandel (123,1 Mrd. Euro) auf Bio-Lebensmittel.
   - Mit 12,6 Prozent sind Eier die am häufigsten gekauften Bio-Lebensmittel überhaupt, gefolgt von Milch mit 8,7 %.
   - Fleisch (mit 2,1 %) und Käse (mit 2,8 %) werden eher selten in Bio-Qualität gekauft.
   - Frischgemüse (6,9 %) und Frischobst (5,9 %) gehören trotz großem Angebot im Handel nur zum Mittelfeld der verkauften Bio-Artikel.
   - Ausgewertet wurden für Biowaren die Umsätze im Einzelhandel, in Naturkostläden, Reformhäusern, auf Wochenmärkten, in Hofläden und Drogerien; für den Gesamtumsatz der Lebensmitteleinzelhandel inklusive Drogeriemärkte.

2. *Achten Sie bei dieser Aufgabe darauf, die Grundsätze der Vollwertkost nicht nur zu nennen sondern auch zu erklären.*

   Zu den Grundsätzen der Vollwerternährung gehören:
   - die Gesundheitsverträglichkeit
   - die Sozialverträglichkeit und
   - die Umweltverträglichkeit dieser Ernährungsform.

   Gesundheitsverträglichkeit
   Die Vollwerternährung entspricht im Wesentlichen den Grundsätzen der vollwertigen Ernährung. Sie ist eine überwiegend lakto-vegetarische Ernährungsform, bei der gering verarbeitete Lebensmittel bevorzugt werden. Besondere Verwendung finden pflanzliche Produkte wie z. B. Obst, Gemüse und Hülsenfrüchte, auf tierische Lebensmittel wird, abgesehen von Milchprodukten, weitestgehend verzichtet und auch stark verarbeitete Lebensmittel werden vermieden.
   - Pflanzliche Lebensmittel wie Obst und Gemüse werden reichlich verzehrt und gelten als gesundheitsfördernd.
   - Tierische Lebensmittel wie Fleisch, Fisch und Eier gehören verarbeitet nur selten auf den Speiseplan.
   - Vollkornprodukte, frisches Obst und Gemüse, Kartoffeln sowie Milch und Milchprodukte sind die am häufigsten verzehrten Lebensmittel der Vollwerternährung.
   - In etwa die Hälfte der Kost wird als unerhitzte Frischkost verzehrt.
   - Die Gesamtaufnahme von Fetten ist eingeschränkt, zur Zubereitung wird nur wenig Fett benötigt. Grundsätzlich werden kalt gepresste Öle oder Butter bevorzugt.
   - Die Nahrungszubereitung erfolgt mit nährstoffschonenden Garmethoden in wenig Fett und Wasser. Dadurch bleiben wichtige Inhaltsstoffe erhalten.
   - Nahrungsmittel, die Zusatzstoffe enthalten oder gar bestrahlt oder genmanipuliert sind, werden grundsätzlich vermieden.

Sozialverträglichkeit
Landwirtschaftliche Erzeugnisse unter sozial akzeptablen Bedingungen zu produzieren und zu verarbeiten, ist wesentlicher Grundsatz der Vollwerternährung.
- Tierische und pflanzliche Lebensmittel aus dem ökologischen und regionalen Anbau werden bevorzugt.
- Produkte, wie z. B. Kaffee, der im fairen Handel mit den Entwicklungsländern gehandelt wird, ermöglichen eine faire Bezahlung, verhindern die Ausbeutung und Gesundheitsgefährdung der Arbeitskräfte in den Anbaugebieten und Kinderarbeit.
- Mit einer fairen Bezahlung sollen die Erzeuger angemessen entlohnt werden.
- Massentierhaltung und damit verbundenes Tierleid sollen vermieden werden.

Umweltverträglichkeit
Der Einkauf regionaler und saisonaler Produkte aus der ökologischen Produktion wirkt sich positiv auf die Umwelt aus.
- Auf eine teure und umweltschädigende Verpackung soll verzichtet werden.
- Es fallen keine langen Transportwege an, damit wird weniger CO_2 ausgestoßen.
- Die Lärm- und Schadstoffbelastung wird verringert.
- Es werden weniger Energie und Rohstoffe verbraucht.
- In der ökologischen Landwirtschaft werden keine chemischen Düngemittel eingesetzt.
- Da tierische Produkte seltener verzehrt werden, werden weniger Energie und Wasser in der artgerechten Tierhaltung benötigt und der CO_2-Ausstoß wird vermindert.

3. *Werner Kollath teilte Lebensmittel nach ihrem Verarbeitungsgrad in verschiedene Wertstufen ein. Lebensmittel seien seiner Ansicht nach umso wertvoller und gesünder, je weniger sie bearbeitet sind. Eine Darstellung der Lösung in Tabellenform schafft Übersichtlichkeit, ist aber nicht zwingend erforderlich.*

Wertstufen	Lebensmittel/Beschreibung	Lebensmittelbeispiel
sehr empfehlenswert	unveränderte, frische Lebensmittel, die nicht erhitzt wurden oder nur gering verarbeitet sind; ca. 50 % des Gesamttagesbedarfs	Frischkornmüsli, rohes Obst und Gemüse, Salate, Vorzugsmilch, Nüsse, Kerne, kalt gepresste und unraffinierte Öle und Kräuter
empfehlenswert	enzymatisch veränderte, mechanisch veränderte oder hitzebehandelte Lebensmittel; ca. 50 % des Gesamttagesbedarfs	Kartoffeln, Hülsenfrüchte, getrocknete Kräuter, Kräuter- und Früchtetees, Fisch, Fleisch, Eier, Frischmilch und Milchprodukte
weniger empfehlenswert	konservierte und stark behandelte Lebensmittel; nur selten verzehren	Weißbrot und Produkte aus Auszugsmehlen, Weißreis, Gemüse- und Obstkonserven, Fertigprodukte, H-Milch, raffinierte Öle, Fruchtsäfte und Fruchtnektar aus Konzentraten
nicht empfehlenswert	übertrieben verarbeitete Lebensmittel, isolierte Lebensmittelsubstanzen oder ihre Kombination; gar nicht verzehren	Nahrungsergänzungsmittel wie z. B. Vitamin- und Mineralstoffpräparate, Zusatzstoffe wie Süßstoff, Aromastoffe und Farbstoffe, Limonaden- und Colagetränke, Süßigkeiten und gehärtete Fette

4. *Hier wird eine sehr ausführliche Definition erwartet, bei der bereits auf Eigenschaften und Vorkommen eingegangen werden soll. Bei der Beschreibung der Aufgaben dagegen können Sie sich kurz fassen.*

Definition Ballaststoffe:

- Ballaststoffe sind Kohlenhydrate in Form von langkettigen Vielfachzuckern, sie liefern dem Körper keine Energie.
- Sie kommen vorwiegend in pflanzlichen Lebensmitteln vor, wie z. B. in Vollkorngetreide, Obst, Gemüse, Hülsenfrüchten und Nüssen.
- Für das menschliche Verdauungssystem sind Ballaststoffe nahezu unverdaulich, da der Mensch über keine entsprechenden Verdauungsenzyme verfügt, die Ballaststoffe spalten könnten.
- Ballaststoffe werden in wasserlösliche (enthalten in Obst und Gemüse) und wasserunlösliche (vor allem in Vollkornprodukten) eingeteilt.
- In Obst und Gemüse findet man Ballaststoffe vor allem im Gerüst der Pflanze oder in den Schalen von Obst. Der Ballaststoffanteil von Getreide ist in der Frucht- und Samenschale des Vollkorns enthalten.

Aufgaben

- Ballaststoffe vergrößern das Nahrungsvolumen, ohne den Energiegehalt zu erhöhen, und verlängern die Verweildauer im Magen. Dadurch wird das Sättigungsgefühl erhöht.
- Bei Verzehr ballaststoffreicher Produkte wird die Kautätigkeit gefördert.
- Die Darmtätigkeit wird angeregt und eine Verstopfung verhindert.
- Sie binden Schadstoffe und wirken positiv auf den Fettstoffwechsel, indem sie den Cholesteringehalt senken.
- Ballaststoffreiche Kost verringert die Gefahr von Herz-Kreislauf-Erkrankungen, das Risiko eines Herzinfarktes oder Magen-Darm-Erkrankungen.
- Die Kohlenhydrate werden bei einer ballaststoffreichen Kost im Darm langsamer aufgenommen. Dies lässt den Blutzuckerspiegel langsamer ansteigen und wirkt dadurch vorbeugend bei Diabetes Typ 2.

5. *Für die Darstellung der Inhaltsstoffe ist es sinnvoll, eine Tabelle anzulegen, da auf diese Weise die Unterschiede von Obst und Gemüse übersichtlicher abgebildet sind. Die Inhaltsstoffe sind hier der Menge nach, wie sie in Obst und Gemüse vorkommen, sortiert. Bei dieser Aufgabe bietet sich die Lösung in Tabellenform an, ist aber nicht zwingend erforderlich. Achten Sie auf alle Fälle darauf, keine Nährstoffe zu vergessen. Erstellen Sie dazu am besten vorab eine Liste und haken die einzelnen Nährstoffe beim Schreiben der Lösung ab.*

	Obst	**Gemüse**
Wasser	Der Wassergehalt von Obst ist abhängig von der jeweiligen Frucht und liegt bei ca. 70 % bis über 90 %.	Der Wassergehalt liegt je nach Gemüseart bei 70 % (z. B. Karotten) bis über 90 % (z. B. Gurke, Salat).
Obst und Gemüse sind wichtige Lebensmittel, um den Flüssigkeitsbedarf des Körpers zu decken.		

Kohlenhydrate	Kohlenhydrate im Obst sind in erster Linie Einfachzucker wie Trauben- und Fruchtzucker. Sie gehen rasch ins Blut und geben schnell Energie. Weitere Kohlenhydrate sind Ballaststoffe, die in Form von Cellulose Schadstoffe binden, die Darmtätigkeit anregen und sättigen. Der Energiewert richtet sich nach dem Zuckergehalt.	Gemüse enthält viele Ballaststoffe, die uns satt machen. Je nach Gemüsesorte ist der Kohlenhydratanteil von Einfachzucker niedrig. Kartoffeln oder Mais haben einen hohen Anteil an Stärke, einem Vielfachzucker, der unserem Körper lange Energie zuführt, da er über eine längere Zeit während der Verdauung in Einfachzucker umgebaut wird. Die Verdaulichkeit von Gemüse ist wiederum von der Gemüsesorte abhängig. Karotten oder Salate sind eher leicht verdaulich, Kohlarten haben eine blähende Wirkung.
Eiweiß	Obst enthält nur einen geringen Anteil an Eiweiß.	Hülsenfrüchte gehören zu den eiweißreichen Gemüsesorten, ihr Eiweiß ist besonders hochwertig und wird gerne in der vegetarischen oder veganen Küche verwendet.
Fett	Obst enthält kaum Fett.	In Gemüse ist nur wenig Fett enthalten.
Vitamine	Vitamin C, Beta-Carotin und Folsäure gehören zu den häufigsten Vitaminen in Obst. Als Schutz- und Reglerstoffe sind sie für das Immunsystem, aber auch für die Entwicklung des Nervensystems und für Stoffwechselvorgänge notwendig.	Vitamin C, Beta-Carotin, Vitamin K und der Vitamin B-Komplex steigern die Abwehrkräfte und regeln wichtige Stoffwechselvorgänge und die Blutgerinnung.
Mineralstoffe	Kalium, Magnesium und Eisen beeinflussen als Reglerstoffe wichtige Stoffwechselvorgänge.	Gemüse ist sehr mineralstoffreich und enthält Kalium, Calcium, Eisen und Magnesium zur Steuerung wichtiger Stoffwechselvorgänge.
Sekundäre Pflanzenstoffe	Aroma- und Farbstoffe sind die häufigsten sekundären Pflanzenstoffe. Sie regen den Appetit an.	Der Gehalt an sekundären Pflanzenstoffen bei Gemüse ist hoch. Diese Stoffe wirken sich antikanzerogen, antioxidativ, blutdrucksenkend und entzündungshemmend auf den Körper aus.

II. Vorrat – für jeden nützlich!

1. *Trotz langer Öffnungszeiten im Einzelhandel ist Vorratshaltung so wichtig wie eh und je. Den verschiedenen Haushalten stehen dabei unterschiedliche Vorratsarten zur Verfügung. Bei deren Vorstellung sollen die Lagerorte, die dort herrschenden Bedingungen und jeweils entsprechende Beispiele genannt werden. Zur besseren Übersichtlichkeit bietet sich eine Darstellung in Tabellenform an. Hier werden mehr als die verlangten vier Vorratsarten beispielhaft aufgeführt.*

<table>
<tr><th>Vorratsart</th><th>Lagerort</th><th>Lagerbedingungen</th></tr>
<tr><td>Trockenvorräte</td><td>Vorratsschrank, Speisekammer</td><td>trocken und dunkel, Temperatur 15–18 °C, Haltbarkeit 6 Monate–2 Jahre</td></tr>
<tr><td colspan="3">Lebensmittelbeispiele: Nudeln, Reis, Mehl, Zucker</td></tr>
<tr><td>Frischvorräte</td><td>Kühlschrank</td><td>hohe Luftfeuchtigkeit, Temperatur 0–8 °C, kurzfristige Lagerung 1–20 Tage</td></tr>
<tr><td colspan="3">Lebensmittelbeispiele: Fleisch und Wurstwaren, Milch- und Milchprodukte, Eier, Obst und Gemüse</td></tr>
<tr><td>Konserven</td><td>Vorratsschrank, Speisekammer</td><td>trocken und dunkel, Temperatur 15–18 °C, Haltbarkeit bis zu 4 Jahre</td></tr>
<tr><td colspan="3">Lebensmittelbeispiele: Obst- und Gemüsekonserven, Fertiggerichte, Wurst- und Fischkonserven</td></tr>
<tr><td>Halbkonserven aus der Kühlung</td><td>Kühlschrank</td><td>hohe Luftfeuchtigkeit, Temperatur 0–8 °C, Haltbarkeit 2 Wochen–2 Monate</td></tr>
<tr><td colspan="3">Lebensmittelbeispiele: Fleisch- und Wurstsalate, gesäuerte Salatkonserven</td></tr>
<tr><td>Tiefkühlvorräte</td><td>Gefrierschrank, Gefriertruhe oder Tiefkühlfach</td><td>Temperatur –18 °C, fachgerecht verpackt, Haltbarkeit 6 Monate–1 Jahr</td></tr>
<tr><td colspan="3">Lebensmittelbeispiele: Fertiggerichte, Gemüse, Backwaren, Speiseeis, Fleisch und Fisch</td></tr>
<tr><td>Saisonvorräte</td><td>Kellerraum</td><td>mittlere Luftfeuchtigkeit, dunkel, Temperatur 8–12 °C, Haltbarkeit bis zu 6 Monate</td></tr>
<tr><td colspan="3">Lebensmittelbeispiele: Kartoffeln, Wurzelgemüse, Zwiebeln, Kürbisse, Äpfel</td></tr>
<tr><td>Getränke</td><td>Keller</td><td>dunkel, Temperatur 8–12 °C, Haltbarkeit 6 Monate bis 2 Jahre</td></tr>
<tr><td colspan="3">Lebensmittelbeispiele: Mineralwasser, Säfte, Bier, Wein</td></tr>
</table>

2. *Diese Aufgabe besteht aus zwei Teilen: Im ersten Teil sollen fünf Gründe für eine Vorratshaltung erläutert werden, im zweiten Teil ein Maßnahmenkatalog für eine sachgerechte Bevorratung zusammengestellt werden. Hier werden mehr als die verlangten fünf Beispiele aufgeführt.*

Gründe für eine Vorratshaltung:
Vorratshaltung spart Zeit, Arbeitskraft und Energie, wenn:
- man seinen Einkauf nur einmal wöchentlich durch einen Großeinkauf erledigt
- bei der Nahrungszubereitung größere Mengen gekocht und portioniert eingefroren werden, um mehrmals davon essen zu können

Vorratshaltung spart Geld, wenn:
- man Nahrungsmittel bei Sonder- und Saisonangeboten in größeren Mengen einkauft
- Produkte aus dem eigenen Garten durch verschiedene Konservierungsmöglichkeiten (z. B. Marmeladen, Tiefkühlkost) haltbar gemacht und bevorratet werden können

Vorratshaltung gibt Sicherheit:
- , wenn unerwartet Gäste eintreffen
- bei überraschender Krankheit, Streiks und Katastrophenfällen
- im Zusammenhang mit der Unabhängigkeit von Ladenschlusszeiten

Vorratshaltung von selbst erzeugten Lebensmitteln:
- macht Spaß und fördert die eigene Kreativität
- gibt Sicherheit über die Herkunft und Zubereitung der Lebensmittel

Maßnahmenkatalog für eine sachgerechte Bevorratung:
Zur Lagerhaltung gehört auch eine sorgfältige Pflege des Vorrats, durch die Nahrungsmittelverderb und Nährstoffverlust vermieden werden können. Dazu gehören neben der richtigen Lagerung auch Sauberkeit und Kontrolle der eingelagerten Lebensmittel.

Weitere Tipps, die bei der Lagerhaltung beachtet werden sollten, sind:
- Lebensmittelvorräte planen, d. h. die Mengen festlegen, die für den jeweiligen Haushalt angemessen sind, und mit dem tatsächlichen Bestand abgleichen.
- Lagerfähige Vorräte wie z. B. Nudeln, Reis, Mehl oder andere Trockenprodukte so einräumen, dass ältere Produkte zuerst verbraucht werden (First in – First out).
- Nahrungsmittel abdecken oder gut verpackt lagern.
- Auf den richtigen Lagerort und die entsprechenden Lagerbedingungen für die jeweiligen Lebensmittel achten.
- Regelmäßige Kontrolle der Lebensmittel auf das Mindesthaltbarkeitsdatum. Das Mindesthaltbarkeitsdatum (MHD) ist kein Verfallsdatum, es ist nur der Zeitpunkt, bis zu dem der Hersteller bei sachgerechter Lagerung eine Garantie für das Produkt übernimmt.
- Selbst erzeugte Lebensmittel oder Tiefkühlkost mit Inhalt, Menge und Datum beschriften.
- Obst und Gemüse müssen voneinander getrennt gelagert werden, da Reifegase von Obst (Ethylen) die Reifung von Gemüse beschleunigen.
- Vorräte regelmäßig auf Schädlingsbefall, Fäulnis und Schimmel überprüfen. Betroffene Lebensmittel müssen sofort aussortiert und vernichtet werden.
- Auf eine regelmäßige Belüftung der Lagerräume achten, verschmutzte Regale oder Aufbewahrungsstätten gründlich reinigen.
- Regelmäßige Kontrolle von Konserven und selbst eingemachten Vorräten. Bei gewölbten Konserven oder Einmachgläsern, deren Deckel sich lösen, unbedingt den Inhalt entsorgen. Vergiftungsgefahr!

3. *Frisch geerntete Lebensmittel können schnell verderben, deshalb müssen sie sachgerecht konserviert werden. Achten Sie darauf, den Prozess vollständig und exakt darzustellen.*

Für eine Konservierung von Brokkoli durch Tiefkühlen sind folgende Arbeitsschritte notwendig:

- Tiefkühlgerät auf „Schockfrosten" einstellen: Beim Schockfrosten wird das Tiefkühlgerät auf –24 °C gekühlt. Die Eiskristalle, die bei dieser Temperatur gebildet werden, sind kleiner und zerstören so nicht die Zellstruktur des Brokkoli.
- Brokkoli gründlich waschen: So werden bakterielle Verunreinigungen vermieden.
- Brokkoli putzen und dabei schadhafte Stellen ausschneiden.
- Brokkoli in gleichmäßig große Röschen teilen: So sind sie für die weitere Verarbeitung nach dem Auftauen vorbereitet.
- Blanchieren: Brokkoli wird kurzzeitig in kochendem Wasser oder Wasserdampf vorgegart. Durch das Blanchieren werden Mikroorganismen abgetötet und eventuelle Enzyme deaktiviert. Außerdem bleiben Vitamingehalt, Farbe und Aussehen der Lebensmittel während der Lagerung besser erhalten.
- Abschrecken des Brokkoli in Eiswasser und anschließendes Abtropfen: Das Abschrecken in Eiswasser bewirkt, dass die Farbe des Brokkoli erhalten bleibt. Das Gemüse erscheint auch nach dem Auftauen grün und nicht grau.
- Verpacken in gefriergeeigneten Gefäßen: Zum Schutz vor Mikroorganismen und Schmutz werden die Lebensmittel in gefriergeeigneten Gefäßen, wie z. B. Gefrierdosen, Kunststofffolien oder Kunststoffbeuteln, portionsweise verpackt. Das Gefriergut kann so weder Geruch abgeben noch aufnehmen und wird vor Gefrierbrand geschützt.
- Gefrierpakete beschriften mit Menge und Art des Inhalts und Datum des Gefrierens, evtl. eintragen in einer Lagerliste: Die Gefriergut-Lagerliste und die Beschriftung der Gefrierpakete erleichtern den Überblick über den Inhalt des Tiefkühlgerätes. So werden die Tiefkühlprodukte nicht über ihre Haltbarkeit hinaus gelagert.
- Gefrierpakete in das Vorgefrierfach im Tiefkühlgerät legen: Im Vorgefrierfach befindet sich die kälteste Stelle im Gefriergerät. Das Gefriergut kann hier am schnellsten und schonendsten tiefgefroren werden. Im gefrorenen Zustand kann das Gefriergut umgelagert werden.

I. Fit und gesund älter werden!

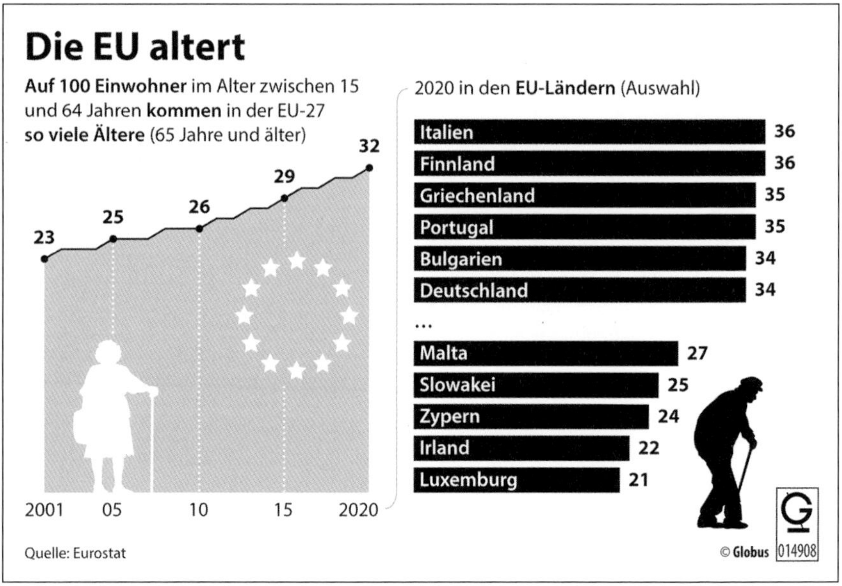

picture alliance/dpa/dpa-infografik GmbH

1. Die Altersstruktur innerhalb der Bevölkerung ist sehr unterschiedlich. Entnehmen Sie der Grafik relevante Aussagen.

2. Menschen ab einem Alter von 65 Jahren bezeichnet man als Senioren. Im Alter finden viele Veränderungen im Organismus statt, die bei der Ernährung berücksichtigt werden sollen. Erläutern Sie acht Regeln für eine seniorengerechte Ernährung.

3. 1978 wurde der Begriff „Schonkost" durch den der „leichten Vollkost" ersetzt. Stellen Sie diese Ernährungsform vor und geben Sie insgesamt sechs Empfehlungen für die Auswahl und Zubereitung von Lebensmitteln an. Planen Sie ein geeignetes 3-Gänge-Menü.

4. Cholesterin – dieser Begriff klingt für viele Menschen abschreckend und gesundheitsschädlich. Häufig vermitteln uns die Medien, dass wir verzichten sollen. Man unterscheidet jedoch zwei Arten von Cholesterin. Beschreiben Sie die beiden Arten und formulieren Sie fünf Regeln, die bei einem erhöhten Cholesterinspiegel zu berücksichtigen sind.

5. Cholesterin ist ein Begleitstoff von Fett. Damit Fett im menschlichen Organismus verwertet werden kann, muss es im Rahmen eines mehrstufigen Prozesses abgebaut werden. Erklären Sie die Verdauung, die Resorption sowie den Zell- und Energiestoffwechsel von Fett.

II. Was wirklich zählt!

1. Bereits seit den 1970er Jahren ist die Bedürfnispyramide des amerikanischen Psychologen ABRAHAM MASLOW bekannt. Er teilt die menschlichen Bedürfnisse in fünf Stufen ein. Skizzieren und beschriften Sie die Bedürfnispyramide und erläutern Sie die einzelnen Stufen anhand konkreter Beispiele.

2. Rational handeln und produktiv wirtschaften hilft dabei, seine Bedürfnisse angemessen befriedigen zu können. Beschreiben Sie hierzu die beiden ökonomischen Prinzipien anhand eines Beispiels.

3. Eine bewusste Wahl der Lebensmittel trägt zum Wohle aller bei. Nennen Sie die vier Kriterien zur Lebensmittelauswahl und geben Sie jeweils drei Beispiele an.

Lösungsvorschlag

I. Fit und gesund älter werden!

1. *Der Lösungsvorschlag ist bei dieser Aufgabe ausnahmsweise nicht in Form von möglichen Antworten formuliert. Es wird vielmehr herausgestellt, welche Aussagen relevant sind und somit zwingend aufgeführt werden müssen.*

   - Es ist wichtig zu erkennen, dass mit den in der Grafik abgebildeten Zahlen ältere Menschen über 65 Jahre pro 100 Einwohner gemeint sind. Zusätzlich muss herausgestellt werden, dass die Bezugsgröße „pro 100 Einwohner" nur Menschen zwischen 15 und 64 Jahren betrifft.
   - Die starke Steigerung zwischen 2001 und 2020 muss anhand von Zahlen erkannt werden, also von 23 auf 32 alte Menschen pro 100 Einwohner.
   - Große Unterschiede zwischen europäischen Ländern müssen herausgelesen und mit Zahlen belegt werden, also 36 alte Menschen pro 100 Einwohner in Italien und 21 in Luxemburg.
   - Außerdem ist relevant, dass der Wert in Deutschland (34 Ältere) im europäischen Vergleich ebenfalls sehr hoch ist.

2. *Ein einfaches Nennen von Regeln reicht hier nicht aus. Achten Sie darauf, wirklich zu erläutern. Beispielhaft werden hier mehr als die verlangten acht Regeln aufgeführt.*

   - Der Energiegehalt der Nahrung sollte vermindert werden, weil im Alter der Grundumsatz sinkt und die physische Tätigkeit meist abnimmt.
   - Daraus ergibt sich auch die Verringerung des Fettanteils in der Nahrung. Der Verzehr von versteckten Fetten soll stark eingeschränkt werden. Geeignet sind deshalb besonders fettarme Garverfahren wie z. B. Dünsten, Dämpfen oder Garen in Folie.
   - Pflanzliche Fette sind zu bevorzugen, da sie reich an essenziellen Fettsäuren sind, was einer Arterienverkalkung (= Arteriosklerose) entgegenwirkt.
   - Tierische Fette sind einzuschränken, weil sie Cholesterin enthalten. Auch diese Maßnahme wirkt der Arterienverkalkung entgegen.
   - Die Verdauung verlangsamt sich im Alter, weswegen die Portionsgrößen kleiner gehalten werden sollten. Eine Verteilung der täglichen Nahrungsmenge auf mehrere kleine Portionen ist sinnvoller als drei große Malzeiten.
   - Aus dem gleichen Grund ist es wichtig, blähende Lebensmittel einzuschränken und stattdessen leicht verdauliche anzubieten.
   - Senioren haben ein höheres Risiko, an Diabetes Typ 2 zu erkranken, weswegen auch die Zuckeraufnahme reduziert werden soll.
   - Ballaststoffe sind sehr wichtig, weil ältere Menschen zunehmend an Darmträgheit leiden.
   - Da der Körper nicht mehr so gut Zellen erneuern kann, ist sowohl eine höhere Eiweißaufnahme als auch die Aufnahme von biologisch hochwertigem Eiweiß besonders vonnöten. Pflanzliches Eiweiß ist zu bevorzugen, da es purinarm ist.
   - Vitamine und Mineralstoffe können nicht mehr so gut resorbiert werden. Bei fleischloser Ernährung ist besonders auf eine ausreichende Eisenzufuhr zu achten. Auch Calcium kann nicht mehr so gut aufgenommen werden. Dies kann jedoch verbessert werden, wenn gleichzeitig genügend Vitamin D aufgenommen wird.
   - Obst und Gemüse sichern eine ausreichende Zufuhr von Vitamin C, was für das schwächer werdende Immunsystem unerlässlich ist.
   - Weil ältere Menschen nicht mehr so viel Durst verspüren, muss auf eine ausreichende Flüssigkeitszufuhr geachtet werden. Kalorienarme Getränke sind am besten. Alkohol, koffeinhaltige und kohlensäurehaltige Getränke sind weniger geeignet.

- Falls das Kauen schwerfällt, können Speisen zerkleinert und im weichen Zustand verzehrt werden.
- Auch der Appetit lässt im Alter nach, weswegen Senioren in Gesellschaft am liebsten essen. Außerdem regt hübsch Angerichtetes den Appetit an.

3. *Bei dieser dreiteiligen Aufgabe ist es wichtig, dass bei dem 3-Gänge-Menü das Getränk nicht vergessen wird. Außerdem ist es meist nötig, auch die Zubereitung bzw. die Art des Lebensmittels anzugeben (z. B. nicht Wasser → sondern Leitungswasser, stilles Mineralwasser oder mit Kohlensäure; nicht Kartoffeln → sondern Salz-, Pell-, Bratkartoffeln, Pommes, Kartoffelbrei; nicht nur Schnitzel → sondern natur/paniert, gedünstet/gebraten/frittiert etc.). Es werden auch hier mehr als die sechs verlangten Empfehlungen gegeben.*

Beschreibung:
- Die Kostform soll das Verdauungssystem und den Stoffwechsel entlasten.
- Bei akuten Erkrankungen des Verdauungstrakts (wie z. B. Durchfall, Erbrechen, Bauchschmerzen etc.) kann die leichte Vollkost angewendet werden.
- Eingesetzt wird die leichte Vollkost auch nach Operationen am Verdauungstrakt (z. B. Blinddarm).
- Wichtig ist, dass die leichte Vollkost auch vollwertig ist, d. h. alle lebensnotwendigen Nahrungsinhaltsstoffe ausreichend enthalten sind.
- Der Patient kann vorsichtig ausprobieren, welche Lebensmittel bzw. Garverfahren er verträgt.

Empfehlungen:
- Die Fettzufuhr sollte stark eingeschränkt werden. Das betrifft sowohl die Garverfahren als auch die Lebensmittel. Trotzdem muss der Patient genügend essenzielle Fettsäuren zu sich nehmen, die in pflanzlichen Ölen vorkommen.
- Die Garverfahren sollen keine Röststoffe entwickeln. Braten, Grillen und Frittieren sind demnach nicht empfehlenswert.
- Von Rohkost ist eher abzusehen, gegartes Obst und Gemüse werden in der Regel besser vertragen.
- Frische Kräuter sind zum Würzen der Speisen geeignet, Salz und scharfe Gewürze weniger.
- Auf die Auswahl blähender Lebensmittel muss unbedingt verzichtet werden. Dazu gehören Zwiebelgewächse, Rettich, Kohlgewächse, Hülsenfrüchte sowie manche Obstsorten.
- Der Flüssigkeitsbedarf kann gedeckt werden durch kohlensäure-, koffein- und säurefreie Getränke.
- Auf Alkohol ist zu verzichten.
- Die Speisen sollten angenehm temperiert sein, also nicht zu kalt und nicht zu heiß.
- Der Patient sollte die Speisen gut kauen und sich genug Zeit nehmen.
- Die Aufteilung der Tagesnahrungsmenge auf 5–6 kleinere Portionen ist besser bekömmlich als der Verzehr von 3 großen Malzeiten.

Menüvorschlag:
- Karottencremesuppe mit Joghurtklecks und frischen Kräutern
- Putenschnitzel (natur, gedünstet), Salzkartoffeln, Blattsalat mit Essig-Öl-Dressing (wenig Essig!)
- Magerquark mit frischem Erdbeerpüree
- stilles Mineralwasser, Leitungswasser oder ungesüßter Kräutertee

4. *Diese Frage ist zweiteilig. Zunächst sollten Sie die beiden Arten von Cholesterin beschreiben und anschließend fünf Regeln formulieren, die bei hohem Cholesterinwert berücksichtigt werden sollten.*

Unterscheidung:

- HDL-Cholesterin (High Density Lipoprotein)
  - man spricht von „gutem“ Cholesterin
  - kann überschüssiges Cholesterin aus dem Körper wieder abführen
  - dadurch schützt es vor Arterienverkalkung (= Arteriosklerose)
- LDL-Cholesterin (Low Density Lipoprotein)
  - man spricht von „schlechtem“ Cholesterin
  - kann durch Zell- und Gefäßwände dringen und sich dort anlagern
  - dadurch verengen sich die Gefäße → es kommt zu Arterienverkalkung, was wiederum Durchblutungsstörungen zur Folge hat und somit Schlaganfälle und Herzinfarkte herbeiführen kann

Regeln, die bei einem erhöhten Cholesterinspiegel zu berücksichtigen sind:

- Cholesterinhaltige Lebensmittel sollten gemieden werden. Dazu gehören z. B. fettreiche Wurst- und Fleischwaren, aber auch Schalentiere, Eigelb oder Innereien.
- Versteckte Fette wie in Fast Food, Wurst oder Fertiggerichten sollten stark eingeschränkt werden.
- Fettarmen Varianten bei z. B. Fleisch, Fisch, Milch und Milchprodukten sollte der Vorzug gegeben werden.
- Auch beim Garen muss Fett stark eingeschränkt werden. Dies gelingt beim Dämpfen, Dünsten, Grillen oder beim Garen in der Mikrowelle. Außerdem tragen beschichtete Pfannen dazu bei.
- Gleichzeitig darf die Zufuhr von mehrfach ungesättigten Fettsäuren (= essenziell) nicht vernachlässigt werden.
- Tierische und gehärtete pflanzliche Fette dagegen enthalten viele gesättigte Fettsäuren und müssen gemieden werden.
- Ballaststoffe, die sich in pflanzlichen Lebensmitteln wie Obst, Gemüse, Vollkornprodukten und Hülsenfrüchten befinden, binden Cholesterin aus der Nahrung.
- Auf Zucker soll verzichtet werden.
- Auch Alkohol muss unbedingt stark reduziert werden.
- Bestehendes Übergewicht sollte man abbauen.
- Ebenso ist es wichtig, das Rauchen aufzugeben.
- Zudem wirkt sich sportliche Betätigung positiv auf den Cholesterinspiegel aus.
- Zu guter Letzt ist auch die Beachtung der Work-Life-Balance sinnvoll.

5. *Diese Frage ist sehr umfangreich. Wichtig ist die Nennung der Organe in der richtigen Reihenfolge mit den entsprechenden Abläufen und Hormonen. Die Darstellung in Tabellenform ist nicht zwingend notwendig, sorgt aber für mehr Übersichtlichkeit.*

Verdauung	
Mund (Speichel)	– Fett wird auf Körpertemperatur angewärmt und somit verflüssigt. – Ein Abbau erfolgt hier noch nicht.
Magen (Magensaft)	– Auch hier findet noch kein Abbau von Fett statt. – Durch die Bewegungen des Magens wird Fett bereits teilweise emulgiert. – Je mehr Fett in der Nahrung enthalten ist, desto länger verweilt diese im Magen.
Zwölffingerdarm (Gallensaft, Bauchspeichel)	– Durch den Gallensaft, der in Leber und Gallenblase produziert wird, findet die Emulgation von Fetten statt. – Im Bauchspeichel ist das Enzym Lipase enthalten, welches Fett in seine Bestandteile spaltet.
Dünndarm (Dünndarmsaft)	– Hier wirken die Lipasen weiter und spalten Fette in Glycerin und Fettsäuren auf.
Resorption	
	– Fettsäuren, die kurz- und mittelkettig sind, gehen durch die Darmwand/Darmzotten ins Blut über. – Sie verbinden sich dazu mit dem Natrium der Gallensäure und werden dabei zu „Seife“. – Langkettige Fettsäuren schließen sich wieder mit Glycerin zusammen und gehen so in die Lymphe. – Die Natriumteile spalten sich von den Fettsäuren in den Lymphadern wieder ab. – Die verbleibenden Fettteile werden von der Lymphe ins Blut gebracht.
Energie- und Zellstoffwechsel	
	– Körpereigene Stoffe werden andauernd in der Zelle auf- und abgebaut. – Fette werden in der Leber in körpereigene Stoffe auf- und umgebaut. – Anschließend erfolgt die Speicherung als Depotfett im Unterhautfettgewebe. – Energie entsteht, wenn Glycerin und Fettsäuren zu Kohlenstoffdioxid und Wasser abgebaut werden. – Diese wird verwendet für die Muskelkraft sowie für den Erhalt der Körpertemperatur.

II. Was wirklich zählt!

1. *Eine beschriftete Skizze ist hier zwingend gefordert.*

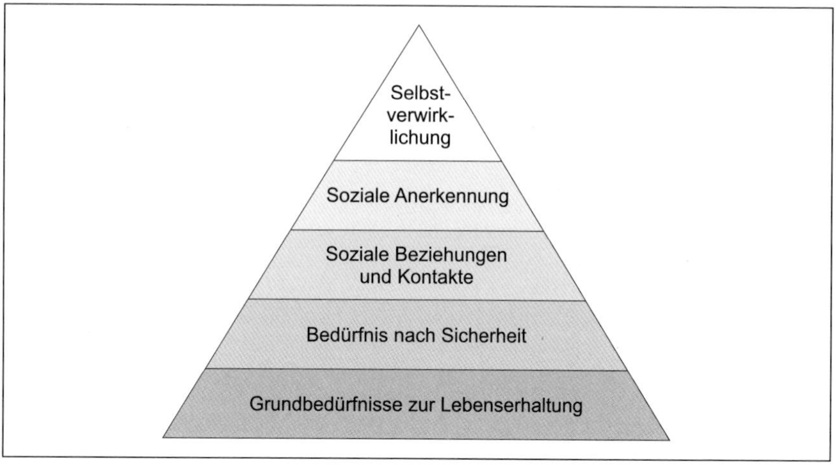

ABRAHAM MASLOW baute sein Modell auf der Annahme auf, dass der Mensch erst dann die Erfüllung weiterer Bedürfnisse anstrebt, wenn die vorherige Stufe zum Großteil befriedigt worden ist.

Stufe 1: Grundbedürfnisse
Die Stillung dieser Bedürfnisse ermöglicht uns zu überleben wie z. B. Nahrung, Schlafen, Sexualität, Kleidung, Wohnen …

Stufe 2: Sicherheitsbedürfnis
Hier ist der Wunsch nach Sicherheit für das Leben, aber auch materielle bzw. berufliche Sicherheit beschrieben. Dazu gehören z. B. Kündigungsschutz, Mutterschutz, Versicherungen, Abgrenzung des Eigentums gegenüber anderen Personen …

Stufe 3: soziale Bedürfnisse
Auf dieser Stufe wünscht der Mensch sich, mit anderen Menschen zu kommunizieren und zu interagieren, wie z. B. Partnerschaft/Liebe, Freundschaft, Zugehörigkeit zu einer sozialen Gruppe …

Stufe 4: Wertschätzung/soziale Anerkennung
Nach Erfüllung der Stufe 3 will der Mensch zusätzlich Anerkennung, Macht und Einfluss. Man nennt dies die „Ich-Bedürfnisse“. Wenn diese erfüllt sind, dann erfährt der Mensch Selbstachtung und entwickelt ein gutes Selbstwertgefühl. Sie sind Voraussetzung für das Stillen der Bedürfnisse auf Stufe 5.

Stufe 5: Selbstverwirklichung
Die Bedürfnispyramide geht davon aus, dass der Mensch erst bereit ist, anderen etwas zu geben, wenn die vorherigen vier Stufen erfüllt sind. Dies zeigt sich in Selbstlosigkeit, Güte, Gerechtigkeit usw. Jetzt erst verwirklicht sich der Mensch und erkennt dadurch seine Individualität.

2. *Im Lösungsvorschlag wurde für beide Prinzipien das gleiche Beispiel gewählt. Die Aufgabenstellung fordert dies aber nicht.*

Das ökonomische Prinzip zeigt, wie der Mensch seine begrenzten Mittel zur Erfüllung seiner Wünsche möglichst sinnvoll einsetzen kann.

Minimalprinzip (Sparsamkeitsprinzip)
Es sollen möglichst wenig Mittel verbraucht werden, um dennoch ein festgelegtes Ziel zu erreichen.
- Sie richten den 18. Geburtstag eines Geschwisters aus. Dazu kommt nur die enge Verwandtschaft. Es soll Kaffee und Kuchen und alkoholfreie Kaltgetränke geben. (= festgelegtes Ziel)
- Sie versuchen, möglichst wenig Geld zu verbrauchen, indem Sie die Kuchen selbst backen und nicht beim Konditor kaufen. Außerdem gestalten Sie die Dekoration selbst mit kostenlosen Naturmaterialien der Saison und bestellen nicht beim Floristen. (= variable Mittel)

Maximalprinzip (Ergiebigkeitsprinzip)
Es darf eine bestimmte Menge an Mitteln aufgebraucht werden, mit denen man das bestmögliche Ergebnis in Bezug auf das Ziel erreicht.
- Sie richten den 18. Geburtstag eines Geschwisters aus. Es soll Kaffee und Kuchen und alkoholfreie Kaltgetränke geben. Zur Verfügung stehen 100 € (= festgelegte Mittel).
- Wie viele Gäste teilnehmen können, hängt davon ab, wie gut Sie mit dem Geld wirtschaften. Evtl. kann nur die enge Familie kommen oder auch ein paar Freunde oder auch die weitere Verwandtschaft … (= variables Ziel)

3. *Diese Fragestellung stammt noch aus dem alten Lehrplan und müsste in Zukunft abgeändert werden. Die Qualität von Lebensmitteln wird jetzt mit Hilfe des Qualitätsfächers beurteilt (Thema aus der 9. Jahrgangsstufe). Dieser enthält nicht vier, sondern acht Kriterien zur Lebensmittelauswahl.*

Ökologiewert
Wenn Lebensmittel …
- aus biologischem Anbau stammen,
- aus artgerechter Tierhaltung kommen,
- saisonal bzw.
- regional eingekauft wurden,
- kaum bzw. ganz unverpackt sind,
- kurze Transportwege haben,

dann betrachtet man sie als ökologisch wertvoll.

Ökonomiewert
Hier wird berücksichtigt, inwieweit Lebensmittel helfen, Zeit, Kraft und Geld zu sparen.
- Wie lange dauert die Vorbereitung und die Zubereitung?
- Wie lange ist das Lebensmittel haltbar?
- Wie hoch ist die Ergiebigkeit?
- Kann das Lebensmittel gut bevorratet werden?
- Wie viel kostet es?

Genusswert
Dieser wird sehr individuell empfunden. Hierzu zählt,
- wie das Lebensmittel schmeckt,
- welche Farbe es hat,
- wie es riecht,
- wie es aussieht,
- wie es beschaffen ist,
- welche Temperatur es hat,
- ob man mit ihm kreativ anrichten und garnieren kann,
- ob es Freude am Essen auslöst/den Appetit anregt.

Gesundheitswert
In diesem Bereich wird überlegt, wie sich der Verzehr eines Lebensmittels auf unsere Gesundheit auswirkt.
- Nährstoffgehalt
- Sättigungswert
- Verdaulichkeit
- Schadstoffgehalt
- Verarbeitungsgrad
- Zusammenstellung

I. Milch – ein eiweißreiches Lebensmittel

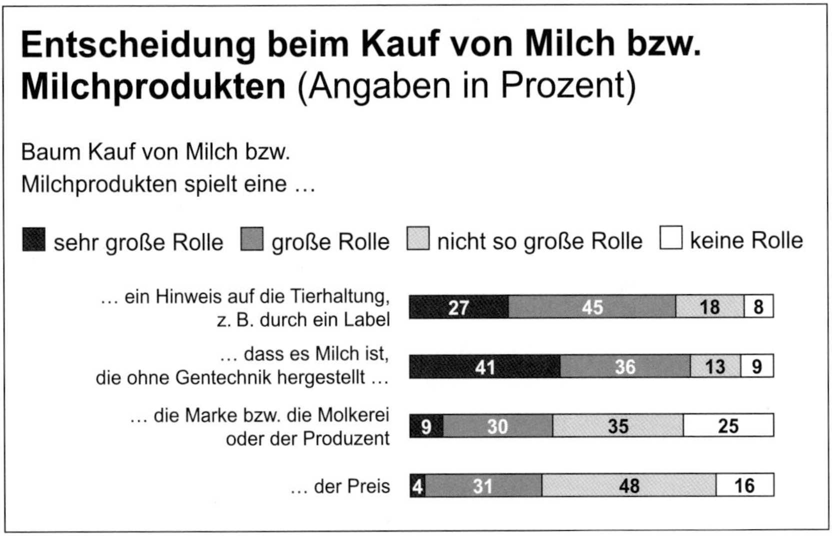

Bild urheberrechtlich geschützt

1. Konsumenten achten beim Einkauf von Milch auf unterschiedliche Aspekte. Treffen Sie wesentliche Aussagen zur Grafik.
2. Auf Milchverpackungen stehen verschiedene Begriffe zur Verarbeitung von Milch, die bei den Verbrauchern häufig Fragen aufwerfen.
   Definieren Sie die Begriffe Homogenisieren, Pasteurisieren und Ultrahocherhitzen.
3. Die Deutsche Gesellschaft für Ernährung empfiehlt Milch und Milchprodukte wie Joghurt und Käse täglich zu essen. Kuhmilch zählt zu den ernährungsphysiologisch wertvollen Lebensmitteln. Belegen Sie dies anhand der Inhaltsstoffe.
4. Eiweiß ist ein wichtiger Bestandteil in unserer Ernährung.
   Erstellen Sie ein eiweißreiches 3-Gänge-Menü und begründen Sie Ihre Auswahl.
5. Nähr-, Wirk- und Begleitstoffe erfüllen vielfältige Aufgaben im Körper.
   Geben Sie einen Überblick aller Nähr-, Wirk- und Begleitstoffe und erläutern Sie deren Bedeutung.

II. Convenience-Food – immer beliebter!?

> Die Studie von Mafowerk (1.042 Verbraucherinterviews, Käufer in der Warengruppe) belegt, dass jeder dritte Bundesbürger mehrmals pro Woche zur Fertigmahlzeit greift. Meistens wird diese allein gegessen. Gleichzeitig belegen andere Untersuchungen, dass Convenience-Produkte nicht nur junge, sondern im zunehmenden Maße auch ältere Menschen kaufen.
>
> *Dieter Druck: Convenience. Königsdisziplin der Frische, https://lebensmittelpraxis.de/sortiment/11264-convenience-koenigsdisziplin-der-frische.html, 19.09.2014*

1. Erklären Sie den Begriff „Convenience-Produkte".
2. Das Angebot an Convenience-Produkten ist groß. Stellen Sie die verschiedenen Arten mit jeweils 2 Beispielen vor.
3. Die Meinungen der Verbraucher zum Einsatz von Convenience-Produkten sind vielfältig. Finden Sie je 5 Argumente, die für bzw. gegen die Verwendung derartiger Produkte sprechen.

Lösungsvorschlag

I. Milch – ein eiweißreiches Lebensmittel

1. *Bei der Grafik sollten jeweils die höchsten sowie die niedrigsten Werte hervorgehoben werden. Gleichzeitig können jedoch auch zwei Prozentzahlen zusammengefasst und als Bruch dargestellt werden, wenn sich dadurch ein Verbraucherverhalten besonders gut herausstellen lässt (z. B. über zwei Drittel, fast drei Viertel, mehr als die Hälfte o. Ä.).*

   - Die Art und Weise, wie die Tiere gehalten werden, spielt beim Kauf von Milch für fast drei Viertel der Befragten eine große bzw. sehr große Rolle.
   - Für 41 % der Befragten spielt die gentechnikfreie Herstellung eine sehr große Rolle. Lediglich 9 % sagten, dass die Frage nach Gentechnik kein Entscheidungskriterium sei.
   - Für über die Hälfte spielt die Marke bzw. die Molkerei keine bzw. eine untergeordnete Rolle.
   - Für 4 % ist der Preis sehr wichtig, für 16 % spielt der Preis überhaupt keine Rolle und für fast die Hälfte der Befragten spielt der Preis eine untergeordnete Rolle.

2. *Hier muss erklärt werden, wie das jeweilige Verfahren funktioniert, warum es angewendet wird und welche Folgen dies für das Produkt hat.*

   Homogenisieren:
   - Die Milch wird unter hohem Druck durch sehr feine Düsen gepresst, wodurch sich die Fettkügelchen deutlich verkleinern. Die Sahne schwimmt auch nach längerer Lagerung nicht obenauf.
   - Das Milchfett und das Wasser in der Milch mischen sich und behalten diesen Zustand bei. Weil die Fettkügelchen kleiner sind, wird die Milch leichter verdaulich.

   Pasteurisieren:
   - Erhitzung auf 72–75 °C für 15–30 Sekunden
   - Milch wird dadurch keimarm.
   - Das Produkt heißt nun Frischmilch.
   - Pasteurisierte Milch ist im Kühlschrank 7–10 Tage haltbar.
   - Beim Pasteurisieren kommt es zu geringen Nährstoffverlusten.

   Ultrahocherhitzen:
   - Erhitzung bei 135–150 °C für 1–5 Sekunden
   - Milch ist so gut wie keimfrei.
   - Sie heißt nun H-Milch.
   - Das Produkt ist ohne Kühlung etwa 4 Monate haltbar.
   - Nach dem Öffnen muss sie im Kühlschrank aufbewahrt und zügig (in einigen Tagen) aufgebraucht werden.
   - Die Nährstoffverluste sind hier höher.
   - Es kommt auch zu geschmacklichen Veränderungen.

3. *Die Ausführung in Tabellenform dient hier der Übersichtlichkeit und ist nicht zwingend nötig. Selbstverständlich könnte zusätzlich die prozentuale Zusammensetzung der Milch aufgeführt werden, falls dies im Unterricht behandelt wurde.*

Kohlenhydrate	– Milchzucker (Lactose = Doppelzucker) liefert Energie, welche relativ lang anhält. – Halten Darmflora intakt (günstiger Einfluss auf die Darmbakterien) sowie das Immunsystem. – Milchzucker erleichtert die Aufnahme der enthaltenen Mineralstoffe. – Lactoseintoleranz hat ihre Ursache in einem Laktase-Enzymmangel.
Fett	– Gehalt an ungesättigten/essenziellen Fettsäuren variiert, da er vom Futter und der Bearbeitung abhängig ist. – Bei Milch handelt es sich um eine Emulsion, in welcher das Milchfett in feinsten Tröpfchen vorliegt. Dadurch ist es leicht verdaulich. – Enthalten sind vor allem kurz- und mittelkettige Fettsäuren, die im Darm sehr gut aufgenommen werden können. – Milchfett ist bei Raumtemperatur flüssig, was auf einen niedrigen Schmelzpunkt hinweist.
Eiweiß	– Besonders wertvoll, da es reich an essenziellen Aminosäuren ist. – In Kombination mit Getreideprodukten, Kartoffeln und Hülsenfrüchten ergibt sich eine höhere biologische Wertigkeit (= Ergänzungswert von Eiweiß). – Milchprodukte sind eine wichtige Proteinquelle für unser gesamtes Zellwachstum. – Milcheiweiß ist besonders leicht verdaulich, vor allem wenn es sich um gesäuerte Produkte handelt.
Wasser	– reichlich enthalten
Vitamine	– abhängig von Fütterung und Fettgehalt – Vitamine A, D und E sind in Fett löslich → v. a. in Vollmilch-Produkten enthalten. – Milch enthält zudem wasserlösliche B-Vitamine. Hervorzuheben ist dabei das Vitamin B12, das nur in tierischen Lebensmitteln vorkommt und deshalb besonders in der vegetarischen Ernährung eine wichtige Rolle spielt.
Mineralstoffe	– Milch enthält viel Calcium und Phosphor in leicht aufnehmbarer Form und in einem aufeinander gut abgestimmten Mengenverhältnis. – Diese sind für den Aufbau und die Erhaltung von Knochen und Zähnen unbedingt notwendig. – Außerdem sind enthalten: Kalium, Jod, Zink, Eisen und Magnesium.
Ballaststoffe	– nicht enthalten
Sekundäre Pflanzenstoffe	– nicht enthalten

Zusätzlich zu den Informationen über die einzelnen Inhaltsstoffe kann auch über Energiegehalt, Verdaulichkeit und Sättigungswert Auskunft gegeben werden.

Energiegehalt	– je höher der Fettgehalt, desto höher der Energiegehalt
Verdaulichkeit	– je fettreicher, desto schwerer verdaulich – Gesäuerte Milchprodukte sind leichter verdaulich.
Sättigungswert	– je höher der Fettgehalt, desto besser der Sättigungswert – Enthaltenes Eiweiß trägt auch zu einer guten Sättigung bei.

4. *Die biologische Wertigkeit von Eiweiß ist zwar nicht explizit gefordert, muss jedoch bei der Zusammenstellung berücksichtigt werden. Folglich ist in jedem Gang ein Eiweißträger einzuplanen sowie ein anderes eiweißhaltiges Lebensmittel, das eine ergänzende Wirkung hat. In der Begründung sollte deutlich werden, welche Lebensmittel dies sind. Außerdem muss auf alle weiteren Inhaltsstoffe der gewählten Lebensmittel konkret eingegangen werden. Demnach gäbe es hier viele richtige Lösungsvorschläge.*

Vorspeise:
– Räucherlachs an Blattsalat mit Essig-Öl-Marinade und Vollkorn-Croutons

Hauptgericht:
– Linsenbratlinge mit Joghurt-Dip, Tomatensalat

Nachspeise:
– Vollkorn-Biskuitwürfel und Walnüsse an Erdbeerkompott

Begründung der Auswahl:

– Biologische Wertigkeit von Eiweiß
  • In jedem Menübestandteil wurden Eiweißträger eingeplant, die sich aufgrund ihres Aminosäuremusters ergänzen und die Eiweißausbeute erhöhen (Räucherlachs ergänzt sich mit Croutons und Mehl aus Biskuitwürfeln; Linsenbratlinge mit Croutons sowie Mehl und Ei aus Biskuitwürfeln; Joghurt-Dip mit Croutons und Mehl aus Biskuitwürfeln).

– Weitere Nährstoffe
  • Lachs enthält essenzielle Fettsäuren, welche gesund für das Herz-Kreislauf-System sind und Schlaganfällen sowie Herzinfarkt vorbeugen. Außerdem enthält er die fettlöslichen Vitamine A und D.
  • Auch Walnüssen enthalten hochwertige Fettsäuren und fettlösliche Vitamine.
  • Blattsalat, Tomaten sowie nur gering erhitzte Erdbeeren liefern die wasserlöslichen Vitamine C und der B-Gruppe.
  • Sekundäre Pflanzenstoffe sind ebenfalls enthalten.
  • Vor allem im Joghurt ist der Mineralstoff Calcium enthalten, der die Knochen stärkt, außerdem die fettlöslichen Vitamine A und D.
  • Croutons, Biskuitwürfel und Linsenbratlinge liefern Stärke, die vom Körper langsam verstoffwechselt wird und deshalb den Blutzucker nur langsam ansteigen lässt und zudem lange sättigt.
  • Im Joghurt ist der Doppelzucker Lactose enthalten.
  • Auch die Ballaststoffe in den Vollkornprodukten und Linsen tragen zu einem langen Sättigungsgefühl bei.
  • Wasser ist in Obst und Gemüse enthalten. Dennoch muss noch ein Getränk dazu geplant werden. Am besten ist Leitungswasser.

5. *Diese Frage bezieht sich auf die Inhaltsstoffe der Nahrung. Diese müssen alle genannt sowie der entsprechenden Gruppe zugeordnet werden – außerdem die Aufgabe/n, welche sie im Körper erfüllen.*

Nährstoffe:

- Energiestoffe → liefern dem Körper Energie für:
  - Muskelkraft
  - Körperwärme
  - Bewegung

  → Dazu gehören Kohlenhydrate, Fett und Eiweiß.
- Baustoffe → bauen Zellen auf für:
  - Regenerierung von Zellen
  - Wachstum
  - Wundheilung

  → Dazu gehören Eiweiß, Wasser und Mineralstoffe.

Wirkstoffe:

- Schutz- und Reglerstoffe
  - Schützen vor Krankheiten.
  - Regeln Körpervorgänge.

  → Dazu gehören Mineralstoffe und Vitamine.

Begleitstoffe:

- Ballaststoffe
  - Sättigen lange.
  - Quellen im Darm und regen so die Verdauung an.
  - Können Cholesterin und Schadstoffe an sich binden.
  - Stärken Zähne und Kaumuskulatur.
- Sekundäre Pflanzenstoffe = Farb-, Duft-, Aromastoffe
  - Regen Appetit an.
  - Stärken die Immunabwehr.
  - Schützen vor Krebs.

II. Convenience-Food – immer beliebter!?

1. *Hier ist nicht nur gemeint, die Begrifflichkeit aus dem Englischen ins Deutsche zu übersetzen. Dies kann zwar bei der Erklärung helfen, es muss jedoch ebenso auf die industrielle Vor- bzw. Zubereitung eingegangen werden. Auch der Nutzen dieser Produkte sollte genannt werden.*

   Unter dem Begriff versteht man alle Lebensmittel, die in irgendeiner Weise industriell vor- bzw. zubereitet wurden. Je stärker das jeweilige Lebensmittel verarbeitet wurde, desto höher ist der Fertigungsgrad und desto höher sind die Nährstoffverluste bzw. -veränderungen. Convenience-Produkte erleichtern die Zubereitung von Speisen in einer hektischen Welt.

2. *Die Darstellung der verschiedenen Arten sollte nicht nur den Begriff der Verarbeitungsstufe enthalten, sondern auch dessen Erklärung.*

Verarbeitungs-stufen	Erklärung	Lebensmittelbeispiele
küchenfertig	Das Produkt wurde geputzt und gereinigt. Falls nötig muss noch zerkleinert, portioniert, gewürzt werden.	geschälte Kartoffeln, Salat im Beutel, TK-Fischfilet
garfertig	Das Produkt kann ohne weitere Vorbereitungen gegart werden.	Nudeln, Fischstäbchen, Aufbacksemmeln, gewürztes Fleisch
mischfertig oder aufbereitfertig	Das Produkt ist verarbeitet und wieder getrocknet.	Kartoffelpüreepulver, Instantsuppen, Puddingpulver, Fixprodukte
zubereitungsfertig oder regenerierfertig	Das Produkt ist vorgegart und muss nur noch fertig gegart oder sogar nur aufgewärmt werden.	Fertigsuppen aus Dosen, vorgegartes Gemüse, Tiefkühltorten
verzehrfertig oder tischfertig	Das Produkt kann sofort gegessen werden.	Kekse, Eis, Chips, kalte Soßen, Fruchtjoghurt, Smoothies

3. *Im Folgenden sind mehr Argumente dargestellt als erforderlich. Zum Erreichen der vollen Punktzahl sind jeweils fünf Argumente genug.*

   Pro:

   - Zeitersparnis, weil zeitraubende Vor- und Zubereitungsarbeiten entfallen.
   - Längere Lagerfähigkeit vieler CP, deshalb kann seltener eingekauft werden (auch hier Zeitersparnis).
   - Kochkenntnisse sind kaum erforderlich.
   - vielfältiges Angebot sowohl geschmacklich als auch finanziell
   - saisonunabhängig
   - Qualität ist in der Regel gleichbleibend.
   - Gefahr von Lebensmittelvergiftungen im eigenen Heim wesentlich geringer, als wenn man komplett selber kochen würde.
   - Selten benötigte Zutaten müssen nicht gekauft werden, das übernimmt der Hersteller.
   - Vitamine bleiben zumindest bei Tiefkühlware recht gut erhalten.

Kontra:

- Vitamine und Mineralstoffe gehen während des Herstellungsprozesses oftmals bereits verloren, weswegen es leichter zu Mangelerscheinungen kommt, vor allem auch wegen des geringen Anteils an frischem Obst und Gemüse.
- Verwendung von Zusatzstoffen aller Art (z. B. Konservierungsstoffe, Emulgatoren, Geschmacksverstärker, Aroma- und Farbstoffe)
- häufig fett- und zuckerreich
- meist viele ungesunde Fettsäuren wie gesättigte Fettsäuren und Trans-Fettsäuren, außerdem gehärtete Fette
- oft salzreich
- in der Regel arm an Ballaststoffen
- Qualitativ hochwertige CP sind teurer; es ist im Allgemeinen günstiger, frisch zu kochen.
- höheres Müllaufkommen als bei frischem Kochen
- Energieaufwand ist relativ hoch durch Herstellung und auch Lagerung von Produkten, die lückenlose Kühlung erfordern.

Abschlussprüfung 2023 an den Realschulen in Bayern
Ernährung und Gesundheit: Aufgabengruppe B I/II

I. Diabetes – eine krankhafte Störung des Kohlenhydratstoffwechsels

> Laut DDG (Deutsche Diabetes Gesellschaft e. V.) sind rund sieben Millionen Menschen in Deutschland an Diabetes erkrankt. Hinzu geselle sich eine „Dunkelziffer" von etwa 1,3 Millionen Menschen, die erkrankt seien, bei denen aber noch keine Diagnose gestellt worden sei. Bis zum Jahr 2045 könnten sich die Diabetes-Fallzahlen auf bis zu zwölf Millionen hochschaukeln, so die Fachgesellschaft.
>
> *Thomas Hommel: „Diabetes ist auch eine Volkskrankheit",*
> *https://www.aerztezeitung.de/Politik/Diabetes-ist-auch-eine-Epidemie-407542.html, 11.03.2020*

1. Bei Diabetes muss zwischen zwei verschiedenen Typen unterschieden werden.
   Stellen Sie die beiden Diabetestypen vor.

2. Nach der Diagnose „Diabetes" ist es wichtig, dass die Patienten ihr Ernährungsverhalten entsprechend umstellen.
   Formulieren Sie 6 Ernährungsempfehlungen für Diabetiker und erläutern Sie diese genauer.

3. Reis ist in vielen Ländern der Erde ein wichtiges Grundnahrungsmittel. Bei der ernährungsphysiologischen Bedeutung muss man zwischen Vollkornreis und weißem Reis unterscheiden.
   Beurteilen Sie beide Reisarten anhand der Nährstoffe.

4. Kohlenhydrate sind wichtige Energiestoffe für unseren Körper. Wir unterscheiden zwischen verschiedenen Kohlenhydratarten, die unterschiedliche Wirkungsweisen auf unseren Körper haben.
   Geben Sie einen Überblick über die verschiedenen Kohlenhydratarten, ihr Vorkommen und ihre Wirkungsweise auf den Körper.

5. Damit die Energie aus Kohlenhydraten für den Körper verfügbar ist, müssen diese im Stoffwechselgeschehen abgebaut werden.
   Beschreiben Sie die Verdauung, die Resorption sowie den Energiestoffwechsel von Kohlenhydraten.

II. Die Gesundheit unserer Umwelt beeinflusst das Wohlergehen der Menschen

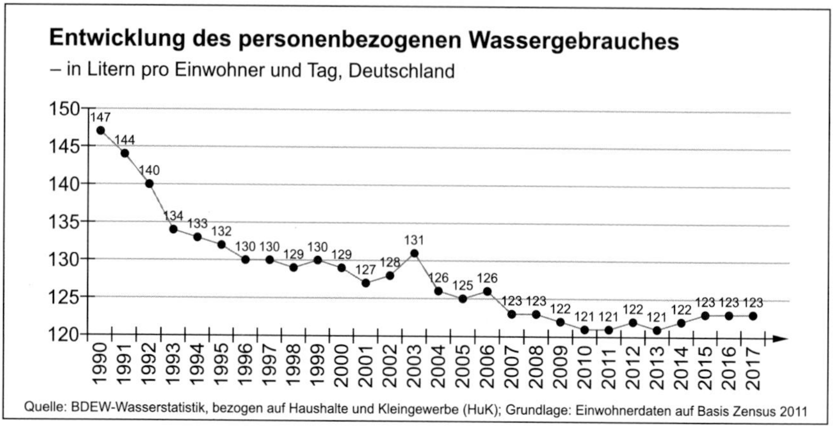

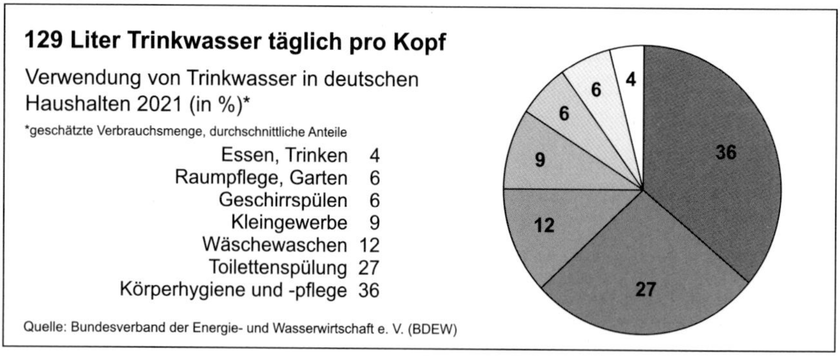

1. Wasser ist für uns alle immer selbstverständlich verfügbar, aber zwischenzeitlich zu einem besonders wertvollen Gut geworden.
   Treffen Sie wesentliche Aussagen zu den beiden Grafiken.

2. Der ökologische Fußabdruck wird in der Einheit „globaler Hektar“ (gha) angegeben. Dieser sollte nicht größer als 1,8 gha je Mensch sein – in Deutschland liegt der Durchschnittsabdruck momentan bei etwa 5,1 gha.
   Erklären Sie jeweils 3 Möglichkeiten wie man den ökologischen Fußabdruck in den Bereichen Wohnen/Energie, Mobilität, Konsum/Freizeit und Ernährung verkleinern kann.

3. Schadstoffe gelangen aus der Umwelt und durch die Lebensmittelerzeugung in unsere Nahrung und gefährden die Gesundheit.
   Erstellen Sie einen Maßnahmenkatalog mit insgesamt 10 Regeln zur Reduzierung dieser Schadstoffe bei Einkauf, Lagerung und Zubereitung.

Lösungsvorschlag

I. Diabetes – eine krankhafte Störung des Kohlenhydratstoffwechsels

1. *Bei der Vorstellung der zwei Diabetestypen sollen Sie auf die Merkmale dieser Krankheitsformen eingehen. Dabei stehen die Ursachen und Folgen, aber auch die Behandlungsmöglichkeiten im Vordergrund.*

Diabetes mellitus Typ 1

- Absoluter Insulinmangel – die insulinherstellenden Zellen der Bauchspeicheldrüse sind z. B. durch einen Infekt oder eine Autoimmunerkrankung zerstört.
- Es besteht eine genetische Disposition, d. h., dass diese Krankheitsform vererbt werden kann.
- Von allen Diabeteserkrankten leiden nur 5 % an Diabetes Mellitus Typ 1.
- Die Erkrankung beginnt meist bis zum 40. Lebensjahr, kann aber auch bereits im Kindesalter ausbrechen.
- Diese Diabetiker sind meist normalgewichtig.
- Erste Symptome sind starkes Durstgefühl, schneller Gewichtsverlust, häufiges Wasserlassen, Müdigkeit und Abgeschlagenheit, Sehstörungen, Erbrechen und schlecht heilende Wunden.
- Zur Therapie und um Folgeerkrankungen zu vermeiden, müssen die Betroffenen lebenslang Insulin spritzen und lernen, den Energiegehalt von Nahrungsmitteln richtig einzuschätzen.

Diabetes mellitus Typ 2

- Relativer Insulinmangel – die insulinherstellenden Zellen der Bauchspeicheldrüse stellen zwar noch Insulin her, der Zucker im Blut kann aber von den Körperzellen nicht mehr richtig aufgenommen und verarbeitet werden (Insulinresistenz). Damit steigt der Blutzuckerspiegel stetig an und kann entgleisen, was zu einer Bewusstlosigkeit führen kann.
- Die Erkrankung entwickelt sich über einen Zeitraum von vielen Jahren und wird oft erst spät erkannt.
- Eine Diabetes-Typ-2-Erkrankung beginnt meist erst nach dem 40. Lebensjahr (Altersdiabetes), aber auch Kinder und Jugendliche können bereits darunter leiden.
- Von allen Diabeteserkrankten leiden fast 95 % an Diabetes Mellitus Typ 2.
- Erste Symptome sind starkes Durstgefühl, häufiges Wasserlassen, Müdigkeit und Abgeschlagenheit sowie trockene Haut verbunden mit Juckreiz.
- 80 % dieser Diabetiker sind übergewichtig.
- Eine gesunde Ernährung, ausreichend Bewegung und die Reduktion des Körpergewichts können die Erkrankung aufhalten und lindern.
- Da bei dieser Krankheitsform durchaus Insulin produziert wird, muss es nicht vollständig ersetzt werden.
- Bei einer Therapie wird der Blutzuckerspiegel mit Tabletten gesenkt und die Ausschüttung von körpereigenem Insulin erhöht. Ist dies nicht ausreichend, muss Insulin zusätzlich gespritzt werden.
- Um Folgeerkrankungen vorzubeugen, muss eine Therapie frühzeitig begonnen werden.

2. *Für beide Diabetes-mellitus-Typen gelten dieselben Ernährungsempfehlungen, deshalb ist keine Unterscheidung notwendig. Sie können auf der Basis einer gesunden und ausgewogenen Ernährung, mit dem Blick auf den Blutzuckerspiegel, formuliert werden. Zum Erreichen der vollen Punktzahl sind sechs Empfehlungen ausreichend.*

- Das **Körpergewicht soll im Normalbereich** gehalten werden. Dazu muss gegebenenfalls die Energiezufuhr gesenkt werden, um Übergewicht zu reduzieren. Sie soll gleichmäßig auf drei Mahlzeiten über den Tag verteilt werden.
- Bei einer ausgewogenen, gesunden Ernährung darf die Menge an **Kohlenhydraten** 55 % der Gesamtenergie betragen. Für Diabetiker sind vor allem die Eigenschaften der kohlenhydratreichen Lebensmittel entscheidend. So sollten diese vor allem aus Ballaststoffen bestehen, die den Blutzuckerspiegel langsam ansteigen lassen. Dazu sind vor allem Vollkornprodukte, Obst, Gemüse und Hülsenfrüchte geeignet, da sie zusätzlich noch wichtige Vitamine, Mineralstoffe und sekundäre Pflanzenstoffe liefern und damit diabetischen Folgeschäden vorbeugen. Zucker, der Speisen und Getränken zugesetzt wird, sollte man reduzieren und gegebenenfalls auf Süßstoffe ausweichen.
- Der **Anteil von Fetten** an der Gesamtenergie sollte 30 % nicht überschreiten. Geeignete Fette sind Öle mit ungesättigten und mehrfach ungesättigten Fettsäuren, gesättigte Fette sollen bei der Speisenzubereitung vermieden werden. Auch fettes Fleisch, fette Wurstwaren, fette Backwaren oder Fertigprodukte sowie fettreiche Snacks sollten nur sehr eingeschränkt verzehrt werden.
- Der **Eiweißbedarf** sollte durch hochwertiges Eiweiß gedeckt werden, liegt bereits eine Nierenschädigung durch den Diabetes vor, ist die Zufuhr zu reduzieren.
- **Obst und Gemüse** gehören auf den täglichen Speiseplan, da sie wichtige sekundäre Pflanzenstoffe und Ballaststoffe enthalten, die weiteren Stoffwechselerkrankungen vorbeugen.
- **Alkohol in Maßen** ist erlaubt, sollte aber nur in Kombination mit kohlenhydratreichen Lebensmitteln getrunken werden.

3. *Für eine übersichtliche Darstellung des Vergleiches von Vollkornreis und weißem Reis anhand der Nährstoffe ist es sinnvoll, eine Tabelle anzulegen. Die Nährstoffe sind hier nach der Menge aufsteigend angeordnet.*

Nährstoffe	Vollkornreis	Weißer Reis
Kohlenhydrate	Das ganze Korn des Vollkornreis enthält Ballaststoffe und Stärke und damit auch alle positiven Eigenschaften der Ballaststoffe wie: – Die Kautätigkeit wird angeregt. – Die Darmtätigkeit wird angeregt und Verstopfung vermieden. – Ballaststoffe quellen im Magen und bewirken ein lang anhaltendes Sättigungsgefühl. – Schadstoffe und Cholesterin werden gebunden und ausgeschieden. Die enthaltene Stärke wird nur langsam abgebaut und liefert über einen langen Zeitraum Energie.	– Bei weißem Reis werden die Silberhaut, Frucht- und Samenschale entfernt. Damit sind kaum Ballaststoffe enthalten. – Er enthält im verbliebenen Mehlkörper einen hohen Anteil an Stärke. – Die enthaltene Stärke wird nur langsam abgebaut und liefert über einen langen Zeitraum Energie.
Fett	Das im Keimling enthaltene Fett enthält wertvolle ungesättigte Fettsäuren. Das Fett des Vollkornreises wird schnell ranzig.	Der Keimling wird bei weißem Reis entfernt, damit ist kaum Fett enthalten.

Eiweiß	In der Silberhaut (Aleuronschicht) sowie im Keimling des Vollkornreises sind essenzielle Eiweißstoffe enthalten.	Weißer Reis enthält kaum Eiweiß.
Vitamine	Er enthält vor allem reichlich Vitamine (B1, B3, B5, B6) und Folsäure aus der Silberhaut und Vitamin E aus dem Keimling.	Da sowohl die Silberhaut als auch der Keimling entfernt wurden, sind nur Vitamin B3 und B5 in geringen Mengen vorhanden.

4. *In der Aufgabenstellung über die Kohlenhydrate wird eine sehr ausführliche Beschreibung der drei Kohlenhydratarten mit Nennung von Beispielen erwartet. Dazu ist das Vorkommen in Nahrungsmitteln und ihre Wirkungsweise zuzuordnen.*

Vorkommen	**Arten**	**Wirkungsweise**
Einfachzucker findet man in: Traubenzucker, Obst und Honig	Einfachzucker (Monosaccharide) Glucose, Fructose, Galaktose	– Einfachzucker sind die kleinsten Bausteine eines Kohlenhydrats. Sie müssen nicht aufgespalten werden, um in Energie umgewandelt zu werden. – Sie gehen über die Mundschleimhaut oder die Darmwand direkt ins Blut über. – Zu viel Energie wird in Fett umgewandelt und gespeichert → dadurch entsteht auf Dauer Übergewicht. – Sie gehen schnell ins Blut und liefern schnelle Energie. – Der Blutzuckerspiegel steigt rasch an, fällt aber auch schnell wieder ab (Hungergefühl).
Doppelzucker findet man in: Haushaltszucker wie z. B. Rohr- und Rübenzucker Malzbonbons, Malzbier, Malzkaffee, Backwaren Milch- und Milchprodukten	Doppelzucker (Disaccharide) Saccharose Maltose (Malzzucker) Lactose (Milchzucker)	– Doppelzucker werden bereits im Mund und im Darm in Einfachzucker aufgespalten und gelangen deshalb ebenfalls schnell ins Blut. Dort liefern sie den Zellen schnelle Energie. – Zuviel Energie wird in Fett umgewandelt und gespeichert → dadurch entsteht auf Dauer Übergewicht. – Der Blutzuckerspiegel steigt rasch an, fällt aber auch schnell wieder ab (Hungergefühl).
Vielfachzucker findet man in: Kartoffeln, Mais, Reis, Hülsenfrüchte, Nudeln und Backwaren Pflanzenfasern aus Gemüse, Obst, Vollkornprodukten und Hülsenfrüchten	Vielfachzucker (Polysaccharide) Stärke Cellulose	– Bei der Verdauung von Stärke wird die Energie langsam freigegeben und zu den Zellen transportiert. – Stärke liefert über einen langen Zeitraum Energie, die sich langsam abbaut. – Dies lässt den Blutzuckerspiegel nur langsam ansteigen. – Das Sättigungsgefühl hält länger an. – Cellulose sind unverdauliche Ballaststoffe. – Sie liefert keine Energie. – Sie bindet Schadstoffe und senkt den Cholesterinspiegel.

		– Sie quellen im Magen und Darm, erhöhen dadurch dort die Verweildauer und halten länger satt. – Sie regen die Kautätigkeit an. – Sie fördern die Darmtätigkeit und vermindern damit die Gefahr einer Verstopfung.

5. *Die Verdauung von Kohlenhydraten setzt – anders als bei den anderen Nährstoffen – bereits im Mund ein. Bei dieser Aufgabe ist es wichtig, die beteiligten Verdauungsorgane und ihre Verdauungshilfen in Form von Enzymen in die richtige Reihenfolge zu bringen und die Aufnahme der Stoffe ins Blut (Resorption) und die Umwandlung der Energie in den Zellen (Energiestoffwechsel) darzustellen.*

Verdauung:

Im **Mund** werden Vielfachzucker (in Form von Stärke) eingespeichelt und mithilfe des Enzyms **Amylase** in Doppelzucker vorverdaut. Einfachzucker wird sofort über die Mundschleimhaut resorbiert und weitergeleitet.
Im **Magen** werden Kohlenhydrate durch den **Magensaft** durchsäuert. Die Amylasen aus dem Mundspeichel wirken weiter ein. Ballaststoffe quellen im Magen auf und bewirken ein Sättigungsgefühl.
Im **Zwölffingerdarm** werden die Kohlenhydrate zunächst durch die **Amylase** in Doppelzucker und danach durch das Enzym **Glucosidase** aus dem **Bauchspeichel** zu Einfachzucker aufgespalten. Das aus der **Bauchspeicheldrüse** abgegebene **Insulin** bewirkt, dass die Körperzellen den Einfachzucker aufnehmen und als Energielieferant verwerten können.
Die Enzyme der Bauchspeicheldrüse (Saccharase, Maltase und Laktase) wirken im **Dünndarm** weiter ein, bis die Kohlenhydrate in Form von Doppelzucker und Stärke völlig zu Einfachzucker abgebaut sind.

Resorption:

Die Einfachzucker passieren die Darmwand und werden mit Hilfe des Blutes zu den Zellen transportiert.

Energiestoffwechsel:

In den Zellen wird die Energie wieder freigegeben. Diese wird für den Erhalt der Körperwärme und die Entstehung von Muskelkraft freigesetzt. Wasser und Kohlenstoffdioxid werden ausgeschieden.
Ist zu viel Glucose im Blut enthalten, werden 70–80 g kurzfristig in der Leber in Form von Glykogen gespeichert, überflüssige Glucose wird in Fett umgebaut und in Fettzellen eingelagert.

II. Die Gesundheit unserer Umwelt beeinflusst das Wohlergehen der Menschen

1. *Die wesentlichen Aussagen beziehen sich in der ersten Grafik auf die Entwicklung des Wasserverbrauchs pro Kopf von 1990 bis 2017. Die zweite Grafik zeigt den täglichen Trinkwasserverbrauch, aufgeschlüsselt in die unterschiedlichen Verbrauchsstellen. Eine Beurteilung der Darstellung ist nicht erforderlich.*

   In der ersten Grafik aus dem Jahr 2018 wird die **Entwicklung des personenbezogenen Wassergebrauches** in Deutschland in Litern pro Einwohner und Tag dargestellt:
   - Mit 147 Litern Wasser wurde im Jahr 1990 der höchste Wasserverbrauch des untersuchten Zeitraums gemessen.
   - Von da an ist der Wasserverbrauch bis zum Jahr 2013 bis auf 121 Liter pro Kopf gesunken. In den Jahren 1999 und 2003 gab es durch die sehr trockenen und heißen Sommer einen leicht höheren Verbrauch.
   - In den letzten drei Jahren (2015–2017) der Auswertung ist der Verbrauch mit 123 Litern stabil geblieben.

   In der zweiten Grafik wird der tägliche Trinkwasserverbrauch pro Kopf in 2021 mit 129 Litern angegeben – ein leichter Anstieg gegenüber 2017. Die Grafik gibt Auskunft über die **Verwendung des Trinkwassers:**
   - Mit 36 % wird der größte Anteil an Wasser für die Körperhygiene und Körperpflege verbraucht, 27 % für die Toilettenspülung und 12 % zum Wäschewaschen.
   - Im Kleingewerbe werden 9 % der Gesamtmenge benötigt.
   - Jeweils 6 % nutzen wir gemeinsam für Raumpflege und Gartenbewässerung sowie zum Geschirrspülen.
   - Den geringsten Anteil mit nur 4 % verwenden wir zum Essen und Trinken.

2. *Der ökologische Fußabdruck ist ein Indikator für Nachhaltigkeit und beschreibt die Größe der Fläche, die ein Mensch aufgrund seines Lebensstils und Lebensstandards benötigt. Es gibt viele Möglichkeiten für die angesprochenen Bereiche, die genannt werden können. Deshalb sind mehr als die vorgegebenen 3 Möglichkeiten aufgelistet.*

   Wohnen/Energie:
   - Mit modernen Heizkörperthermostaten die Raumtemperatur senken.
   - Ladegeräte bei Nichtgebrauch vom Stromnetz nehmen.
   - Strom verbrauchende Geräte ausschalten, statt sie im Stand-by-Modus zu belassen.
   - Auf Stromanbieter wechseln, die Ökostrom anbieten.
   - Beim Neukauf auf Herkunftsland, Langlebigkeit und verwendete Materialien achten.
   - Waschmaschine und Geschirrspüler nur voll beladen mit Energiesparprogrammen nutzen.
   - Bei geeigneter Wohnsituation alternative Heizmöglichkeiten und Stromerzeugung, z. B. Photovoltaik und Wärmepumpe, einbauen.
   - Prüfen, ob der Einsatz eines elektrischen Gerätes tatsächlich notwendig ist.

   Mobilität:
   - Wenn möglich öffentliche Verkehrsmittel nutzen, kürzere Strecken können auch mit dem Fahrrad oder zu Fuß bewältigt werden.
   - Auf Kreuzfahrten und Flugreisen verzichten.
   - Für die Fahrt zur Arbeit Fahrgemeinschaften bilden.
   - Eine umweltfreundliche Fahrweise spart Energie und Geld.
   - Wer in der Großstadt wohnt, kann auch Car-Sharing-Modelle nutzen und das eigene Auto abschaffen.

Konsum / Freizeit:

- Bewusster einkaufen und auf Qualität achten.
- Schuhe/Kleidung und Geräte pfleglich behandeln und gegebenenfalls reparieren lassen.
- Regional und saisonal einkaufen.
- Onlineeinkäufe reduzieren und wieder ins Ladengeschäft gehen.
- Unverpackte Waren z. B. vom Wochenmarkt oder aus Unverpacktläden bevorzugen.
- Zum Einkauf stets einen Korb oder eine Einkaufstasche mitnehmen.
- Allgemein weniger konsumieren.
- Müll trennen und richtig entsorgen.
- Einwegverpackungen vermeiden.

Ernährung:

- Die Energiebilanz tierischer Nahrungsmittel ist vielfach höher als die der pflanzlichen Nahrungsmittel, deshalb sollte man den Konsum tierischer Nahrungsmittel einschränken.
- Bioprodukte den konventionell angebauten Nahrungsmitteln vorziehen.
- Regional und saisonal einkaufen.
- Convenience-Produkte und Fertiggerichte vermeiden, lieber frische Lebensmittel verarbeiten.
- Getränke in Mehrwegflaschen bevorzugen.
- Reste verbrauchen, statt wegwerfen.
- Wenn es die Umstände erlauben, Obst, Gemüse und Kräuter selbst anbauen.
- Saisonale Angebote, wie z. B. frisches Obst, nutzen und konserviert bevorraten (Kompott sterilisieren, Marmelade einkochen).

3. *Schadstoffe können auf viele verschiedene Arten in Lebensmittel gelangen. In dieser Aufgabe soll ein Maßnahmenkatalog mit 10 Regeln zur Reduzierung von Schadstoffen, egal welcher Herkunft, erstellt werden, der sich auf die Bereiche Einkauf, Lagerung und Zubereitung bezieht. Eine besondere Verteilung auf die Bereiche ist nicht erforderlich. Hier werden beispielhaft mehr Regeln aufgeführt als gefordert.*

Einkauf:

- Nicht nur Produkte kaufen, die makellos schön aussehen; Produkte mit kleinen Fehlern sind meist nicht chemisch behandelt und schmecken oft besser.
- Beim Einkauf von Obst und Gemüse auf das Herkunftsland achten.
- Lebensmittel aus biologischem Anbau bevorzugen.
- Bei Fleisch und Fleischprodukten auf Inlandsware achten.
- Innereien sowie Wild und Pilze aufgrund ihrer hohen Schadstoffbelastung nur selten in den Speiseplan aufnehmen.
- Hochseefische bevorzugen, da sie meist weniger belastet sind.
- Baut man Obst und Gemüse selbst an, kann man auf Kunstdünger und Pestizide verzichten.
- Radioaktiv bestrahlte Lebensmittel vermeiden.
- Kein Obst und Gemüse kaufen, das an verkehrsreichen Straßen verkauft wird.

Lagerung:

- Den Inhalt von Konservendosen nach dem Öffnen sofort umfüllen.
- Kunststoffmaterial nur für den vorgesehenen Zweck verwenden, Joghurtbecher sind z. B. zum Einfrieren ungeeignet.
- In Plastikfolie verpacktes Frischfleisch sofort nach dem Kauf herausnehmen und in einem geeigneten Behälter kühl stellen.
- Nur lebensmittelechte Behälter zur Aufbewahrung verwenden.

Zubereitung:
- Alle Grünstellen an Kartoffeln und Tomaten entfernen.
- Obst und Gemüse mit warmem Wasser gründlich waschen.
- Äußere Deck- und Hüllblätter entfernen.
- Den Verzehr nitratreicher Lebensmittel einschränken, Reste rasch verbrauchen und nicht erwärmen.
- Zitrusfrüchte heiß abwaschen und möglichst nur unbehandelte Zitronen verwenden.